ふたりの卑弥呼

山田　勝

目録

第一章

日本列島誕生

兎さんが木舟で、亀さんが泳いで亜細亜大陸から、距離の離れた私達の国、日本島にやって来たわけではありません。縄文人（毛人）の遠祖や共に暮らした兎や亀さんの進化以前の多くの生き物が、日本海を経由して渡って来ることはできません。無人島に縄文人や多くの生き物の遠祖が渡ってくるなどありえません。でも陸路、陸続きなら輸送手段がなくても渡れます。日本島の陸地や海岸に棲む多くの生き物の祖は、亜細亜大陸の陸続きの東端の陸地や海岸で生息していたと言えるでしょう。その答えは、古代の亜細亜大陸に日本海はなく、大陸だったことを証明していますが、地球上に起こる度々の氷河期を経て今があります。氷河期を境に生き残った者や滅びた多くの生物がいました。それに、新たに変成した生き物もいました。しかし、絶滅した可能性も大いにあったわけで、命を繋ぐ話には正確な答えなどできません。

太古、亜細亜大陸には日本海はなく、地上部は陸で構成されていますから、ここで日本海ができるまでの過程の説明をしてみせます。

まず亜細亜大陸の東側にある数カ所のプレートが東から西へ大陸の下部に押し込みながら沈み込みます。下部に沈み込めば上層部の陸の部分には反動で西から東の方向に向かう力がかかります。その結果、東に大陸に押し込みの力がかかります。関東平野から西に向かって数キロの場所で縦の岩盤が剥がれてきます。位置的には今の日本海の最深部の箇所から割れ目が始まります。最深部は本来北から南にかけて細長い距離が

3

あるはずですが、プレートが沈み込む位置が最深部です。

　地球の直径は 12756.3km です。海水面から 4.0km の海水を除くと大

陸と陸づたいということが分かります。それは地球を西瓜に見立てると、西瓜の皮の表面で起こる出来事です。

　ここで大陸と日本列島の中心部分から剥離（分離）現象が起こり。初期は鉛筆に似た細長くて、とても底の深い刃物のような太湖ができます。

　そこに現われたのは大陸の端っこに連なる山脈と大陸の山脈に挟まれた平原に現れた日本海の初期の太湖の姿です。時代は分かりませんが度々起こった氷河期が度々訪れて終わりの氷河期でしょうか。

　地球の割れ目の話なら規模は違いますが、日本列島の遥か離れた反対に位置するアフリカ大地溝帯があります。

　規模こそ違えど大いに参考になるので、追っかけて見ると答えが出るでしょう。

　一番大切なことは亜細亜大陸の東の果てとアフリカ大地溝帯の地質の違いを認識しなければなりません。

　何事も地球上の出来事は全て同じ条件ではありません。砂漠地帯、山岳地帯、草原地帯、それすら比較すると違いが見られます。

　当時、陸であった日本海の地質はやや崩れやすく、アフリカの大地溝帯の地質と大きく違います。この大地溝帯の地質を説明すれば亜細亜大陸の東の地の違う答えが出るでしょう。

　アフリカの大地溝帯の太湖の話を進めます。一番北に面するのは有名なタンガニーカ湖（Lake Tanganyika）です。湖に関しては説明をするまでもなく（英国で調査研究されている）良く知られています。アフリカ太湖を取り巻く特異な地質と水質が重要な事柄を教えてくれます。

　雄大なタンガニーカ湖の南にマラウイ湖（Lake Malawi）があり、タンガニーカ湖のやや北東にヴィクトリア湖（Lake Victoria）があります。

タンガニーカ湖は広さ 34,000Km² 深さ 1,470m pH8.6 〜 9.2

マラウイ湖は広さ 29,604Km² 深さ 704m pH7.7 〜 8.6

ヴィクトリア湖広さ 68.635Km² 深さ 93m pH7.1 〜 9.0

　比べるとタンガニーカ湖とマラウイ湖の pH 値が高い、pH 値は海水に近くヴィクトリア湖の pH 値は標準から海水に近いところまで、含まれている成分は多岐にわたって性質が似ています。タンガニーカ湖の地質は石灰岩から変成された苦灰岩（ドロマイト、製鉄に使用）でマグネシウム湖と言われています。マラウイ湖の地質は石灰岩でカルシウム湖と、ヴィクトリア湖はナトリウム湖と各湖の地質、性質の違いを言われています。

　タンガニーカ湖とマラウイ湖は地溝帯に沿って細長い湖です。日本海は南北に楕円形です。この形の違いが起こった経過を調べれば分かるかもしれません。アフリカの大地溝帯の湖は pH 値が高く塩基水分を含んだ湖の周りの岸辺岸壁は湖水と同じ条件ですから凍結が進みません。地溝帯で起こったその状況を比べれば亜細亜大陸にできた細長い湖は、周りから注ぐ風雨の水による淡水（真水）で淡水湖です。この淡水湖が氷河期を数度経験しますと、湖を水中から囲む陸上部（岩石、土砂）も凍てつき、氷河期が終われば湖を囲む地盤が深海を目指して崩落が始まります。

　氷点下以下の季節を迎える北の国の波打ち際の砂浜は凍てつきませんが、少し離れた内陸部の砂浜では凍土化しツルハシさえ受け付けません。それから桜や林檎の花が咲くころには凍土化した砂浜の砂も簡単に手で掬えます。さらさらした砂を見つめながら凍りついた砂に自然界の現象を知ることができます。北国では当たり前のことですから、これらの現象は気にも留めていません。それ以外でも大規模な地震による地滑り、風雨の浸食によってできた各地の海岸近くのロウソク島、中国の巨大石柱林・張家界のような風雨の浸食だけで、あの奇岩山郡ができたのです。

　話は簡単です。島根県の本土と隠岐の郡島と同じ地質なら陸上部は古代存在していたと証明できるでしょう。それにくわえ日本海は地磯が多

く太平洋側の岩壁の姿と異にしています。

　日本列島の南の琉球列島も同じですが、此方は風雨に海流の浸食が加わって黄海領域は水没し琉球列島が残りました。朝鮮半島の西側は小島群があります。九州長崎の西海にも小島群があります。南の方から来る海流の浸食によって、陸続きの琉球列島も方法は違っても同じ運命を辿ります。

　ここまでの話は別の意見もあるでしょうが、これらの話は、それほど重要ではありません。一番重要なのは兎さんが木舟で亀さんが泳いで日本列島に来たわけではなく、列島になる前は、この地は陸続きで多種の生物や植物の祖先が生存していたということになります。多くの生物は次の代まで生き延びたでしょう。中国大陸の黄河付近より、陸続きの日本列島は暖かく、海に面しているから、食料も安易に手に入ったはずです。黄河流域の地で暮らすよりは遥か先に日本に来たと考えても可笑しくないはずです。ここには縄文の遠祖の生活文化ができていたと考えるのはうなずけます。しかし、日本原人の定住した遺跡は見つかっていません。この時代の人々が生活した形跡の、それらの遺跡も見つかりませんが自然はダイナミックに動いています。自然災害により陸地が変化し壊滅状況になったとしても、生きて暮らしていた形跡が日本列島のどこかにある地域もあったはずです。それら全てに大小の自然災害の影響があったことでしょう。

　縄文原人（縄文人の遠祖）は日本で既に他の生き物と暮らしていたのですが、むしろ知りたいのは北海道の羆（ひぐま）と本州の月の輪熊がなぜに別々に暮らしているのか？　羆は北の地方に月の輪熊は南の地方に、東南亜細亜で普通に見ますが、北海道と本州の生物の違いに興味が湧いてきます。

　亜細亜大陸から日本海へ、そして津軽海峡に、陸続きの時代は黄河の下流、そして太平洋に注ぎ流れ込み、日本海ができてから初期はオホーツクに流れ、その後朝鮮半島と九州島に水道ができたかも知れません。四国、本州、九州は、後に風雨の浸食で太平洋に西は玄界灘に流れて、

四国と本州の間の瀬戸内海は谷間だったと考えれば、今の地形を理解できます。

　近年の話です。トキとコウノトリは日本国では絶滅しましたが新しく中国大陸から日本列島に飛来してきました。自らの羽で中国大陸から飛来してきたわけではありません。人の手によって飛行機に乗って日本列島に飛来してきたのです。これからでも答えが分かります。留鳥の多くは初めから日本で生活していましたし、大陸側でも日本海が陸地の時代でも陸続きだから広範囲に渡って繁栄した様子が分かります。

　植物でも答えができます。春になるとヨモギに似た葉の付け根に小さな紫色の花を付けるキラン草です。これに姿が似ていないが花が全くそっくりな欧州産のアジュガを園芸店で見ます。姿は似ていなくても花が同じということは植物にとっては生物の生殖器です。周りの姿は気候条件等で変わりますが、花の元が変わらないことは祖は同じということです。欧州の花が姿を変えても日本の野にあるのは、遥か昔から陸続きだったことを証明してくれます。鳥が運ぶのは無理で花の種は蟻によって運ばれています。長旅は種があっても小さくて無理でしょう。

　古代では大陸から離れた日本列島に丸木船で人は来ることはできません。トレーに人を乗せて浮かべれば肉食魚に丁重に餌を与えている図式と変わりません。海流は毎年一定でなく、自らの船の位置を確認できなければ、それは海上から姿を消して残った船だけが漂流し、何処かの岸に漂着するか船体が腐って海の底に沈むでしょう。

　遺跡がないから、文献がないから、例がないからと決めつけるのではなく、多くの人がさもありなんと解釈するのも悪い話ではありません。

　過去の話には絶対的な正解はありませんが、シベリアとアラスカは氷河期前期に陸地で繋がっていた形跡はあります。イギリスもヨーロッパ大陸の一部で現在の形ができています。日本列島がアジア大陸の一部でもおかしくはありません。

アフリカを出た人類の祖先は各地に広がり、亜細亜大陸では北京原人、ジャワ原人、亜細亜大陸の果てには日本原人もいたでしょう。気候は暖かで寒気も極端な温度ではありません。生活圏の陸地は海に面しているので手に入る食料も内陸部よりも条件が良かったでしょう。原人が土器を使う時代には日本では縄文土器の時代と言われていますが、紀元前の文献ではヤマトは末路の地です。それより北方の地に暮らしていた人を中国大陸では縄文人とは言わず「毛人」と言います。アイヌ民族を思い浮かべますが、本州と北海道では陸海の生物の構成層が違いますから、簡単ではありません。

　正解に近いのは、人類の祖先と言われる原人は、初めから亜細亜大陸から陸続きの日本で暮らしていて、そこに構造舟の発達によって亜細亜大陸から大勢の人が朝鮮半島からの海路を経由し日本の南地域に渡来したことです。

　黄河文明の話は多くの人が知っています。初めての王朝が夏王朝です。新しい王朝ができると旧国王や皇族、または移動できる人々は、その地から追われるように身の回りの宝を持って離れます。これを繰り返していくと古い国の人ほど南の方向は長江流域に向かい、その地から南下し東南亜細亜に向かって旅する人々と、北に向かって陸伝いの海路を船で、また渤海湾の北から来る人が出てきます。海路で朝鮮半島に添って経由し長い旅を経て日本に来たのでしょう。意外と簡単な結論になるかもしれません。

　中国の古史に良く載っている北の胡（烏丸、鮮卑）南の越（白水朗、楚国、越、閩越）はこれと同じで、現在の黄河流域で暮らしていた人が北と南に分かれたという話です。これより古くは燕、斉、楚から、後には少数ですが女真、柔燃、契丹、匈奴、匈奴と混じり合った羅馬の人、朝鮮半島では古くは蓋、馬韓、百済、それから高句麗、浦上八国の不見から、加羅と多くの人が往来した記録が残っています。

　倭や日本の各地で渡来した人が平穏無事に同居生活をしたわけではありません。生き残りの争いがあるのは自然のなりゆきで、特別な理由等

（先住民と話し合い建国した）はありません。力でもって駆逐するのは世界の歴史が教えてくれています。

　日本国に渡るのは距離の長短に限らず、陸から船できます。多くの人が渡来するのは莫大な費用がかかり、そして渡来後の当座の諸費用もかかったでしょう、財源の余裕が無ければ日本列島に多勢で来ることは不可能なことです。むしろ紀元前1000年前に倭の存在は多くの疑問が残ります。いかにして倭（九州島）だけできたのでしょうか？　それとも倭は紀元前に何年前から存在していたのでしょうか？　1000年前の本州島の住民は？

　別の意見もありますので、耳を傾けます。日本列島がアジア大陸から離れ、北に移動したという理論です。海面下のどの部分から移動したのでしょうか。逆に、この発想から日本列島がアジア大陸と陸続きだと証明をしてくれます。島根県の境港から隠岐の島まで船で渡りますとデッキから船に並行して泳いでいる海豚や飛魚が旅人の相手をしてくれます。そして凪の日には潮目が、まばらな日本海の雄大な景色が目の前に広がります。

　日本の歌には日本海が歌われています。日本海には親潮が北上していますが、船上からは潮の動きは見られないでしょう。それほどゆっくりと北上しているのです。それに比べ、太平洋を北上する黒潮は薄青緑の海面から水晶より透明の濃紺色で盛り上がり、激しい勢いと急速なダイナミックな早さで流れています。日本列島が無ければアジア大陸に海流は直接ぶつかり北上し、ターンします。シュミレーションすれば、現在の日本列島の形になりません。

　どうしても日本列島が独立しているという説を唱えるなら、なぜ、日本列島の東は海溝で、西には浅い日本海があるのか説明しなければならないし、瀬戸内海の日本海より浅い海の説明も必要です。北海道と本州の動物の生息にも気になります。アジア大陸の水が日本海に流れ込み、津軽海峡から太平洋に流れていたかも知れません。羆と月の輪熊を見ているとそんなことを考えてしまいます。日本海の深いところに棲んでい

る蟹と太平洋に棲んでいる蟹とか、まだまだあるでしょう。

　原住民の社会に渡来民が入って原住民の社会に浸透して社会を築いた話は他にありませんから、日本の国も南から北にと民族の入れ替わりが年代によって続き、あらゆる生き物と人と人の暮らす土地ができました。それが歴史の厳しさです。

第二章

三国志と三国演義

「三国志」と「三国演義」の違いが分かりますか？ 「三国志」を御手本にした小説の「三国演義」は「三国志」に似ていますが三国の出来事を捉える流れが異なることにまず気付いて比べてみます。

「三国演義」は日本では三国志演義と紹介されています。中国で多額の費用をもって映画化にもなりました。二十四史の三国志の話はともすれば三国演義と同じ話だという風に私達の国では捉えられているのは残念なことです。

　全く違うというほど、構成は違っています。既に三国志原本はなく、現存している三国志は裴松の注解批改の三国志と言われています。原文より裴松や他の注釈の書かれている文章が原文の三国志より多く書きこまれています。

　もしもの話です。日本で三国志が読まれ解読されているならば、巻初は曹操の話で、巻末が袁紹の后の劉夫人（卑弥呼・記紀で媛と呼ばれた爰女人）と中国語で書かれていますから、中国語を理解すれば誰にでも解ります。これまでの卑弥呼の話の誤解が生まれることはありません。三国志の一部の一部の倭の項だけのみ抜粋をしています。その不自然な話をしていますから混乱が続いた理由です。むしろ紹介する経路を見ればわざと意図的な構図がみえてきます。

　まず近年に中華書局から発行された過程を紹介し、その後に中華書房から出版した、三国志の序文の説明文（三国志の歴史）を案内します。

　　該書係由中華文化促進會主持編纂，國家"十一五"重點圖書出版規劃項目、國家財政部重大出版工程資助項目的最終成果《今注本二十四史》中的一種或一史。《今注本二十四史》1994 年由文化部批准立項，許嘉璐任工作委員會主任、張玉文任秘書長；張政烺任編纂委員會總編纂、賴長揚、孫曉任執行總編纂。何茲全、林甘泉、伍傑、陳高華、陳祖武任學術顧問。 2005 年該重大出版工程被新聞出版署列入"十一五"期間（2006 年—2010 年）"國家重點圖書出版規劃"。是故自 1995 年起，迄今已進行了十六年。楊先生也孜孜矻矻為之工作研究了十幾個春秋。如今終於修成正果、隆重出版、十分可喜可賀。

　　この本は、国家「第 11 次 5 カ年計画」の主要書籍出版計画プロジェクトの 1 つとして中国文化振興協会と、財務省が資金提供した主要出版プロジェクトの最終結果によって共同編集されています。「今日の注本二十四史」は、1994 年に文化省によって承認されました。許嘉璐が作業委員会のディレクターに任命され、張玉文が事務局長に、張政烺が編集委員会の編集長、賴長揚と孫曉とが編集長になりました。 林甘泉、伍傑、陳高華、及び陳祖武、が学術顧問を務めました。 2005 年に、主要な出版計画は、新聞出版署によって、「第 11 次 5 カ年計画」期間（2006 ～ 2010 年）の「全国重要図書として出版計画」に含まれました。 従って、1995 年以来、16 年間実行されています。 楊（氏）先生はまた、十数回の春秋（初期の国家）の仕事に携わりました。 最終的には良い結果であり、公開されることは非常に喜ばしいことです。

　　魏文帝（曹操）黄初から晋武帝太康元年（220 ～ 280 年）の中国歴史上、魏、蜀、呉、三国の建立の時代の話で、西晋初年に「三国志」の題名で陳寿が著しました。唐代以前には「史記」「漢書」「唐観記」が三誌、後に「唐

観記」傳を失い、後の人が記した書です。その後は「史記」「漢書」「後漢書」が「三史」で、後の人に史学と文筆が優れていると推薦されて「三国志」を加えて「四史」といいます。これらは「後漢書」以前に書かれたものです。

　司馬遷が著した「史記」、これは通史の形をとっています。班固の「漢書」は歴史を細かく分けて、「三国志」は三国を「魏書三十巻」「蜀書十五巻」「呉書二十巻」全部合わせれば六十五巻になり、分けて書かれています。

　陳寿がいつこの三国志を著したのか年代を測定するのは不可能で解っていませんが、晋恵帝元康七年（西暦297年）魏の最後の君主陳留王が死去します。当時、魏、呉の両国の官による史があります。官が修正した王沈の「魏書」、韋昭の「呉書」、魚拳自筆の書、「魏略」、三種の書は陳寿が調べる基本材料になります。唯、蜀国だけは史がありません。陳寿は直接資料を収集しました。陳寿は蜀の人、それに史学家・譙周の弟子です。蜀で浪人をしていたときに蜀の出来事に注意していました。

　他所の情報は思うようにいかないし、魏の話も同じです。呉は官史が豊富にあり、でも蜀は他が終わるときに完成し、魏は自ら興し、呉は両方の書に加えます。これが総体的な話です。

　陳寿の三書の資料の内容には限りがあります。没後に、これらの不足資史料に裴松之が補強もし、それらしきものができました。

　各自の魏、蜀、呉の三書ができました。舊唐書經籍誌もって魏書これが正史、蜀書、呉書を編入します。三国志の最も早い刻本は―北宋威平六年（紀元一〇〇三年）國子監刻本です。但し、これらは分別発行されました。

　現在の三国志刻本は四種あります。一、百納本、築紹興、紹熙が書いた刻本。二、清武英殿刻本。三、金陵の活字本。四、江南書局刻本。

　これらの詳しくは三国志の「出版説明」として頁の最初に紹介されています。

　特に三国志は魏の年号で示されていますので他の二国の違いを表記しておきます。

魏〔220-265〕

文帝（曹丕）黄初　220年〜。明帝（曹叡）太和227年、青龍223年、景初237年。斎王（曹芳）正初240年、嘉平249年。高貴髪公（曹髦）正元254年、甘露256年。元帝（曹奐）景元260年、咸熙264年。（陳留王）

蜀〔221-263〕

昭烈帝（劉備）章武221年。后主（劉禅）建興223年、延熙238年、戊寅258年、炎興263年。

呉〔222-280〕

大帝（孫権）黄武222年、黄龍229年、嘉禾232年、赤烏238年、太元251年、神風252年。会稽王（孫亮）建興252年、五風254年、太平256年、景帝（孫休）永安（258年）。烏程候（孫皓）元興（264年）、甘露（265年）、宝鼎（266年）、建衡（269年）、風凰（272年）、天冊（275年）、天璽（276年）、天記（277年）。

呉（紀元前12世紀-紀元前473年、春秋時代の諸候國）

　存在したのは長江下流地区の姫姓諸候國、勾呉、工呉、攻吾、大呉、天呉、皇呉です。

　新石器時代から黄河文明で語られた神話の天皇氏から地皇に、そして人皇に五帝を、それから五帝の黄帝の姓は烏姓（Wū）から姫姓（Jī）に変わっていきますが特に拘れば黄河文明、新石器時代から神話の形で始まります。三皇五帝の黄帝の次は赤帝、炎帝です。姓は姜（Jiāng）、神農から神姓（Shén）に変化していきます。

　他は西に熊襲の国の遠祖、楚Chǔ（熊王）、南には北から南下し中国大陸を覆い多くの国を○○越とした百越（交趾）が南下した越Yuè（越王）、

北の燕 Yàn（燕王喜）、紀元前千年前の蓋（Gài・Wǎ）と 200 年代の胡（鮮卑 Xiānbēi・烏丸 Wūwán）、これらの国々は華夏族、古越族と同じで、日本人の遠祖と理解すべきで誇りと寛容さと礼節を重んじる華夏が祖であります。

　そして終わりの国は黄泉の国を訪れるでしょう。そうです黄河の源に還って往きます。古代の黄河は日本海を抜けて津軽海峡の河口から太平洋の大海原に注いでいました。

　話をすれば余りにも単純で俄かには信じられない話です。別方向の考えならばそうかもしれないと感じてもらうことでしょう。我々の暮らしているのは丸い形の地球等知らぬ話の世界です。イザナギとイザナミがランデブーの場所さえ鳴門の渦潮です。古代淡路島の南に在る秘境渦潮さえ、当時の多くの人は知らないでしょう、現代人の考えでなく古代人の気持ちで考えるのも大切なことだと思います。

三国志　魏

魏書
卷次 目次 題目 卷中人物（括號人物為附傳）。

卷一 魏書一 武帝紀 曹操

太祖武皇帝，沛國譙人也，姓曹，諱操，字孟德，漢相國參之後。
(一)桓帝世，曹騰為中常侍大長秋，封費亭侯。(二)養子嵩嗣，官至太尉，莫能審其生出本末。(三)嵩生太祖。

（一）曹瞞傳曰：太祖一名吉利，小字阿瞞。
王沈魏書曰：其先出於黃帝。當高陽世，陸終之子曰安，是為曹姓。周武王克殷，存先世之後，封曹俠於邾。春秋之世，與於盟會，逮至戰國，為楚所滅。子孫分流，或家於沛。漢高祖之起，曹參以功封平陽侯，世襲爵

士，絕而復紹，至今適嗣國於容城。

（二）司馬彪續漢書曰：騰父節，字元偉，素以仁厚稱。鄰人有亡豕者，與節豕相類，詣門認之，節不與爭；後所亡豕自還其家，豕主人大慚，送所認豕，並辭謝節，節笑而受之。由是鄉黨貴嘆焉。長子伯興，次子仲興，次子叔興。騰字季興，少除黃門從官。永寧元年，鄧太后詔黃門令選中黃門從官年少溫謹者配皇太子書，騰應其選。太子特親愛騰，飲食賞賜與衆有異。順帝即位，為小黃門，遷至中常侍大長秋。在省闥三十餘年，歷事四帝，未嘗有過。好進達賢能，終無所毀傷。其所稱薦，若陳留虞放、邊韶、南陽延固、張溫、弘農張奐、潁川堂谿典等，皆致位公卿，而不伐其善。蜀郡太守因計吏修敬於騰，益州刺史種暠於函谷關搜得其箋，上太守，並奏騰內臣外交，所不當為，請免官治罪。帝曰："箋自外來，騰書不出，非其罪也。"乃寢暠奏。騰不以介意，常稱嘆暠，以為暠得事上之節。暠後為司徒，語人曰："今日為公，乃曹常侍恩也。"騰之行事，皆此類也。桓帝即位，以騰先帝舊臣，忠孝彰著，封費亭侯，加位特進。太和三年，追尊騰曰高皇帝。

（三）續漢書曰：嵩字巨高。質性敦慎，所在忠孝。為司隸校尉，靈帝擢拜大司農、大鴻臚，代崔烈為太尉。黃初元年，追尊嵩曰太皇帝。吳人作曹瞞傳及郭頒世語並云：嵩，夏侯氏之子，夏侯惇之叔父。太祖於惇為從父兄弟。

太祖少機警，有權數，而任俠放蕩，不治行業，故世人未之奇也；^{（一）}惟梁國橋玄、南陽何顒異焉。玄謂太祖曰："天下將亂，非命世之才不能濟也，能安之者，其在君乎！"^{（二）}年二十，舉孝廉為郎，除洛陽北部尉，遷頓丘令^{（三）}，徵拜議郎。^{（四）}

（一）曹瞞傳云：太祖少好飛鷹走狗，遊蕩無度，其叔父數言之於嵩。太祖患之，後逢叔父於路，乃陽敗面喎口；叔父怪而問其故，太祖曰："卒中惡風。"叔父以告嵩。嵩驚愕，呼太祖，太祖口貌如故。嵩問曰："叔父言汝中風，已差乎？"太祖曰："初不中風，但失愛於叔父，故見罔耳。"

嵩乃疑焉。自後叔父有所告，嵩終不復信，太祖於是益得肆意矣。

（二）魏書曰：太尉橋玄，世名知人，睹太祖而異之，曰："吾見天下名士多矣，未有若君者也！君善自持。吾老矣！願以妻子為託。"由是聲名益重。

續漢書曰：玄字公祖，嚴明有才略，長於人物。

張璠漢紀曰：玄歷位中外，以剛斷稱，謙儉下士，不以王爵私親。光和中為太尉，以久病策罷，拜太中大夫，卒，家貧乏產業，柩無所殯。當世以此稱為名臣。

世語曰：玄謂太祖曰："君未有名，可交許子將。"太祖乃造子將，子將納焉，由是知名。

孫盛異同雜語云：太祖嘗私入中常侍張讓室，讓覺之；乃舞手戟於庭，踰垣而出。才武絕人，莫之能害。博覽群書，特好兵法，抄集諸家兵法，名曰接要，又注孫武十三篇，皆傳於世。嘗問許子將："我何如人？"子將不答。固問之，子將曰："子治世之能臣，亂世之姦雄。"太祖大笑。

（三）曹瞞傳曰：太祖初入尉廨，繕治四門。造五色棒，縣門左右各十餘枚，有犯禁者，不避豪強，皆棒殺之。後數月，靈帝愛幸小黃門蹇碩叔父夜行，即殺之。京師斂跡，莫敢犯者。近習寵臣咸疾之，然不能傷，於是共稱薦之，故遷為頓丘令。

（四）魏書曰：太祖從妹夫濦彊侯宋奇被誅，從坐免官。後以能明古學，復微拜議郎。先是大將軍竇武、太傅陳蕃謀誅閹官，反為所害。太祖上書陳武等正直而見陷害，姦邪盈朝，善人壅塞，其言甚切；靈帝不能用。是後詔書敕三府：舉奏州縣政理無效，民為作謠言者免罷之。三公傾邪，皆希世見用，貨賂並行，強者為怨，不見舉奏，弱者守道，多被陷毀。太祖疾之。是歲以災異博問得失，因此復上書切諫，說三公所舉奏專迴避貴戚之意。奏上，天子感悟，以示三府責讓之，諸以謠言徵者皆拜議郎。是後政教日亂，豪猾益熾，多所摧毀；太祖知不可匡正，遂不復獻言。

光和末，黃巾起。拜騎都尉，討潁川賊。遷為濟南相，國有十餘縣，長吏多阿附貴戚，贓污狼藉，於是奏免其八；禁斷淫祀，姦宄逃竄，郡界肅

然。﹝一﹞久之，徵還為東郡太守；不就，稱疾歸鄉里。﹝二﹞

（一）魏書曰：長吏受取貪饕，依倚貴勢，歷前相不見舉；聞太祖至，咸皆舉免，小大震怖，姦宄遁逃，竄入他郡。政教大行，一郡清平。初，城陽景王劉章以有功於漢，故其國為立祠，青州諸郡轉相仿效，濟南尤盛，至六百餘祠。賈人或假二千石輿服導從作倡樂，奢侈日甚，民坐貧窮，歷世長吏無敢禁絕者。太祖到，皆毀壞祠屋，止絕官吏民不得祠祀。及至秉政，遂除奸邪鬼神之事，世之淫祀由此遂絕。

（二）魏書曰：於是權臣專朝，貴戚橫恣。太祖不能違道取容。數數干忤，恐為家禍，遂乞留宿衛。拜議郎，常託疾病，輒告歸鄉里；築室城外，春夏習讀書傳，秋冬弋獵，以自娛樂。

頃之，冀州刺史王芬、南陽許攸、沛國周旌等連結豪傑，謀廢靈帝，立合肥侯，以告太祖，太祖拒之。芬等遂敗。﹝一﹞

（一）司馬彪九州春秋曰：於是陳蕃子逸與術士平原襄楷會于芬坐，楷曰：「天文不利宦者，黃門、常侍（貴）真族滅矣。」逸喜。芬曰：「若然者，芬願驅除。」於是與攸等結謀。靈帝欲北巡河間舊宅，芬等謀因此作難，上書言黑山賊攻劫郡縣，求得起兵。會北方有赤氣，東西竟天，太史上言「當有陰謀，不宜北行」，帝乃止。敕芬罷兵，俄而徵之。芬懼，自殺。
魏書載太祖拒芬辭曰：「夫廢立之事，天下之至不祥也。古人有權成敗、計輕重而行之者，伊尹、霍光是也。伊尹懷至忠之誠，據宰臣之勢，處官司之上，故進退廢置，計從事立。及至霍光受託國之任，藉宗臣之位，內因太后秉政之重，外有群卿同欲之勢，昌邑即位日淺，未有貴寵，朝乏謹臣，議出密近，故計行如轉圜，事成如摧朽。今諸君徒見曩者之易，未睹當今之難。諸君自度，結眾連黨，何若七國？合肥之貴，孰若吳、楚？而造作非常，慾望必克，不亦危乎！」

金城邊章、韓遂殺刺史郡守以叛，眾十餘萬，天下騷動。徵太祖為典軍

校尉。會靈帝崩，太子即位，太后臨朝。大將軍何進與袁紹謀誅宦官，太后不聽。進乃召董卓，欲以脅太后，^{（一）}卓未至而進見殺。卓到，廢帝為弘農王而立獻帝，京都大亂。卓表太祖為驍騎校尉，欲與計事。太祖乃變易姓名，間行東歸。^{（二）}出關，過中牟，為亭長所疑，執詣縣，邑中或竊識之，為請得解。^{（三）}卓遂殺太后及弘農王。太祖至陳留，散家財，合義兵，將以誅卓。冬十二月，始起兵於己吾，^{（四）}是歲中平六年也。

（一）魏書曰：太祖聞而笑之曰："閹豎之官，古今宜有，但世主不當假之權寵，使至於此。既治其罪，當誅元惡，一獄吏足矣，何必紛紛召外將乎？欲盡誅之，事必宣露，吾見其敗也。

（二）魏書曰：太祖以卓終必覆敗，遂不就拜，逃歸鄉里。從數騎過故人成皋呂伯奢；伯奢不在，其子與賓客共劫太祖，取馬及物，太祖手刃擊殺數人。

世語曰：太祖過伯奢。伯奢出行，五子皆在，備賓主禮。太祖自以背卓命，疑其圖己，手劍夜殺八人而去。

孫盛雜記曰：太祖聞其食器聲，以為圖己，遂夜殺之。既而悽愴曰："寧我負人，毋人負我！"遂行。

（三）世語曰：中牟疑是亡人，見拘於縣。時掾亦已被卓書；唯功曹心知是太祖，以世方亂，不宜拘天下雄俊，因白令釋之。

（四）世語曰：陳留孝廉衛茲以家財資太祖，使起兵，眾有五千人。

初平元年春正月，後將軍袁術、冀州牧韓馥、^{（一）}豫州刺史孔伷、^{（二）}兗州刺史劉岱、^{（三）}河內太守王匡、^{（四）}勃海太守袁紹、陳留太守張邈、東郡太守橋瑁、^{（五）}山陽太守袁遺、^{（六）}濟北相鮑信^{（七）}同時俱起兵，眾各數萬，推紹為盟主。太祖行奮武將軍。

（一）英雄記曰：馥字文節，潁川人。為御史中丞。董卓舉為冀州牧。於時冀州民人殷盛，兵糧優足。袁紹之在勃海，馥恐其興兵，遣數部從事守之，不得動搖。東郡太守橋瑁詐作京師三公移書與州郡，陳卓罪惡，云"見逼

迫，無以自救，企望義兵，解國患難。」馥得移，請諸從事問曰：「今當助袁氏邪，助董卓邪？」治中從事劉子惠曰：「今興兵為國，何謂袁、董！」馥自知言短而有慚色。子惠復言：「兵者凶事，不可為首；今宜往視他州，有發動者，然後和之。冀州於他州不為弱也，他人功未有在冀州之右者也。」馥然之。馥乃作書與紹，道卓之惡，聽其舉兵。

（二）英雄記曰：伷字公緒，陳留人。

　張璠漢紀載鄭泰說卓云：「孔公緒能清談高論，噓枯吹生。」

（三）岱，劉繇之兄，事見吳志。

（四）英雄記曰：匡字公節，泰山人。輕財好施，以任俠聞。辟大將軍何進府進符使，匡於徐州發強弩五百西詣京師。會進敗，匡還州里。起家，拜河內太守。謝承後漢書曰：匡少與蔡邕善。其年為卓軍所敗，走還泰山，收集勁勇得數千人，欲與張邈合。匡先殺執金吾胡母班。班親屬不勝憤怒，與太祖並勢，共殺匡。

（五）英雄記曰：瑁字元偉，玄族子。先為兗州刺史，甚有威惠。

（六）遺字伯業，紹從兄。為長安令。河間張超嘗薦遺於太尉朱俊，稱遺「有冠世之懿，幹時之量。其忠允亮直，固天所縱；若乃包羅載籍，管綜百氏，登高能賦，睹物知名，求之今日，邈焉靡儔。」事在超集。

　英雄記曰：紹後用遺為揚州刺史，為袁術所敗。太祖稱「長大而能勤學者，惟吾與袁伯業耳。」語在文帝典論。

（七）信事見子勳傳。

　二月，卓聞兵起，乃徙天子都長安。卓留屯洛陽，遂焚宮室。是時紹屯河內，邈、岱、瑁、遺屯酸棗，術屯南陽，伷屯潁川，馥在鄴。卓兵強，紹等莫敢先進。太祖曰：「舉義兵以誅暴亂，大眾已合，諸君何疑？向使董卓聞山東兵起，倚王室之重，據二周之險，東向以臨天下；雖以無道行之，猶足為患。今焚燒宮室，劫遷天子，海內震動，不知所歸，此天亡之時也。一戰而天下定矣，不可失也。」遂引兵西，將據成皋。邈遣將衛茲分兵隨太祖。到滎陽汴水，遇卓將徐榮，與戰不利，士卒死傷甚多。太祖為流矢所中，所乘馬被創，從弟洪以馬與太祖，得夜遁去。榮見太祖所將

兵少，力戰盡日，謂酸棗未易攻也，亦引兵還。

太祖到酸棗，諸軍兵十餘萬，日置酒高會，不圖進取。太祖責讓之，因為謀曰："諸君聽吾計，使勃海引河內之衆臨孟津，酸棗諸將守成皋，據敖倉，塞轘轅、太谷，全制其險；使袁將軍率南陽之軍軍丹、析，入武關，以震三輔：皆高壘深壁，勿與戰，益為疑兵，示天下形勢，以順誅逆，可立定也。今兵以義動，持疑而不進，失天下之望，竊為諸君恥之！"邈等不能用。

太祖兵少，乃與夏侯惇等詣揚州募兵，刺史陳溫、丹楊太守周昕與兵四千餘人。還到龍亢，士卒多叛。⁽一⁾至銍、建平，複收兵得千餘人，進屯河內。

（一）魏書曰：兵謀叛，夜燒太祖帳，太祖手劍殺數十人，餘皆披靡，乃得出營；其不叛者五百餘人。

劉岱與橋瑁相惡，岱殺瑁，以王肱領東郡太守。

袁紹與韓馥謀立幽州牧劉虞為帝，太祖拒之。⁽一⁾紹又嘗得一玉印，於太祖坐中舉向其肘，太祖由是笑而惡焉。⁽二⁾

（一）魏書載太祖答紹曰："董卓之罪，暴於四海，吾等合大衆、興義兵而遠近莫不響應，此以義動故也。今幼主微弱，制於姦臣，未有昌邑亡國之釁，而一旦改易，天下其孰安之？諸君北面，我自西向。"
（二）魏書曰：太祖大笑曰："吾不聽汝也。"紹複使人説太祖曰："今袁公勢盛兵強，二子已長，天下群英，孰逾於此？"太祖不應。由是益不直紹，圖誅滅之。

二年春，紹、馥遂立虞為帝，虞終不敢當。
夏四月，卓還長安。
秋七月，袁紹脅韓馥，取冀州。
黑山賊于毒、白繞、眭固等（眭，申隨反。）十餘萬衆略魏郡、東郡，

王肱不能禦，太祖引兵入東郡，擊白繞于濮陽，破之。袁紹因表太祖為東郡太守，治東武陽。

三年春，太祖軍頓丘，毒等攻東武陽。太祖乃引兵西入山，攻毒等本屯。[一]毒聞之，棄武陽還。太祖要擊眭固，又擊匈奴於夫羅於內黃，皆大破之。[二]

（一）魏書曰：諸將皆以為當還自救。太祖曰："孫臏救趙而攻魏，耿弇欲走西安攻臨菑。使賊聞我西而還，武陽自解也；不還，我能敗其本屯，虜不能拔武陽必矣。"遂乃行。

（二）魏書曰：於夫羅者，南單于子也。中平中，發匈奴兵，於夫羅率以助漢。會本國反，殺南單于，於夫羅遂將其眾留中國。因天下撓亂，與西河白波賊合，破太原、河內，抄略諸郡為寇。

夏四月，司徒王允与呂布共殺卓。卓将李傕、郭汜等殺允攻布，布敗，東出武關。傕等擅朝政。

青州黃巾眾百萬入兗州，殺任城相鄭遂，轉入東平。劉岱欲擊之，鮑信諫曰："今賊眾百萬，百姓皆震恐，士卒無鬥志，不可敵也。觀賊眾群輩相隨，軍無輜重，唯以鈔略為資，今不若畜士眾之力，先為固守。彼欲戰不得，攻又不能，其勢必離散，後選精銳，據其要害，擊之可破也。"岱不從，遂與戰，果為所殺。[一]信乃與州吏萬潛等至東郡迎太祖領兗州牧。遂進兵擊黃巾於壽張東。信力戰鬭死，僅而破之。[二]購求信喪不得，眾乃刻木如信形狀，祭而哭焉。追黃巾至濟北。乞降。冬，受降卒三十餘萬，男女百餘萬口，收其精銳者，號為青州兵。

（一）世語曰：岱既死，陳宮謂太祖曰："州今無主，而王命斷絕，宮請說州中，明府尋往牧之，資之以收天下，此霸王之業也。"宮說別駕、治中曰："今天下分裂而州無主；曹東郡，命世之才也，若迎以牧州，必寧生民。"鮑信等亦謂之然。

（二）魏書曰：太祖將步騎千餘人，行視戰地，卒抵賊營，戰不利，死者數百人，引還。賊尋前進。黃巾為賊久，數乘勝，兵皆精悍。太祖舊兵少，

新兵不習練，舉軍皆懼。太祖被甲嬰冑，親巡將士，明勸賞罰，衆乃復奮，承間討擊，賊稍折退。賊乃移書太祖曰："昔在濟南，毀壞神壇，其道乃與中黃太乙同，似若知道，今更迷惑。漢行已盡，黃家當立。天之大運，非君才力所能存也。"太祖見檄書，呵罵之，數開示降路；遂設奇伏，晝夜會戰，戰輒禽獲，賊乃退走。

　袁術與紹有隙，術求援於公孫瓚，瓚使劉備屯高唐，單經屯平原，陶謙屯發干，以逼紹。太祖與紹會擊，皆破之。

　四年春，軍鄄城。荊州牧劉表斷術糧道，術引軍入陳留，屯封丘，黑山餘賊及於夫羅等佐之。術使將劉詳屯匡亭。太祖擊詳，術救之，與戰，大破之。術退保封丘，遂圍之，未合，術走襄邑，追到太壽，決渠水灌城。走寧陵，又追之，走九江。夏，太祖還軍定陶。

　下邳闕宣聚衆數千人，自稱天子；徐州牧陶謙與共舉兵，取泰山華、費，略任城。秋，太祖徵陶謙，下十餘城，謙守城不敢出。

　是歲，孫策受袁術使渡江，數年間遂有江東。

　興平元年春，太祖自徐州還，初，太祖父嵩，去官後還譙，董卓之亂，避難琅邪，為陶謙所害，故太祖志在復讎東伐。[一]夏，使荀彧、程昱守鄄城，復徵陶謙，拔五城，遂略地至東海。還過郯，謙將曹豹與劉備屯郯東，要太祖。太祖擊破之，遂攻拔襄賁，所過多所殘戮。[二]

　（一）世語曰：嵩在泰山華縣。太祖令泰山太守應劭送家詣兗州，劭兵未至，陶謙密遣數千騎掩捕。嵩家以為劭迎，不設備。謙兵至，殺太祖弟德於門中。嵩懼，穿後垣，先出其妾，妾肥，不時得出；嵩逃於廁，與妾俱被害，闔門皆死。劭懼，棄官赴袁紹。後太祖定冀州，劭時已死。

　韋曜吳書曰：太祖迎嵩，輜重百餘兩。陶謙遣都尉張闓將騎二百衛送，闓於泰山華、費間殺嵩，取財物，因奔淮南。太祖歸咎於陶謙，故伐之。

　（二）孫盛曰：夫伐罪吊民，古之令軌；罪謙之由，而殘其屬部，過矣。

　會張邈與陳宮叛迎呂布，郡縣皆應。荀彧、程昱保鄄城，范、東阿二縣固守，

太祖乃引軍還。布到，攻鄄城不能下，西屯濮陽。太祖曰：「布一旦得一州，不能據東平，斷亢父、泰山之道乘險要我，而乃屯濮陽，吾知其無能為也。」遂進軍攻之。布出兵戰，先以騎犯青州兵。青州兵奔，太祖陳亂，馳突火出，墜馬，燒左手掌。司馬樓異扶太祖上馬，遂引去。〔一〕未至營止，諸將未與太祖相見，皆怖。太祖乃自力勞軍，令軍中促為攻具，進復攻之，與布相守百餘日。蝗蟲起，百姓大餓，布糧食亦盡，各引去。

（一）袁暐獻帝春秋曰：太祖圍濮陽，濮陽大姓田氏為反間，太祖得入城。燒其東門，示無反意。及戰，軍敗。布騎得太祖而不知是，問曰：「曹操何在？」太祖曰：「乘黃馬走者是也。」布騎乃釋太祖而追黃馬者。門火猶盛，太祖突火而出。

秋九月，太祖還鄄城。布到乘氏，為其縣人李進所破，東屯山陽。於是紹使人說太祖，欲連和。太祖新失兗州，軍食盡，將許之。程昱止太祖，太祖從之。冬十月，太祖至東阿。

是歲谷一斛五十餘萬錢，人相食，乃罷吏兵新募者。陶謙死，劉備代之。二年春，襲定陶。濟陰太守吳資保南城，未拔。會呂布至，又擊破之。夏，布將薛蘭、李封屯鉅野，太祖攻之，布救蘭，蘭敗，布走，遂斬蘭等。布復從東緡與陳宮將萬餘人來戰，時太祖兵少，設伏，縱奇兵擊，大破之。〔一〕布夜走，太祖復攻，拔定陶，分兵平諸縣。布東奔劉備，張邈從布，使其弟超將家屬保雍丘。秋八月，圍雍丘。冬十月，天子拜太祖兗州牧。十二月，雍丘潰，超自殺。夷邈三族。邈詣袁術請救，為其眾所殺，兗州平，遂東略陳地。

（一）魏書曰：於是兵皆出取麥，在者不能千人，屯營不固。太祖乃令婦人守陴，悉兵拒之。屯西有大堤，其南樹木幽深。布疑有伏，乃相謂曰：「曹操多譎，勿入伏中。」引軍屯南十餘里。明日復來，太祖隱兵堤裡，出半兵堤外。布益進，乃令輕兵挑戰，既合，伏兵乃悉乘堤，步騎並進，大

破之，獲其鼓車，追至其營而還。

是歲，長安亂，天子東遷，敗於曹陽，渡河幸安邑。
建安元年春正月，太祖軍臨武平，袁術所置陳相袁嗣降。
太祖將迎天子，諸將或疑，荀彧、程昱勸之，乃遣曹洪將兵西迎，衛將軍董承與袁術將萇奴拒險，洪不得進。
汝南、潁川黃巾何儀、劉辟、黃邵、何曼等，眾各數万，初應袁術，又附孫堅。二月，太祖進軍討破之，斬辟、邵等，儀及其眾皆降。天子拜太祖建德將軍，夏六月，遷鎮東將軍，封費亭侯。秋七月，楊奉、韓暹以天子還洛陽，〔一〕奉別屯梁。太祖遂至洛陽，衛京都，暹遁走。天子假太祖節鉞，錄尚書事。〔二〕洛陽殘破，董昭等勸太祖都許。九月，車駕出轘轅而東，以太祖為大將軍，封武平侯。自天子西遷，朝廷日亂，至是宗廟社稷制度始立。〔三〕

（一）獻帝春秋曰：天子初至洛陽，幸城西故中常侍趙忠宅。使張楊繕治宮室，名殿曰楊安殿，八月，帝乃遷居。
（二）獻帝紀曰：又領司隸校尉。
（三）張璠漢紀曰：初，天子敗於曹陽，欲浮河東下。侍中太史令王立曰："自去春太白犯鎮星於牛斗，過天津，熒惑又逆行守北河，不可犯也。"由是天子遂不北渡河，將自軹關東出。立又謂宗正劉艾曰："前太白守天關，與熒惑會；金火交會，革命之像也。漢祚終矣，晉、魏必有興者。"立後數言於帝曰："天命有去就，五行不常盛，代火者土也，承漢者魏也，能安天下者，曹姓也，唯委任曹氏而已。"公聞之，使人語立曰："知公忠於朝廷，然天道深遠，幸勿多言。"

天子之東也，奉自梁欲要之，不及。冬十月，公徵奉，奉南奔袁術，遂攻其梁屯，拔之。於是以袁紹為太尉，紹恥班在公下，不肯受。公乃固辭，以大將軍讓紹。天子拜公司空，行車騎將軍。是歲用棗祗、韓浩等議，始興屯田。〔一〕

（一）魏書曰：自遭荒亂，率乏糧穀。諸軍並起，無終歲之計，飢則寇略，飽則棄餘，瓦解流離，無敵自破者不可勝數。袁紹之在河北，軍人仰食桑椹。袁術在江、淮，取給蒲蠃。民人相食，州里蕭條。公曰："夫定國之術，在於強兵足食，秦人以急農兼天下，孝武以屯田定西域，此先代之良式也。"是歲乃募民屯田許下，得谷百萬斛。於是州郡例置田官，所在積穀。征伐四方，無運糧之勞，遂兼滅群賊，克平天下。

呂布襲劉備，取下邳。備來奔。程昱說公曰："觀劉備有雄才而甚得衆心，終不為人下，不如早圖之。"公曰："方今收英雄時也，殺一人而失天下之心，不可。

張濟自關中走南陽。濟死，從子繡領其衆。二年春正月，公到宛。張繡降，既而悔之，復反。公與戰，軍敗，為流矢所中，長子昂、弟子安民遇害。[一]。公乃引兵還舞陰，繡將騎來鈔，公擊破之。繡奔穰，與劉表合。公謂諸將曰："吾降張繡等，失不便取其質，以至於此。吾知所以敗。諸卿觀之，自今已後不復敗矣。"遂還許。[二]

（一）魏書曰：公所乘馬名絕影，為流矢所中，傷頰及足，併中公右臂。
世語曰：昂不能騎，進馬於公，公故免，而昂遇害。
（二）世語曰：舊制，三公領兵入見，皆交戟叉頸而前。初，公將討張繡，入覲天子，時始復此制。公自此不復朝見。

袁術欲稱帝於淮南，使人告呂布。布收其使，上其書。術怒，攻布，為布所破。秋九月，術侵陳，公東征之。術聞公自來，棄軍走，留其將橋蕤、李豐、梁綱、樂就；公到，擊破蕤等，皆斬之。術走渡淮。公還許。
公之自舞陰還也，南陽、章陵諸縣復叛為繡，公遣曹洪擊之，不利，還屯葉，數為繡、表所侵。冬十一月，公自南征，至宛。[一]表將鄧濟據湖陽。攻拔之，生擒濟，湖陽降。攻舞陰，下之。

（一）魏書曰：臨濟水，祠亡將士，歔欷流涕，眾皆感慟。

　　三年春正月，公還許，初置軍師祭酒。三月，公圍張繡於穰。夏五月，劉表遣兵救繡，以絕軍後。^(一)公將引還，繡兵來（追），公軍不得進，連營稍前。公與荀彧書曰："賊來追吾，雖日行數里，吾策之，到安眾，破繡必矣。"到安眾，繡與表兵合守險，公軍前後受敵。公乃夜鑿險為地道，悉過輜重，設奇兵。會明，賊謂公為遁也，悉軍來追。乃縱奇兵步騎夾攻，大破之。秋七月，公還許。荀彧問公："前以策賊必破，何也？"公曰："虜遏吾歸師，而與吾死地戰，吾是以知勝矣。"

　　（一）獻帝春秋曰：袁紹叛卒詣公云："田豐使紹早襲許，若挾天子以令諸侯，四海可指麾而定。"公乃解繡圍。

　　呂布復為袁術使高順攻劉備，公遣夏侯惇救之，不利。備為順所敗。九月，公東征布。冬十月，屠彭城，獲其相侯諧。進至下邳，布自將騎逆擊。大破之，獲其驍將成廉。追至城下，布恐，欲降。陳宮等沮其計，求救千術，勸布出戰，戰又敗，乃還固守，攻之不下。時公連戰，士卒罷，欲還，用荀攸、郭嘉計，遂決泗、沂水以灌城。月餘，布將宋憲、魏續等執陳宮，舉城降，生禽布、宮，皆殺之。太山臧霸、孫觀、吳敦、尹禮、昌豨各聚眾。布之破劉備也，霸等悉從布。布敗，獲霸等，公厚納待，遂割青、徐二州附於海以委焉，分琅邪、東海、北海為城陽、利城、昌慮郡。

　　初，公為兗州，以東平畢諶為別駕。張邈之叛也，邈劫諶母弟妻子；公謝遣之，曰："卿老母在彼，可去。"諶頓首無二心，公嘉之，為之流涕。既出，遂亡歸。及布破，諶生得，眾為諶懼，公曰："夫人孝於其親者，豈不亦忠於君乎！吾所求也。"以為魯相。^(一)

　　（一）魏書曰：袁紹宿與故太尉楊彪、大長秋梁紹、少府孔融有隙，欲使公以他過誅之。公曰："當今天下土崩瓦解，雄豪並起，輔相君長，人懷

怏怏，各有自為之心，此上下相疑之秋也，雖以無嫌待之，猶懼未信；如有所除，則誰不自危？且夫起布衣，在塵垢之間，為庸人之所陵陷，可勝怨乎！高祖赦雍齒之讎而羣情以安，如何忘之？」紹以為公外託公義，內實離異，深懷怨望。

臣松之以為楊彪亦曾為魏武所困，幾至於死，孔融竟不免於誅滅，豈所謂先行其言而後從之哉！非知之難，其在行之，信矣。

四年春二月，公還至昌邑。張楊將楊醜殺楊，眭固又殺醜，以其衆屬袁紹，屯射犬。夏四月，進軍臨河，使史渙、曹仁渡河擊之。固使楊故長史薛洪、河內太守繆尚留守，自將兵北迎紹求救，與渙、仁相遇犬城。交戰，大破之，斬固。公遂濟河，圍射犬。洪、尚率衆降，封為列侯，還軍敖倉。以魏种為河內太守，屬以河北事。

初，公舉种孝廉。兗州叛，公曰：「唯魏种且不棄孤也。」及聞种走，公怒曰：「种不南走越、北走胡，不置汝也！」既下射犬，生禽种，公曰：「唯其才也！」釋其縛而用之。

是時袁紹既并公孫瓚，兼四州之地，衆十餘萬，將進軍攻許，諸將以為不可敵，公曰：「吾知紹之為人，志大而智小，色厲而膽薄，忌克而少威，兵多而分畫不明，將驕而政令不一，土地雖廣，糧食雖豐，適足以為吾奉也。」秋八月，公進軍黎陽，使臧霸等入青州破齊、北海、東安，留于禁屯河上。九月，公還許，分兵守官渡。冬十一月，張繡率衆降，封列侯。十二月，公軍官渡。

袁術自敗於陳，稍困，袁譚自青州遣迎之。術欲從下邳北過，公遣劉備、朱靈要之。會術病死。程昱、郭嘉聞公遣備，言於公曰：「劉備不可縱。」公悔，追之不及。備之未東也，陰與董承等謀反，至下邳，遂殺徐州刺史車冑，舉兵屯沛。遣劉岱、王忠擊之，不克。(一)

(一) 獻帝春秋曰：備謂岱等曰：「使汝百人來，其無如我何；曹公自來，未可知耳！

魏武故事曰：岱字公山，沛國人。以司空長史從征伐有功，封列侯。

魏略曰：王忠，扶風人，少為亭長。三輔亂，忠飢乏噉人（公飢乏噉人），隨輩南向武關。值婁子伯為荊州遣迎北方客人；直不欲去，因率等伜逆擊之，奪其兵，聚眾千餘人以歸公。拜忠中郎將，從征討。五官將知忠嘗噉人，因從駕出行，令俳取塚間髑髏繫著忠馬鞍，以為歡笑。

廬江太守劉勳率眾降，封為列侯。

五年春正月，董承等謀洩，皆伏誅。公將自東征備，諸將皆曰：“與公爭天下者，袁紹也。今紹方來而棄之東，紹乘人後，若何？”公曰：“夫劉備，人傑也，今不擊，必為後患。[一] 袁紹雖有大志，而見事遲，必不動也。”郭嘉亦勸公，遂東擊備，破之，生禽其將夏侯博。備走奔紹，獲其妻子。備將關羽屯下邳，復進攻之，羽降。昌豨叛為備，又攻破之。公還官渡，紹卒不出。

（一）孫盛魏氏春秋云：答諸將曰：“劉備，人傑也，將生憂寡人。

“臣松之以為史之記言，既多潤色，故前載所述有非實者矣，後之作者又生意改之，於失實也，不亦彌遠乎！凡孫盛製書，多用左氏以易舊文，如此者非一。嗟乎，後之學者將何取信哉？且魏武方以天下勵志，而用夫差分死之言，尤非其類。

二月，紹遣郭圖、淳于瓊、顏良攻東郡太守劉延於白馬，紹引兵至黎陽，將渡河。夏四月，公北救延。荀攸說公曰：“今兵少不敵，分其勢乃可。公到延津，若將渡兵向其後者，紹必西應之，然後輕兵襲白馬，掩其不備，顏良可禽也。”公從之。紹聞兵渡，即分兵西應之。公乃引軍兼行趣白馬，未至十餘裡，良大驚，來逆戰。使張遼、關羽前登，擊破，斬良。遂解白馬圍，徙其民，循河而西。紹於是渡河追公軍，至延津南。公勒兵駐營南阪下，使登壘望之，曰；“可五六百騎。”有頃，復白：“騎稍多，步兵不可勝數。”公曰：“勿復白。”乃令騎解鞍放馬。是時，白馬輜重就道。諸將以為敵騎多，不如還保營。荀攸曰：“此所以餌敵，如何去之！”紹騎將文醜與劉備將五六千騎前後至。諸將復白：“可上馬。”公曰：“未也。”有頃，騎至稍多，或分趣輜重。公曰：“可矣。”乃皆上馬。時騎不

滿六百，遂縱兵擊，大破之，斬醜。良、醜皆紹名將也，再戰，悉禽，紹軍大震。公還軍官渡。紹進保陽武。關羽亡歸劉備。

八月，紹連營稍前，依沙塠為屯，東西數十里。公亦分營與相當，合戰不利。[一] 時公兵不滿萬，傷者十二三。[二]（守，異於摧鋒決戰。本紀云："紹衆十餘萬，屯營東西數十里。"魏太祖雖機變無方，略不世出，安有以數千之兵，而得逾時相抗者哉？以理而言，竊謂不然。紹為屯數十里，公能分營）紹復進臨官渡，起土山地道。公亦於內作之，以相應。紹射營中，矢如雨下，行者皆蒙楯，衆大懼。時公糧少，與荀彧書，議欲還許。彧以為"紹悉衆聚官渡，欲與公決勝敗。公以至弱當至強，若不能製，必為所乘，是天下之大機也。且紹，布衣之雄耳，能聚人而不能用。夫以公之神武明哲而輔以大順，何向而不濟！"公從之。

（一）習鑿齒漢晉春秋曰：許攸說紹曰："公無與操相攻也。急分諸軍持之，而徑從他道迎天子，則事立濟矣。"紹不從，曰："吾要當先圍取之。"攸怒。
（二）臣松之以為魏武初起兵，已有衆五千，自後百戰百勝，敗者十二三而已矣。但一破黃巾，受降卒三十餘萬，餘所吞併，不可悉紀；雖征戰損傷，未應如此之少也。夫結營相守，異於摧鋒決戰。本紀云："紹衆十餘萬，屯營東西數十里。"魏太祖雖機變無方，略不世出，安有以數千之兵，而得逾時相抗者哉？以理而言，竊謂不然。紹為屯數十里，公能分營與相當，此兵不得甚少，一也。紹若有十倍之衆，理應當悉力圍守，使出入斷絕，而公使徐晃等擊其運車，公又自出擊淳于瓊等，揚旌往還，曾無抵閡，明紹力不能製，是不得甚少，二也。諸書皆云公坑紹衆八萬，或云七萬。夫八萬人奔散，非八千人所能縛，而紹之大衆皆拱手就戮，何緣力能製之？是不得甚少，三也。將記述者欲以少見奇，非其實錄也。按鍾繇傳云："公與紹相持，繇為司隸，送馬二千餘匹以給軍。"本紀及世語並云公時有騎六百餘匹，繇馬為安在哉？

孫策聞公與紹相持，乃謀襲許，未發，為刺客所殺。

汝南降賊劉辟等叛應紹，略許下。紹使劉備助辟，公使曹仁擊破之。備走，遂破辟屯。

袁紹運穀車數千乘至，公用荀攸計，遣徐晃、史渙邀擊，大破之，盡燒其車。公與紹相拒連月，雖比戰斬將，然眾少糧盡，士卒疲乏。公謂運者曰："卻十五日為汝破紹，不復勞汝矣。"冬十月，紹遣車運谷，使淳于瓊等五人將兵萬餘人送之，宿紹營北四十里。紹謀臣許攸貪財，紹不能足，來奔，因說公擊瓊等。左右疑之，荀攸、賈詡勸公。公乃留曹洪守，自將步騎五千人夜往，會明至。瓊等望見公兵少，出陳門外。公急擊之，瓊退保營，遂攻之。紹遣騎救瓊。左右或言"賊騎稍近，請分兵拒之"。公怒曰："賊在背後，乃白！"士卒皆殊死戰，大破瓊等，皆斬之。[一] 紹初聞公之擊瓊，謂長子譚曰："就彼攻瓊等，吾攻拔其營，彼固無所歸矣！"乃使張郃、高覽攻曹洪。郃等聞瓊破，遂來降。紹眾大潰，紹及譚棄軍走，渡河。追之不及，盡收其輜重圖書珍寶，虜其眾[二] 公收紹書中，得許下及軍中人書，皆焚之。[三]
冀州諸郡多舉城邑降者。

（一）曹瞞傳曰：公聞攸來，跣出迎之，撫掌笑曰："「（子卿遠）（子遠，卿）來，吾事濟矣！」"既入坐，謂公曰："袁氏軍盛，何以待之？今有幾糧乎？"公曰："尚可支一歲。"攸曰："無是，更言之！"又曰："可支半歲。"攸曰："足下不欲破袁氏邪，何言之不實也！"公曰："向言戲之耳。其實可一月，為之奈何？"攸曰："公孤軍獨守，外無救援而糧穀已盡，此危急之日也。今袁氏輜重有萬餘乘，在故市、烏巢，屯軍無嚴備；今以輕兵襲之，不意而至，燔其積聚，不過三日，袁氏自敗也。"公大喜，乃舉精銳步騎，皆用袁軍旗幟，銜枚縛馬口，夜從間道出，人抱束薪，所歷道有問者，語之曰："袁公恐曹操鈔略後軍，遣兵以益備。"聞者信以為然，皆自若。既至，圍屯，大放火，營中驚亂。大破之，盡燔其糧穀寶貨，斬督將眭元進、騎督韓莒子、呂威璜、趙叡等首，割得將軍淳于仲簡鼻，未死，殺士卒千餘人，皆取鼻，牛馬割唇舌，以示紹軍。將士皆怛懼。時有夜得仲簡，將以詣麾下，公謂曰："何為如是？"仲簡曰："勝負自天，何用為問乎！"公意欲不殺。許攸曰："明旦鑑於鏡，此益不忘人。"乃殺之。
（二）獻帝起居注曰：公上言"大將軍鄴侯袁紹前與冀州牧韓馥立故大司

馬劉虞，刻作金璽，遣故任長畢瑜詣虞，為說命錄之數。又紹與臣書云：'可都鄄城，當有所立。'擅鑄金銀印，孝廉計吏，皆往詣紹。從弟濟陰太守敍與紹書云：'今海內喪敗，天意實在我家，神應有徵，當在尊兄。南兄臣下欲使即位，南兄言，以年則北兄長，以位則北兄重。便欲送璽，會曹操斷道。'紹宗族累世受國重恩，而凶逆無道，乃至於此。輒勒兵馬，與戰官渡，乘聖朝之威，得斬紹大將淳于瓊等八人首，遂大破潰。紹與子譚輕身迸走。凡斬首七萬餘級，輜重財物巨億。"

（三）魏氏春秋曰：公云："當紹之強，孤猶不能自保，而況衆人乎！"

初，桓帝時有黃星見於楚、宋之分，遼東殷馗（馗，古逵字，見三蒼。）善天文，言後五十歲當有真人起於梁、沛之間，其鋒不可當。至是凡五十年，而公破紹，天下莫敵矣。

六年夏四月，揚兵河上，擊紹倉亭軍，破之。紹歸，複收散卒，攻定諸叛郡縣。九月，公還許。紹之未破也，使劉備略汝南，汝南賊共都等應之。遣蔡揚擊都，不利，為都所破。公南征備。備聞公自行，走奔劉表，都等皆散。

七年春正月，公軍譙，令曰："吾起義兵，為天下除暴亂。舊土人民，死喪略盡，國中終日行，不見所識，使吾淒愴傷懷。其舉義兵已來，將士絕無後者，求其親戚以後之，授土田，官給耕牛，置學師以教之。為存者立廟，使祀其先人，魂而有靈，吾百年之後何恨哉！"遂至浚儀，治睢陽渠，遣使以太牢祀橋玄。（一）進軍官渡。

（一）褒書賞令載公祀文曰："故太尉橋公，誕敷明德，汎愛博容。國念明訓，士思令謨。靈幽體翳，邈哉晞矣！吾以幼年，逮升堂室，特以頑鄙之姿，為大君子所納。增榮益觀，皆由獎助，猶仲尼稱不如顏淵，李生之厚嘆賈復。士死知己，懷此無忘。又承從容約誓之言：'殂逝之後，路有經由，不以斗酒隻雞過相沃酹，車過三步，腹痛勿怪！'雖臨時戲笑之言，非至親之篤好，胡肯為此辭乎？匪謂靈忿，能詒己疾，懷舊惟顧，念之淒愴。奉命東征，屯次鄉里，北望貴土，乃心陵墓。裁致薄奠，公其尚饗！"

紹自軍破後，發病歐血，夏五月死。小子尚代，譚自號車騎將軍，屯黎陽。秋九月，公徵之，連戰。譚、尚數敗退，固守。

八年春三月，攻其郭，乃出戰，擊，大破之，譚、尚夜遁。夏四月，進軍鄴。五月還許，留賈信屯黎陽。

己酉，令曰："司馬法'將軍死綏'，$^{(一)}$故趙括之母，乞不坐括。是古之將者，軍破於外，而家受罪於內也。自命將徵行，但賞功而不罰罪，非國典也。其令諸將出征，敗軍者抵罪，失利者免官爵。"$^{(二)}$

（一）魏書曰：綏，卻也。有前一尺，無卻一寸。

（二）魏書載庚申令曰："議者或以軍吏雖有功能，德行不足堪任郡國之選，所謂'可與適道，未可與權'。管仲曰：'使賢者食於能則上尊，鬥士食於功則卒輕於死，二者設於國則天下治。'未聞無能之人，不鬥之士，並受祿賞，而可以立功興國者也。故明君不官無功之臣，不賞不戰之士；治平尚德行，有事賞功能。論者之言，一似管窺虎歟！"

秋七月，令曰："喪亂已來，十有五年，後生者不見仁義禮讓之風，吾甚傷之。其令郡國各脩文學，縣滿五百戶置校官，選其鄉之俊造而教學之，庶幾先生之道不廢，而有以益於天下。"

八月，公徵劉表，軍西平。公之去鄴而南也，譚、尚爭冀州，譚為尚所敗，走保平原。尚攻之急，譚遣辛毗乞降請救。諸將皆疑，荀攸勸公許之，$^{(一)}$公乃引軍還。冬十月，到黎陽，為子整與譚結婚。$^{(二)}$尚聞公北，乃釋平原還鄴。東平呂曠、呂翔叛尚，屯陽平，率其衆降，封為列侯。$^{(三)}$

（一）魏書曰：公雲："我攻呂布，表不為寇，宜渡之役，不救袁紹，此自守之賊也，宜為後圖。譚、尚狡猾，當乘其亂。縱譚挾詐，不終束手，使我破尚，偏收其地，利自多矣。"乃許之。

（二）臣松之案：紹死至此，過週五月耳。譚雖出後其伯，不為紹服三年，而於再期之內以行吉禮，悖矣。魏武或以權宜與之約言；今雲結婚，未必

便以此年成禮。

（三）魏書曰：譚之圍解，陰以將軍印綬假曠。曠受印送之，公曰：「我固知譚之有小計也。欲使我攻尚，得以其間略民聚衆，尚之破，可得自強以乘我弊也。尚破我盛，何弊之乘乎？」

九年春正月，濟河，遏淇水入白溝以通糧道。二月，尚復攻譚，留蘇由、審配守鄴。公進軍到洹水，由降。既至，攻鄴，爲土山、地道。武安長尹楷屯毛城，通上黨糧道。夏四月，留曹洪攻鄴，公自將擊楷，破之而還。尚將沮鵠守邯鄲，[一]又擊拔之。易陽令韓範、涉長梁岐舉縣降，賜爵關內侯。五月，毀土山、地道，作圍塹，決漳水灌城；城中餓死者過半。秋七月，尚還救鄴，諸將皆以爲「此歸師，人自爲戰，不如避之」。公曰：「尚從大道來，當避之；若循西山來者，此成禽耳。」尚果循西山來，臨滏水爲營。[二]夜遣兵犯圍，公逆擊破走之，遂圍其營。未合，尚懼，（遣）故豫州刺史陰夔及陳琳乞降，公不許，爲圍益急。尚夜遁，保祁山，追擊之。其將馬延、張顗等臨陳降，衆大潰，尚走中山。盡獲其輜重，得尚印綬節鉞，使尚降人示其家，城中崩沮。八月，審配兄子榮夜開所守城東門內兵。配逆戰，敗，生禽配，斬之，鄴定。公臨祀紹墓，哭之流涕；慰勞紹妻，還其家人寶物，賜雜繒絮，廩食之。[三]

（一）沮音菹，河朔間今猶有此姓。鵠，沮授子也。

（二）曹瞞傳曰：遣候者數部前後參之，皆曰「定從西道，已在邯鄲」。公大喜，會諸將曰：「孤已得冀州，諸君知之乎？」皆曰：「不知。」公曰：「諸君方見不久也。」

（三）孫盛云：昔者先王之爲誅賞也，將以懲惡勸善，永彰鑑戒。紹因世艱危，遂懷逆謀，上議神器，下乾國紀。薦社汙宅，古之製也，而乃盡哀於逆臣之塚，加恩於饕餮之室，爲政之道，於斯躓矣。夫匿怨友人，前哲所恥，稅驂舊館，義無虛涕，苟道乖好絕，何哭之有！昔漢高失之於項氏，魏武遵謬於此舉，豈非百慮之一失也。

初，紹與公共起兵，紹問公曰："若事不輯，則方面何所可據？"公曰："足下意以為何如？"紹曰："吾南據河，北阻燕、代，兼戎狄之衆，南向以爭天下，庶可以濟乎？"公曰："吾任天下之智力，以道御之，無所不可。"（一）

（一）傅子曰：太祖又云："湯、武之王，豈同土哉？若以險固為資，則不能應機而變化也。"

九月，令曰："河北罹袁氏之難，其令無出今年租賦！"重豪強兼併之法，百姓喜悅。（一）天子以公領冀州牧，公讓還兗州。

（一）魏書載公令曰："有國有家者，不患寡而患不均，不患貧而患不安。袁氏之治也，使豪強擅恣，親戚兼併；下民貧弱，代出租賦，衒鬻家財，不足應命；審配宗族，至乃藏匿罪人，為逋逃主。欲望百姓親附，甲兵強盛，豈可得邪！其收田租畝四升，戶出絹二匹、綿二斤而已，他不得擅興發。郡國守相明檢察之，無令強民有所隱藏，而弱民兼賦也。"

公之圍鄴也，譚略取甘陵、安平、勃海、河間。尚敗，還中山。譚攻之，尚奔故安，遂併其衆。公遺譚書，責以負約，與之絕婚，女還，然後進軍。譚懼，拔平原，走保南皮。十二月，公入平原，略定諸縣。

十年春正月，攻譚，破之，斬譚，誅其妻子，冀州平。（一）下令曰："其與袁氏同惡者，與之更始。"令民不得複私讎，禁厚葬，皆一之於法。是月，袁熙大將焦觸、張南等叛攻熙、尚，熙、尚奔三郡烏丸。觸等舉其縣降，封為列侯。初討譚時，民亡椎冰，（二）令不得降。頃之，亡民有詣門首者，公謂曰："聽汝則違令，殺汝則誅首，歸深自藏，無為吏所獲。"民垂泣而去；後竟捕得。

（一）魏書曰：公攻譚，旦及日中不決；公乃自執桴鼓，士卒咸奮，應時破陷。

（二）臣松之以為討譚時，川渠水凍，使民椎冰以通船，民憚役而亡。

　　夏四月，黑山賊張燕率其衆十餘萬降，封為列侯。故安趙犢、霍奴等殺幽州刺史、涿郡太守。三郡烏丸攻鮮于輔於獷平。⁽⁻⁾秋八月，公徵之，斬犢等，乃渡潞河救獷平，烏丸奔走出塞。

（一）續漢書郡國志曰：獷平，縣名，屬漁陽郡。

　　九月，令曰："阿黨比周，先聖所疾也。聞冀州俗，父子異部，更相毀譽。昔直不疑無兄，世人謂之盜嫂；第五伯魚三娶孤女，謂之撾婦翁；王鳳擅權，谷永比之申伯，王商忠議，張匡謂之左道：此皆以白為黑，欺天罔君者也。吾欲整齊風俗，四者不除，吾以為羞。"冬十月，公還鄴。
　　初，袁紹以甥高幹領并州牧，公之拔鄴，幹降，遂以為刺史。幹聞公討烏丸，乃以州叛，執上黨太守，舉兵守壺關口。遣樂進、李典擊之，幹還守壺關城。十一年春正月，公征幹。幹聞之，乃留其別將守城，走入匈奴，求救於單于，單于不受。公圍壺關三月，拔之。幹遂走荊州，上洛都尉王琰捕斬之。
　　秋八月，公東征海賊管承，至淳于，遣樂進、李典擊破之，承走入海島。割東海之襄賁、郯、戚以益琅邪，省昌慮郡。⁽⁻⁾

（一）魏書載十月乙亥令曰："夫治世禦衆，建立輔弼，誠在面從，詩稱'聽用我謀，庶無大悔'，斯實君臣懇懇之求也。吾充重任，每懼失中，頻年已來，不聞嘉謀，豈吾開延不勤之咎邪？自今以後，諸掾屬治中、別駕，常以月旦各言其失，吾將覽焉。"

　　三郡烏丸承天下亂，破幽州，略有漢民合十餘萬戶。袁紹皆立其酋豪為單于，以家人子為己女，妻焉。遼西單于蹋頓尤強，為紹所厚，故尚兄弟歸之，數入塞為害。公將徵之，鑿渠，自呼沲入泒水，（泒音孤）。名平虜渠；又從泃河口（泃音句）。鑿入潞河，名泉州渠，以通海。

十二月春二月，公自淳于還鄴。丁酉，令曰："吾起義兵誅暴亂，於今十九年，所徵必克，豈吾功哉？乃賢士大夫之力也。天下雖未悉定，吾當要與賢士大夫共定之；而專饗其勞，吾何以安焉！其促定功行封。"於是大封功臣二十餘人，皆為列侯，其餘各以次受封，及復死事之孤，輕重各有差。[一]

（一）魏書載公令曰："昔趙奢、竇嬰之為將也，受賜千金，一朝散之，故能濟成大功，永世流聲。吾讀其文，未嘗不慕其為人也。與諸將士大夫共從戎事，幸賴賢人不愛其謀，群士不遺其力，是以夷險平亂，而吾得竊大賞，戶邑三萬。追思竇嬰散金之義，今分所受租與諸掾屬及故戍於陳、蔡者，庶以疇答眾勞，不擅大惠也。宜差死事之孤，以租穀及之。若年殷用足，租奉畢入，將大與眾人悉共饗之。"

將北征三郡烏丸，諸將皆曰："袁尚，亡虜耳，夷狄貪而無親，豈能為尚用？今深入徵之，劉備必說劉表以襲許。萬一為變，事不可悔。"惟郭嘉策表必不能任備，勸公行。夏五月，至無終。秋七月，大水，傍海道不通，田疇請為鄉導，公從之。引軍出盧龍塞，塞外道絕不通，乃塹山堙谷五百餘裡，經白檀，歷平岡，涉鮮卑庭，東指柳城。未至二百里，虜乃知之。尚、熙與蹋頓、遼西單于樓班、右北平單于能臣抵之等將數萬騎逆軍。八月，登白狼山，卒與虜遇，眾甚盛。公車重在後，被甲者少，左右皆懼。公登高，望虜陳不整，乃縱兵擊之，使張遼為先鋒，虜眾大崩，斬蹋頓及名王已下，胡、漢降者二十餘萬口。遼東單于速僕丸及遼西、北平諸豪，棄其種人，與尚、熙奔遼東，眾尚有數千騎。初，遼東太守公孫康恃遠不服。及公破烏丸，或說公遂徵之，尚兄弟可禽也。公曰："吾方使康斬送尚、熙首，不煩兵矣。"九月，公引兵自柳城還，[一]康即斬尚、熙及速僕丸等，傳其首。諸將或問："公還而康斬送尚、熙，何也？"公曰："彼素畏尚等，吾急之則並力，緩之則自相圖，其勢然也。"十一月至易水，代郡烏丸行單于普富盧、上郡烏丸行單于那樓將其名王來賀。

（一）曹瞞傳曰：時寒且旱，二百里無復水，軍又乏食，殺馬數千匹以為糧，鑿地入三十餘丈乃得水。既還，科問前諫者，衆莫知其故，人人皆懼。公皆厚賞之，曰：“孤前行，乘危以徼幸，雖得之，天所佐也，故不可以為常。諸君之諫，萬安之計，是以相賞，後勿難言之。”

十三年春正月，公還鄴，作玄武池以肄舟師。[一] 漢罷三公官，置丞相、御史大夫。夏六月，以公為丞相。[二]

（一）肄，以四反。三蒼曰：“肄，習也。”
（二）獻帝起居注曰：使太常徐璆即授印綬。御史大夫不領中丞，置長史一人。

先賢行狀曰：璆字〔孟平〕孟玉，廣陵人。少履清爽，立朝正色。歷任城、汝南、東海三郡，所在化行。被徵當還，為袁術所劫。術僭號，欲授以上公之位，璆終不為屈。術死後，璆得術璽，致之漢朝，拜衛尉太常；公為丞相，以位讓璆焉。

秋七月，公南征劉表。八月，表卒，其子琮代，屯襄陽，劉備屯樊。九月，公到新野，琮遂降，備走夏口。公進軍江陵，下令荊州吏民，與之更始。乃論荊州服從之功，侯者十五人，以劉表大將文聘為江夏太守，使統本兵，引用荊州名士韓嵩、鄧義等。[一] 益州牧劉璋始受徵役，遣兵給軍。十二月，孫權為備攻合肥。公自江陵徵備，至巴丘，遣張憙救合肥。權聞憙至，乃走。公至赤壁，與備戰，不利。於是大疫，吏士多死者，乃引軍還。備遂有荊州、江南諸郡。[二]

（一）衛恆四體書勢序曰：上谷王次仲善隸書，始為楷法。至靈帝好書，世多能者。而師宜官為最，甚矜其能，每書，輒削焚其札。梁鵠乃益為版而飲之酒，候其醉而竊其札，鵠卒以攻書至選部尚書。於是公欲為洛陽令，鵠以儵為北部尉。鵠後依劉表。及荊州平，公募求鵠，鵠懼，自縛詣門，署軍假司馬，使在秘書，以（勤）〔勒〕書自效。公嘗懸著帳中，及以釘

壁玩之，謂勝宜官。鵠字孟黃，安定人。魏宮殿題署，皆鵠書也。

　皇甫謐逸士傳曰：汝南王俊，字子文，少為范滂、許章所識，與南陽岑
晊善。公之為布衣，特愛儁；儁亦稱公有治世之具。及袁紹與弟術喪母，
歸葬汝南，俊與公會之，會者三萬人。公於外密語儁曰：「天下將亂，
為亂魁者必此二人也。欲濟天下，為百姓請命，不先誅此二子，亂今作
矣。」俊曰：「如卿之言，濟天下者，舍卿復誰？」相對而笑。俊為人外
靜而內明，不應州郡三府之命。公車徵，不到，避地居武陵，歸俊者一百
餘家。帝之都許，復徵為尚書，又不就。劉表見紹強，陰與紹通，儁謂
表曰：「曹公，天下之雄也，必能興霸道，繼桓、文之功者也。今乃釋
近而就遠，如有一朝之急，遙望漠北之救，不亦難乎！」表不從。儁年
六十四，以壽終於武陵，公聞而哀傷。及平荊州，自臨江迎喪，改葬於江
陵，表為先賢也。

（二）山陽公載記曰：公船艦為備所燒，引軍從華容道步歸，遇泥濘，道
不通，天又大風，悉使羸兵負草填之，騎乃得過。羸兵為人馬所蹈藉，陷
泥中，死者甚眾。軍既得出，公大喜，諸將問之，公曰：「劉備，吾儔也。
但得計少晚；向使早放火，吾徒無類矣。」備尋亦放火而無所及。
孫盛異同評曰：按吳志，劉備先破公軍，然後權攻合肥，而此記云權先攻
合肥，後有赤壁之事。二者不同，吳志為是。

　十四年春三月，軍至譙，作輕舟，治水軍。秋七月，自渦入淮，出肥水，
軍合肥。辛未，令曰：「自頃已來，軍數徵行，或遇疫氣，吏士死亡不歸，
家室怨曠，百姓流離，而仁者豈樂之哉？不得已也。其令死者家無基業不
能自存者，縣官勿絕廩，長吏存卹撫循，以稱吾意。」置揚州郡縣長吏，
開芍陂屯田。十二月，軍還譙。

　十五年春，下令曰：「自古受命及中興之君，曷嘗不得賢人君子與之共
治天下者乎！及其得賢也，曾不出閭巷，豈幸相遇哉？上之人不求之耳。
今天下尚未定，此特求賢之急時也。’孟公綽為趙、魏老則優，不可以為滕、
薛大夫’。若必廉士而後可用，則齊桓其何以霸世！今天下得無有被褐懷

玉而釣於<u>渭</u>濱者乎？又得無盜嫂受金而未遇無知者乎？二三子其佐我明揚仄陋，唯才是舉，吾得而用之。"冬，作<u>銅雀臺</u>。^(一)

（一）<u>魏武故事</u>載公十二月己亥令曰："孤始舉孝廉，年少，自以本非巖穴知名之士，恐為海內人之所見凡愚，欲為一郡守，好作政教，以建立名譽，使世士明知之；故在<u>濟南</u>，始除殘去穢，平心選舉，違迕諸常侍。以為強豪所忿，恐致家禍，故以病還。去官之後，年紀尚少，顧視同歲中，年有五十，未名為老，內自圖之，從此卻去二十年，待天下清，乃與同歲中始舉者等耳。故以四時歸鄉里，於<u>譙</u>東五十里築精舍，欲秋夏讀書，冬春射獵，求底下之地，欲以泥水自蔽，絕賓客往來之望，然不能得如意。後徵為都尉，遷典軍校尉，意遂更欲為國家討賊立功，慾望封侯作征西將軍，然後題墓道言'<u>漢</u>故征西將軍<u>曹侯</u>之墓'，此其志也。而遭值<u>董卓</u>之難，興舉義兵。是時合兵能多得耳，然常自損，不欲多之；所以然者，多兵意盛，與強敵爭，倘更為禍始。故<u>汴水</u>之戰數千，後還到<u>揚州</u>更募，亦復不過三千人，此其本誌有限也。後領<u>兗州</u>，破降黃巾三十萬衆。又<u>袁術</u>僭號於<u>九江</u>，下皆稱臣，名門曰<u>建號門</u>，衣被皆為天子之製，兩婦預爭為皇后。志計已定，人有勸<u>術</u>使遂即帝位，露布天下，答言'<u>曹公</u>尚在，未可也'。後孤討禽其四將，獲其人衆，遂使<u>術</u>窮亡解沮，發病而死。及至<u>袁紹</u>據河北，兵勢強盛，孤自度勢，實不敵之，但計投死為國，以義滅身，足垂於後。幸而破<u>紹</u>，梟其二子。又<u>劉表</u>自以為宗室，包藏姦心，乍前乍卻，以觀世事，據有當州，<u>孤</u>復之，遂平天下。身為宰相，人臣之貴已極，意望已過矣。今孤言此，若為自大，欲人言盡，故無諱耳。設使國家無有孤，不知當幾人稱帝，幾人稱王。或者人見孤強盛，又性不信天命之事，恐私心相評，言有不遜之志，妄相忖度，每用耿耿。<u>齊桓</u>、<u>晉文</u>所以垂稱至今日者，以其兵勢廣大，猶能奉事<u>周</u>室也。論語云'三分天下有其二，以服事<u>殷</u>，<u>周</u>之德可謂至德矣'，夫能以大事小也。昔<u>樂毅</u>走<u>趙</u>，<u>趙</u>王欲與之圖<u>燕</u>，<u>樂毅</u>伏而垂泣，對曰：'臣事<u>昭王</u>，猶事大王；臣若獲戾，放在他國，沒世然後已，不忍謀<u>趙</u>之徒隸，況<u>燕</u>後嗣乎！'<u>胡亥</u>之殺<u>蒙恬</u>也，<u>恬</u>曰：'自吾先人及至子孫，積信於<u>秦</u>三世矣；今臣將兵三十餘萬，其勢足以背叛，然自知必死而

守義者，不敢辱先人之教以忘先王也。'孤每讀此二人書，未嘗不愴然流涕也。孤祖父以至孤身，皆當親重之任，可謂見信者矣，以及（子桓）（子桓）兄弟，過於三世矣。孤非徒對諸君説此也，常以語妻妾，皆令深知此意。孤謂之言：'顧我萬年之後，汝曹皆當出嫁，欲令傳道我心，使他人皆知之。'孤此言皆肝鬲之要也。所以勤勤懇懇敍心腹者，見周公有金縢之書以自明，恐人不信之故。然欲孤便爾委捐所典兵衆以還執事，歸就武平侯國，實不可也。何者？誠恐己離兵為人所禍也。既為子孫計，又己敗則國家傾危，是以不得慕虛名而處實禍，此所不得為也。前朝恩封三子為侯，固辭不受，今更欲受之，非欲復以為榮，欲以為外援，為萬安計。孤聞介推之避晉封。申胥之逃楚賞，未嘗不捨書而歎，有以自省也。奉國威靈，仗鉞征伐，推弱以克強，處小而禽大，意之所圖，動無違事，心之所慮，何向不濟，遂蕩平天下，不辱主命，可謂天助漢室，非人力也。然封兼四縣，食戶三萬，何德堪之！江湖未靜，不可讓位；至於邑土，可得而辭。今上還陽夏、柘、苦三縣戶二萬，但食武平萬戶，且以分損謗議，少減孤之責也。"

十六年春正月，[一]天子命公世子丕為五官中郎將，置官屬，為丞相副。太原商曜等以大陵叛，遣夏侯淵、徐晃圍破之。張魯據漢中，三月，遣鍾繇討之。公使淵等出河東與繇會。

（一）魏書曰：庚辰，天子報：減戶五千，分所讓三縣萬五千封三子，植為平原侯，據為范陽侯，豹為饒陽侯，食邑各五千戶。

是時關中諸將疑繇欲自襲，馬超遂與韓遂、楊秋、李堪、成宜等叛。遣曹仁討之。超等屯潼關，公敕諸將："關西兵精悍，堅壁勿與戰。"秋七月，公西征，[一]與超等夾關而軍。公急持之，而潛遣徐晃、朱靈等夜渡蒲阪津，據河西為營。公自潼關北渡，未濟，超赴船急戰。校尉丁斐因放牛馬以餌賊，賊亂取牛馬，公乃得渡，[二]循河為甬道而南。賊退，拒渭口，公乃多設疑兵，潛以舟載兵入渭，為浮橋，夜，分兵結營於渭南。賊夜攻營，伏兵擊破之。

超等屯渭南，遣信求割河以西請和，公不許。九月，進軍渡渭。^{（三）}超等數挑戰，又不許；固請割地，求送任子，公用賈詡計，偽許之。韓遂請與公相見，公與遂父同歲孝廉，又與遂同時儕輩，於是交馬語移時，不及軍事，但說京都舊故，拊手歡笑。既罷，超等問遂：“公何言？”遂曰：“無所言也。”超等疑之。^{（四）}他日，公又與遂書，多所點竄，如遂改定者；超等愈疑遂。公乃與克日會戰，先以輕兵挑之，戰良久，乃縱虎騎夾擊，大破之，斬成宜、李堪等。遂、超等走涼州，楊秋奔安定，關中平。諸將或問公曰：“初，賊守潼關，渭北道缺，不從河東擊馮翊而反守潼關，引日而後北渡，何也？”公曰：“賊守潼關，若吾入河東，賊必引守諸津，則西河未可渡，吾故盛兵向潼關；賊悉衆南守，西河之備虛，故二將得擅取西河；然後引軍北渡，賊不能與吾爭西河者，以有二將之軍也。連車樹柵，為甬道而南，^{（五）}既為不可勝，且以示弱。渡渭為堅壘，虜至不出，所以驕之也；故賊不為營壘而求割地。吾順言許之，所以從其意，使自安而不為備，因畜士卒之力，一旦擊之，所謂疾雷不及掩耳，兵之變化，固非一道也。”始，賊每一部到，公輒有喜色。賊破之後，諸將問其故。公答曰：“關中長遠，若賊各依險阻，征之，不一二年不可定也。今皆來集，其衆雖多，莫相歸服，軍無適主，一舉可滅，為功差易，吾是以喜。”

（一）魏書曰：議者多言”關西兵強，習長矛，非精選前鋒，則不可以當也”。公謂諸將曰：“戰在我，非在賊也。賊雖習長矛，將使不得以刺，諸君但觀之耳。”

（二）曹瞞傳曰：公將過河，前隊適渡，超等奄至，公猶坐胡床不起。張郃等見事急，共引公入船。河水急，比渡，流四五里，超等騎追射之，矢下如雨。諸將見軍敗，不知公所在，皆惶懼，至見，乃悲喜，或流涕。公大笑曰：“今日幾為小賊所困乎！”

（三）曹瞞傳曰：時公軍每渡渭，輒為超騎所衝突，營不得立，地又多沙，不可築壘。婁子伯說公曰：“今天寒，可起沙為城，以水灌之，可一夜而成。”公從之，乃多作縑囊以運水，夜渡兵作城，比明，城立，由是公軍盡得渡渭。

或疑於時九月，水未應凍。臣松之按魏書：公軍八月至潼關，閏月北渡

42

河，則其年閏八月也，至此容可大寒邪！

（四）魏書曰：公後日復與遂等會語，諸將曰："公與虜交語，不宜輕脫，可為木行馬以為防遏。"公然之。賊將見公，悉於馬上拜，秦、胡觀者，前後重沓，公笑謂賊曰："汝欲觀曹公邪？亦猶人也，非有四目兩口，但多智耳！"胡前後大觀。又列鐵騎五千為十重陳，精光耀日，賊益震懼。

（五）臣松之案：漢高祖二年，與楚戰滎陽京、索之間，築甬道屬河以取敖倉粟。應劭曰："恐敵鈔輜重，故築垣牆如街巷也。"今魏武不築垣牆，但連車樹柵以扞兩面。

冬十月，軍自長安北征楊秋，圍安定。秋降，復其爵位，使留撫其民人。(一)十二月，自安定還，留夏侯淵屯長安。

（一）魏略曰：楊秋，黃初中遷討寇將軍，位特進，封臨涇侯，以壽終。

十七年春正月，公還鄴。天子命公贊拜不名，入朝不趨，劍履上殿，如蕭何故事。馬超餘眾梁興等屯藍田，使夏侯淵擊平之。割河內之盪陰、朝歌、林慮，東郡之衛國、頓丘、東武陽、髮乾，鉅鹿之癭陶、曲周、南和，廣平之任城，趙之襄國、邯鄲、易陽以益魏郡。

冬十月，公徵孫權。

十八年春正月，進軍濡須口，攻破權江西營，獲權都督公孫陽，乃引軍還。詔書並十四州，復為九州。夏四月，至鄴。

五月丙申，天子使御史大夫郗慮持節策命公為魏公(一)曰：

朕以不德，少遭愍凶，越在西土，遷於唐、衛。當此之時，若綴旒然，(二)宗廟乏祀，社稷無位；群凶覬覦，分裂諸夏，率土之民，朕無獲焉，即我高祖之命將墜於地。朕用夙興假寐，震悼於厥心，曰"惟祖惟父，股肱先正，(三)其孰能卹朕躬"？乃誘天衷，誕育丞相，保乂我皇家，弘濟於艱難，朕實賴之。今將授君典禮，其敬聽朕命。

昔者董卓初興國難，群後釋位以謀王室，(四)君則攝進，首啟戎行，此君之忠於本朝也。後及黃巾反易天常，侵我三州，延及平民，君又翦之以

寧東夏，此又君之功也。韓暹、楊奉專用威命，君則致討，克黜其難，遂遷許都，造我京畿，設官兆祀，不失舊物，天地鬼神於是獲乂，此又君之功也。袁術僭逆，肆於淮南，懾憚君靈，用丕顯謀，蘄陽之役，橋蕤授首，棱威南邁，術以隕潰，此又君之功也。回戈東征，呂布就戮，乘轅將返，張楊殂斃，眭固伏罪，張繡稽服，此又君之功也。袁紹逆亂天常，謀危社稷，憑恃其眾，稱兵內侮，當此之時，王師寡弱，天下寒心，莫有固志，君執大節，精貫白日，奮其武怒，運其神策，致屆官渡，大殲醜類，^{（五）}俾我國家拯於危墜，此又君之功也。濟師洪河，拓定四州，袁譚、高幹，咸梟其首，海盜奔迸，黑山順軌，此又君之功也。烏丸三種，崇亂二世，袁尚因之，逼據塞北，束馬縣車，一徵而滅，此又君之功也。劉表背誕，不供貢職，王師首路，威風先逝，百城八郡，交臂屈膝，此又君之功也。馬超、成宜，同惡相濟，濱據河、潼，求逞所欲，殄斃之渭南，獻馘萬計，遂定邊境，撫和戎狄，此又君之功也。鮮卑、丁零，重譯而至，（單于）（箪於）、白屋，請吏率職，此又君之功也。君有定天下之功，重之以明德，班敘海內，宣美風俗，旁施勤教，卹慎刑獄，吏無苛政，民無懷慝；敦崇帝族，表繼絕世，舊德前功，罔不咸秩；雖伊尹格於皇天，周公光於四海，方之蔑如也。

朕聞先王並建明德，胙之以土，分之以民，崇其寵章，備其禮物，所以藩衛王室，左右厥世也。其在周成，管、蔡不靜，懲難念功，乃使邵康公賜齊太公履，東至於海，西至於河，南至於穆陵，北至於無棣，五侯九伯，實得徵之，世祚太師，以表東海；爰及襄王，亦有楚人不供王職，又命晉文登為侯伯，錫以二輅、虎賁、鈇鉞、秬鬯、弓矢，大啟南陽，世作盟主。故周室之不壞，繄二國是賴。今君稱丕顯德，明保朕躬，奉答天命，導揚弘烈，綏爰九域，莫不率俾，^{（六）}功高於伊、週，而賞卑於齊、晉，朕甚恧焉。朕以眇眇之身，託於兆民之上，永思厥艱，若涉淵冰，非君攸濟，朕無任焉。今以冀州之河東、河內、魏郡、趙國、中山、常山、鉅鹿、安平、甘陵、平原凡十郡，封君為魏公。錫君玄土，苴以白茅；爰契爾龜，用建塚社。昔在周室，畢公、毛公入為卿佐，週、邵師保出為二伯，外內之任，君實宜之，其以丞相領冀州牧如故。又加君九錫，其敬聽朕命。以君經緯禮律，為民軌儀，使安職業，無或遷志，是用錫君大輅、戎輅各一，玄牡

44

二駟。君勸分務本，稸人昏作，^(七) 粟帛滯積，大業惟興，是用錫君袞冕之服，赤舄副焉。君敦尚謙讓，俾民興行，少長有禮，上下咸和，是用錫君軒縣之樂，六佾之舞。君翼宣風化，爰發四方，遠人革面，華夏充實，是用錫君朱戶以居。君研其明哲，思帝所難，官才任賢，群善必舉，是用錫君納陛以登。君秉國之鈞，正色處中，纖毫之惡，靡不抑退，是用錫君虎賁之士三百人。君糾虔天刑，章厥有罪，^(八) 犯關干紀，莫不誅殛，是用錫君鈇鉞各一。君龍驤虎視，旁眺八維，掩討逆節，折衝四海，是用錫君彤弓一，彤矢百，玈弓十，玈矢千。君以溫恭為基，孝友為德，明允篤誠，感於朕思，是用錫君秬鬯一卣，珪瓚副焉。魏國置丞相已下群卿百寮，皆如漢初諸侯王之製。往欽哉，敬服朕命！簡卹爾衆，時亮庶功，用終爾顯德，對揚我高祖之休命！^(九)

（一）續漢書曰：慮字鴻豫，山陽高平人。少受業於鄭玄，建安初為侍中。虞溥江表傳曰：獻帝嘗特見慮及少府孔融，問融：“鴻豫何所優長？”融曰：“可與適道，未可與權。”慮舉笏曰：“融昔宰北海，政散民流，其權安在也！”遂與融互相長短，以至不睦。公以書和解之。慮從光祿勳遷為大夫。

（二）公羊傳曰：“君若贅旒然。”何休云：“贅猶綴也。旒，旂旒也。以旒譬者，言為下所執持東西也。”

（三）文侯之命曰：“亦惟先正。”鄭玄云：“先正，先臣。謂公卿大夫也。“

（四）左氏傳曰：“諸侯釋位以間王政。”服虔曰：“言諸侯釋其私政而佐王室。”

（五）詩曰：“致天之屆，於牧之野。”鄭玄云：“屆，極也。”鴻範曰：“鯀則殛死。“

（六）盤庚曰：“綏爰有衆。”鄭玄曰：“爰，於也，安隱於其衆也。”君奭曰：“海隅出日，罔不率俾。”率，循也。俾，使也。四海之隅，日出所照，無不循度而可使也。

（七）盤庚曰：“墮農自安，不昏作勞。”鄭玄云：“昏，勉也。”

（八）”糾虔天刑”語出國語，韋昭注曰：“糾，察也。虔，敬也。刑，法也。”

（九）後漢尚書左丞潘勗之辭也。勗字元茂，陳留中牟人。

魏書載公令曰：「夫受九錫，廣開土宇，周公其人也。漢之異姓八王者，與高祖俱起布衣，創定王業，其功至大，吾何可比之？」前後三讓。於是中軍師（王）陵樹亭侯荀攸、前軍師東武亭侯鍾繇、左軍師涼茂、右軍師毛玠、平虜將軍華鄉侯劉勳、建武將軍清苑亭侯劉若、伏波將軍高安侯夏侯惇、揚武將軍都亭侯王忠、奮威將軍樂鄉侯劉展、建忠將軍昌鄉亭侯鮮于輔、奮武將軍安國亭侯程昱、太中大夫都鄉侯賈詡、軍師祭酒千秋亭侯董昭、都亭侯薛洪、南鄉亭侯董蒙、關內侯王粲、傅巽、祭酒王選、袁渙、王朗、張承、任藩、杜襲、中護軍國明亭侯曹洪、中領軍萬歲亭侯韓浩、行驍騎將軍安平亭侯曹仁、領護軍將軍王圖、長史萬潛、謝奐、袁霸等勸進曰：「自古三代，胙臣以土，受命中興，封秩輔佐，皆所以襃功賞德，為國藩衛也。往者天下崩亂，群凶豪起，顛越跋扈之險，不可忍言。明公奮身出命以徇其難，誅二袁簒盜之逆，滅黃巾賊亂之類，殄夷首逆，芟撥荒穢，沐浴霜露二十餘年，書契已來，未有若此功者。昔周公承文、武之跡，受已成之業，高枕墨筆，拱揖群後，商、奄之勤，不過二年，呂望因三分有二之形，據八百諸侯之勢，暫把旄鉞，一時指麾，然皆大啟土宇，跨州兼國。周公八子，並為侯伯，白牡騂剛，郊祀天地，典策備物，擬則王室，榮章寵盛如此之弘也。逮至漢興，佐命之臣，張耳、吳芮，其功至薄，亦連城開地，南面稱孤。此皆明君達主行之於上，賢臣聖宰受之於下，三代令典，漢帝明製。今比勞則周、呂逸，計功則張、吳微，論制則齊、魯重，言地則長沙多；然則魏國之封，九錫之榮，況於舊賞，猶懷玉而被褐也。且列侯諸將，幸攀龍驥，得竊微勞，佩紫懷黃，蓋以百數，亦將因此傳之萬世，而明公獨辭賞於上，將使其下懷不自安，上違聖朝歡心，下失冠帶至望，忘輔弼之大業，信匹夫之細行，攸等所懼也。」於是公敕外為章，但受魏郡。攸等複曰：「伏見魏國初封，聖朝發慮，稽謀群寮，然後策命；而明公久違上指，不即大禮。今既虔奉詔命，副順衆望，又欲辭多當少，讓九受一，是猶漢朝之賞不行，而攸等之請未許也。昔齊、魯之封，奄有東海，疆域井賦，四百萬家，基隆業廣，易以立功，故能成翼戴之勳，立一匡之績。今魏國雖有十郡之名，猶減於曲皇，計其戶數，不能參半，以藩衛王室，立垣樹屏，猶未足也。且聖上覽

亡秦無輔之禍，懲曩日震蕩之艱，託建忠賢，廢墜是為，願明公恭承帝命，無或拒違。”公乃受命。

魏略載公上書謝曰：“臣蒙先帝厚恩，致位郎署，受性疲怠，意望畢足，非敢希望高位，庶幾顯達。會董卓作亂，義當死難，故敢奮身出命，摧鋒率衆，遂值千載之運，奉役目下。當二袁炎沸侵侮之際，陛下與臣寒心同憂，顧瞻京師，進受猛敵，常恐君臣俱陷虎口，誠不自意能全首領。賴祖宗靈祐，醜類夷滅，得使微臣竊名其間。陛下加恩，授以上相，封爵寵祿，豐大弘厚，生平之願，實不望也。口與心計，幸且待罪，保持列侯，遺付子孫，自託聖世，永無憂責。不意陛下乃發盛意，開國備錫，以貺愚臣，地比齊、魯，禮同藩王，非臣無功所宜膺據。歸情上聞，不蒙聽許，嚴詔切至，誠使臣心俯仰逼迫。伏自惟省，列在大臣，命製王室，身非己有，豈敢自私，遂其愚意，亦將黜退，令就初服。今奉疆土，備數藩翰，非敢遠期，慮有後世；至於父子相誓終身，灰軀盡命，報塞厚恩。天威在顏，悚懼受詔。”

秋七月，始建魏社稷宗廟。天子聘公三女為貴人，少者待年於國。[一]九月，作金虎臺，鑿渠引漳水入白溝以通河。冬十月，分魏郡為東西部，置都尉。十一月，初置尚書、侍中、六卿。[二]

（一）獻帝起居注曰：使使持節行太常大司農安陽亭侯王邑，齎璧、帛、玄纁、絹五萬匹之鄴納聘，介者五人，皆以議郎行大夫事，副介一人。

（二）魏氏春秋曰：以荀攸為尚書令，涼茂為僕射，毛玠、崔琰、常林、徐奕、何夔為尚書，王粲、杜襲、衛覬、和洽為侍中。

馬超在漢陽，復因羌、胡為害，氐王千萬叛應超，屯興國。使夏侯淵討之。

十九年春正月，始耕籍田。南安趙衢、漢陽尹奉等討超，梟其妻子，超奔漢中。韓遂徙金城，入氐王千萬部，率羌、胡萬餘騎與夏侯淵戰，擊，大破之，遂走西平。淵與諸將攻興國，屠之。省安東、永陽郡。

定太守田丘興將之官，公戒之曰："羌、胡欲與中國通，自當遣人來，慎勿遣人往。善人難得，必將教羌、胡妄有所請求，因欲以自利；不從便為失異俗意，從之則無益事。"興至，遣校尉範陵至羌中，陵果教羌，使自請為屬國都尉。公曰："吾預知當爾，非聖也，但更事多耳。"[一]

（一）獻帝起居注曰：使行太常事大司農安陽亭侯王邑與宗正劉艾，皆持節，介者五人，齎束帛駟馬，及給事黃門侍郎、掖庭丞、中常侍二人，迎二貴人於魏公國。二月癸亥，又於魏公宗廟授二貴人印綬。甲子，詣魏公宮延秋門，迎貴人升車。魏遣郎中令、少府、博士、禦府乘黃厩令、丞相掾屬侍送貴人。癸酉，二貴人至洧倉中，遣侍中丹將冗從虎賁前後駱驛往迎之。乙亥，二貴人入宮，御史大夫、中二千石將大夫、議郎會殿中，魏國二卿及侍中、中郎二人，與漢公卿併升殿宴。

三月，天子使魏公位在諸侯王上，改授金璽，赤綬、遠遊冠。[一]

（一）獻帝起居注曰：使左中郎將楊宣、亭侯裴茂持節、印授之。

秋七月，公徵孫權。[一]

（一）九州春秋曰：參軍傅幹諫曰："治天下之大具有二，文與武也；用武則先威，用文則先德，威德足以相濟，而後王道備矣。往者天下大亂，上下失序，明公用武攘之，十平其九。今未承王命者，吳與蜀也，吳有長江之險，蜀有崇山之阻，難以威服，易以德懷。愚以為可且按甲寢兵，息軍養士，分土定封，論功行賞，若此則內外之心固，有功者勸，而天下知制矣。然後漸興學校，以導其善性而長其義節。公神武震於四海，若脩文以濟之，則普天之下，無思不服矣。今舉十萬之衆，頓之長江之濱，若賊負固深藏，則士馬不能逞其能，奇變無所用其權，則大威有屈而敵心未能服矣。唯明公思虞舜舞干戚之義，全威養德，以道製勝。"公不從，軍遂無功。幹字彥材，北地人，終於丞相倉曹屬。有子曰玄。

初，隴西宋建自稱河首平漢王，聚衆枹罕，改元，置百官，三十餘年。遣夏侯淵自興國討之。冬十月，屠枹罕，斬建，涼州平。

公自合肥還。

十一月，漢皇后伏氏坐昔與父故屯騎校尉完書，雲帝以董承被誅怨恨公，辭甚醜惡，發聞，後廢黜死，兄弟皆伏法。[一]

（一）曹瞞傳曰：公遣華歆勒兵入宮收後，後閉戶匿壁中。歆壞戶發壁，牽後出。帝時與御史大夫郗慮坐，後被髮徒跣過，執帝手曰："不能複相活邪？"帝曰："我亦不自知命在何時也。"帝謂慮曰："郗公，天下寧有是邪！"遂將後殺之，完及宗族死者數百人。

十二月，公至孟津。天子命公置旄頭，宮殿設鍾虡。乙未，令曰："夫有行之士未必能進取，進取之士未必能有行也。陳平豈篤行，蘇秦豈守信邪？而陳平定漢業，蘇秦濟弱燕。由此言之，士有偏短，庸可廢乎！有司明思此義，則士無遺滯，官無廢業矣。"又曰："夫刑，百姓之命也，而軍中典獄者或非其人，而任以三軍死生之事，吾甚懼之。其選明達法理者，使持典刑。"於是置理曹掾屬。

二十年春正月，天子立公中女為皇后。省雲中、定襄、五原、朔方郡，郡置一縣領其民，合以為新興郡。

三月，公西征張魯，至陳倉，將自武都入氐；氐人塞道，先遣張郃、朱靈等攻破之。夏四月，公自陳倉以出散關，至河池。氐王竇茂衆萬餘人，恃險不服，五月，公攻屠之。西平、金城諸將麴演、蔣石等共斬送韓遂首。[一]秋七月，公至陽平。張魯使弟衛與將楊昂等據陽平關，橫山築城十餘裡，攻之不能拔，乃引軍還。賊見大軍退，其守備解散。公乃密遣解慓、高祚等乘險夜襲，大破之，斬其將楊任，進攻衛，衛等夜遁，魯潰奔巴中。公軍入南鄭，盡得魯府庫珍寶。[二]巴、漢皆降。復漢寧郡為漢中；分漢中之安陽、西城為西城郡，置太守；分錫、上庸郡，置都尉。

（一）典略曰：遂字文約，始與同郡邊章俱著名西州。章為督軍從事。遂奉計詣京師，何進宿聞其名，特與相見，遂說進使誅諸閹人，進不從，乃求歸。會涼州宋揚、北宮玉等反，舉章、遂為主，章尋病卒，遂為揚等所劫，不得已，遂阻兵為亂，積三十二年，至是乃死，年七十餘矣。劉艾靈帝紀曰：章，一名（元）（允）。

（二）魏書曰：軍自武都山行千里，升降險阻，軍人勞苦；公於是大饗，莫不忘其勞。

八月，孫權圍合肥，張遼、李典擊破之。

九月，巴七姓夷王朴胡、賨邑侯杜濩舉巴夷、賨民來附，[一] 於是分巴郡，以胡為巴東太守，濩為巴西太守，皆封列侯。天子命公承製封拜諸侯守相。[二]

（一）孫盛曰：朴音浮。濩音戶。

（二）孔衍漢魏春秋曰：天子以公典任於外，臨事之賞，或宜速疾，乃命公得承製封拜諸侯守相，詔曰：“夫軍之大事，在茲賞罰，勸善懲惡，宜不旋時，故司馬法曰’賞不逾日’者，欲民速睹為善之利也。昔在中興，鄧禹入關，承製拜軍祭酒李文為河東太守，來歙又承製拜高峻為通路將軍，察其本傳，皆非先請，明臨事刻印也，斯則世祖神明，權達損益，蓋所用速示威懷而著鴻勳也。其春秋之義，大夫出疆，有專命之事，苟所以利社稷安國家而已。況君秉任二伯，師尹九有，實徵夷夏，軍行藩甸之外，失得在於斯須之間，停賞俟詔以滯世務，固非朕之所圖也。自今已後，臨事所甄，當加寵號者，其便刻印章假授，咸使忠義得相獎勵，勿有疑焉。”

冬十月，始置名號侯至五大夫，與舊列侯、關內侯凡六等，以賞軍功。[一]

（一）魏書曰：置名號侯爵十八級，關中侯爵十七級，皆金印紫綬；又置關外侯十六級，銅印龜紐墨綬；五大夫十五級，銅印環紐，亦墨綬，皆不食租，與舊列侯關內侯凡六等。

臣松之以為今之虛封蓋自此始。

十一月，魯自巴中將其餘眾降。封魯及五子皆為列侯。劉備襲劉璋，取益州，遂據巴中；遣張郃擊之。

十二月，公自南鄭還，留夏侯淵屯漢中。^(一)

（一）是行也，侍中王粲作五言詩以美其事曰：“從軍有苦樂，但問所從誰。所從神且武，安得久勞師？相公徵關右，赫怒振天威，一舉滅獯虜，再舉服羌夷，西收邊地賊，忽若俯拾遺。陳賞越山岳，酒肉逾川坻，軍中多饒餘，人馬皆溢肥，徒行兼乘還，空出有餘資。拓土三千里，往反速如飛，歌舞入鄴城，所願獲無違。”

二十一年春二月，公還鄴。^(一)三月壬寅，公親耕籍田。^(二)夏五月，天子進公爵為魏王。^(三)代郡烏丸行單于普富盧與其侯王來朝。天子命王女為公主，食湯沐邑。秋七月，匈奴南單于呼廚泉將其名王來朝，待以客禮，遂留魏，使右賢王去卑監其國。八月，以大理鍾繇為相國。^(四)

（一）魏書曰：辛未，有司以太牢告至，策勳於廟，甲午始春祠，令曰：“議者以為祠廟上殿當解履。吾受錫命，帶劍不解履上殿。今有事於廟而解履，是尊先公而替王命，敬父祖而簡君主，故吾不敢解履上殿也。又臨祭就洗，以手擬水而不盥。夫盥以潔為敬，未聞擬（向）而不盥之禮，且‘祭神如神在’，故吾親受水而盥也。又降神禮訖，下階就幕而立，須奏樂畢竟，似若不（慭）衍烈祖，遲祭（不）速訖也，故吾坐俟樂闋送神乃起也。受胙納（神）袖以授侍中，此為敬恭不終實也，古者親執祭事，故吾親納於（神）袖，終抱而歸也。仲尼曰‘雖違眾，吾從下’，誠哉斯言也。”

（二）魏書曰：有司奏：“四時講武於農隙。漢承秦制，三時不講，唯十月都試車馬，幸長水南門，會五營士為八陳進退，名曰乘之。今金革未偃，士民素習，自今已後，可無四時講武，但以立秋擇吉日大朝車騎，號曰治兵，上合禮名，下承漢制。”奏可。

（三）獻帝傳載詔曰："自古帝王，雖號稱相變，爵等不同，至乎襃崇元勳，建立功德，光啟氏姓，延於子孫，庶姓之與親，豈有殊焉。昔我聖祖受命，創業肇基，造我區夏，鑑古今之製，通爵等之差，盡封山川以立藩屏，使異姓親戚，並列土地，據國而王，所以保乂天命，安固萬嗣。歷世承平，臣主無事。世祖中興而時有難易，是以曠年數百，無異姓諸侯王之位。朕以不德，繼序弘業，遭率土分崩，群凶縱毒，自西徂東，辛苦卑約。當此之際，唯恐溺入於難，以羞先帝之聖德。賴皇天之靈，俾君秉義奮身，震迅神武，捍朕老艱難，獲保宗廟，華夏遺民，含氣之倫，莫不蒙焉。君勤過稷、禹，忠侔伊、周，而掩之以謙讓，守之以彌恭，是以往者初開妓国，錫君土宇，懼君之違命，慮君之固辭，故且懷志屈意，封君為上公，欲以欽順高義，須俟勳績。韓遂、宋建，南結巴、蜀，群逆合從，圖危社稷，君復命將，龍驤虎奮，梟其元首，屠其窟棲。暨至西征，陽平之役，親攘甲胄，深入險阻，芟夷蠻賊，殄其凶醜，盪定西陲，懸旌萬里，聲教遠振，寧我區夏。蓋唐、虞之盛，三後樹功，文、武之興，旦、奭作輔，二祖成業，英豪佐命；夫以聖哲之君，事為己任，猶錫土班瑞以報功臣，豈有如朕寡德，仗君以濟，而賞典不豐，將何以答神祇慰萬方哉？今進君爵為魏王，使使持節行御史大夫、宗正劉艾奉策璽玄土之社，苴以白茅，金虎符第一至第五，竹使符第一至十。君其正王位，以丞相領冀州牧如故。其上魏公璽綬符冊。敬服朕命，簡卹爾眾，克綏庶績，以揚我祖宗之休命。"魏王上書三辭，詔三報不許。又手詔曰："大聖以功德為高美，以忠和為典訓，故創業垂名，使百世可希，行道製義，使力行可效，是以勳烈無窮，休光茂著。稷、契載元首之聰明，周、邵因文、武之智用，雖經營庶官，仰嘆俯思，其對豈有若君者哉？朕惟古人之功，美之如彼，思君忠勤之績，茂之如此，是以每將鏤符析瑞，陳禮命冊，寤寐慨然，自忘守文之不德焉。今君重違朕命，固辭懇切，非所以稱朕心而訓後世也。其抑志撝節，勿複固辭。"

四體書勢序曰：梁鵠以公為北部尉。

曹瞞傳曰：為尚書右丞司馬建公所舉。及公為王，召建公到鄴，與歡飲，謂建公曰："孤今日可複作尉否？"建公曰："昔舉大王時，適可作尉耳。"王大笑。建公名防，司馬宣王之父。

52

臣松之案司馬彪序傳，建公不為右丞，疑此不然，而王隱晉書云趙王篡位，欲尊祖為帝，博士馬平議稱京兆府君昔舉魏武帝為北部尉，賊不犯界，如此則為有徵。

（四）魏書曰：始置奉常宗正官。

冬十月，治兵，（一）遂徵孫權，十一月至譙。

（一）魏書曰：王親執金鼓以令進退。

二十二年春正月，王軍居巢，二月，進軍屯江西郝谿。權在濡須口築城拒守，遂逼攻之，權退走。三月，王引軍還，留夏侯惇、曹仁、張遼等屯居巢。

夏四月，天子命王設天子旌旗，出入稱警蹕。五月，作泮宮。六月，以軍師華歆為御史大夫。（一）冬十月，天子命王冕十有二旒，乘金根車，駕六馬，設五時副車，以五官中郎將丕為魏太子。

（一）魏書曰：初置衛尉官。秋八月，令曰："昔伊摯、傅說出於賤人，管仲，桓公賊也，皆用之以興。蕭何、曹參，縣吏也，韓信、陳平負汙辱之名，有見笑之恥，卒能成就王業，聲著千載。吳起貪將，殺妻自信，散金求官，母死不歸，然在魏，秦人不敢東向，在楚則三晉不敢南謀。今天下得無有至德之人放在民間，及果勇不顧，臨敵力戰；若文俗之吏，高才異質，或堪為將守；負汙辱之名，見笑之行，或不仁不孝而有治國用兵之術：其各舉所知，勿有所遺。"

劉備遣張飛、馬超、吳蘭等屯下辯；遣曹洪拒之。
二十三年春正月，漢太醫令吉本與少府耿紀、司直韋晃等反，攻許，燒丞相長史王必營，（一）必與潁川典農中郎將嚴匡討斬之。（二）

（一）魏武故事載令曰："領長史王必，是吾披荊棘時吏也。忠能勤事，

心如鐵石，國之良吏也。蹉跌久未闓之，舍騏驥而弗乘，焉遑遑而更求哉？故教闓之，已署所宜，便以領長史統事如故。”

（二）三輔決錄注曰：時有京兆金禕字德禕，自以世為漢臣，自日磾討莽何羅，忠誠顯著，名節累葉。睹漢祚將移，謂可季興，乃喟然發憤，遂與耿紀、韋晃、吉本、本子邈、邈弟穆等結謀。紀字季行，少有美名，為丞相掾，王甚敬異之，遷侍中，守少府。邈字文然，穆字思然，以禕慷慨有日磾之風，又與王必善，因以間之，若殺必，欲挾天子以攻魏，南援劉備。時關羽強盛，而王在鄴，留必典兵督許中事。文然等率雜人及家僮千餘人夜燒門攻必，禕遣人為內應，射必中肩。必不知攻者為誰，以素與禕善，走投禕，夜喚德禕，禕家不知是必，謂為文然等，錯應曰：“王長史已死乎？卿曹事立矣！”必乃更他路奔。一曰：必欲投禕，其帳下督謂必曰：“今日事竟知誰門而投入乎？”扶必奔南城。會天明，必猶在，文然等眾散，故敗。後十餘日，必竟以創死。

獻帝春秋曰：收紀、晃等，將斬之，紀呼魏王名曰：“恨吾不自生意，竟為群兒所誤耳！”晃頓首搏頰，以至於死。

山陽公載記曰：王聞王必死，盛怒，召漢百官詣鄴，令救火者左，不救火者右。眾人以為救火者必無罪，皆附左；王以為”不救火者非助亂，救火乃實賊也”。皆殺之。

曹洪破吳蘭，斬其將任夔等。三月，張飛、馬超走漢中，陰平氐強端斬吳蘭，傳其首。

夏四月，代郡、上谷烏丸無臣氐等叛，遣鄢陵侯彰討破之。（一）

（一）魏書載王令曰：“去冬天降疫癘，民有凋傷，軍興於外，墾田損少，吾甚憂之。其令吏民男女：女年七十已上無夫子，若年十二已下無父母兄弟，及目無所見，手不能作，足不能行，而無妻子父兄產業者，廩食終身。幼者至十二止，貧窮不能自贍者，隨口給貸。老耄須待養者，年九十已上，復不事，家一人。”

六月，令曰："古之葬者，必居瘠薄之地。其規西門豹祠西原上為壽陵，因高為基，不封不樹。周禮塚人掌公墓之地，凡諸侯居左右以前，卿大夫居後，漢制亦謂之陪陵。其公卿大臣列將有功者，宜陪壽陵，其廣為兆域，使足相容。"

秋七月，治兵，遂西征劉備，九月，至長安。

冬十月，宛守將侯音等反，執南陽太守，劫略吏民，保宛。初，曹仁討關羽，屯樊城，是月使仁圍宛。

二十四年春正月，仁屠宛，斬音。[一]

（一）曹瞞傳曰：是時南陽間苦繇役，音於是執太守（東里襃）（東里袞），與吏民共反，與關羽連和。南陽功曹宗子卿往說音曰："足下順民心，舉大事，遠近莫不望風；然執郡將，逆而無益，何不遣之。吾與子共戮力，比曹公軍來，關羽兵亦至矣。"音從之，即釋遣太守。子卿因夜逾城亡出，遂與太守收餘民圍音，會曹仁軍至，共滅之。

夏侯淵與劉備戰於陽平，為備所殺。三月，王自長安出斜谷，軍遮要以臨漢中，遂至陽平。備因險拒守。[一]

（一）九州春秋曰：時王欲還，出令曰"雞肋"，官屬不知所謂。主簿楊脩便自嚴裝，人驚問脩："何以知之？"脩曰："夫雞肋，棄之如可惜，食之無所得，以比漢中，知王欲還也。"

夏五月，引軍還長安。

秋七月，以夫人卞氏為王后。遣于禁助曹仁擊關羽。八月，漢水溢，灌禁軍，軍沒，羽獲禁，遂圍仁。使徐晃救之。

九月，相國鍾繇坐西曹掾魏諷反免。[一]

（一）世語曰：諷字子京，沛人，有惑眾才，傾動鄴都，鍾繇由是關焉。

大軍未反，諷潛結徒黨，又與長樂衛尉陳禕謀襲鄴。未及期，禕懼，告之太子，誅諷，坐死者數十人。

王昶家誡曰"濟陰魏諷"，而此云沛人，未詳。

冬十月，軍還洛陽。[一] 孫權遣使上書，以討關羽自效。王自洛陽南征羽，未至，晃攻羽，破之，羽走，仁圍解。王軍摩陂。[二]

（一）曹瞞傳曰：王更脩治北部尉廨，令過於舊。
（二）魏略曰：孫權上書稱臣，稱說天命。王以權書示外曰："是兒欲踞吾著爐火上邪！"侍中陳群、尚書桓階奏曰："漢自安帝已來，政去公室，國統數絕，至於今者，唯有名號，尺土一民，皆非漢有，期運久已盡，歷數久已終，非適今日也。是以桓、靈之間，諸明圖緯者，皆言'漢行氣盡，黃家當興'。殿下應期，十分天下而有其九，以服事漢，群生注望，遐邇怨嘆，是故孫權在遠稱臣，此天人之應，異氣齊聲。臣愚以為虞、夏不以謙辭，殷、周不吝誅放，畏天知命，無所與讓也。"

魏氏春秋曰：夏侯惇謂王曰："天下咸知漢祚已盡，異代方起。自古已來，能除民害為百姓所歸者，即民主也。今殿下即戎三十餘年，功德著於黎庶，為天下所依歸，應天順民，復何疑哉！"王曰：" '施於有政，是亦為政'。若天命在吾，吾為周文王矣。"

曹瞞傳及世語並云桓階勸王正位，夏侯惇以為宜先滅蜀，蜀亡則吳服，二方既定，然後遵舜、禹之軌，王從之。及至王薨，惇追恨前言，發病卒。

孫盛評曰：夏侯惇恥為漢官，求受魏印，桓階方惇，有義直之節；考其傳記，世語為妄矣。

二十五年春正月，至洛陽。權擊斬羽，傳其首。

庚子，王崩於洛陽，年六十六。[一] 遺令曰："天下尚未安定，未得遵古也。葬畢，皆除服。其將兵屯戍者，皆不得離屯部。有司各率乃職。斂以

時服，無藏金玉珍寶。"諡曰武王。二月丁卯，葬高陵。^(二)

（一）世語曰：太祖自漢中至洛陽，起建始殿，伐濯龍祠而樹血出。

曹瞞傳曰：王使工蘇越徙美梨，掘之，根傷盡出血。越白狀，王躬自視而惡之，以為不祥，還遂寢疾。

（二）魏書曰：太祖自統御海內，芟夷群醜，其行軍用師，大較依孫、吳之法，而因事設奇，譎敵制勝，變化如神。自作兵書十萬餘言，諸將征伐，皆以新書從事。臨事又手為節度，從令者克捷，違教者負敗。與虜對陳，意思安閒，如不欲戰，然及至決機乘勝，氣勢盈溢，故每戰必克，軍無幸勝。知人善察，難眩以偽，拔于禁、樂進於行陳之間，取張遼、徐晃於亡虜之內，皆佐命立功，列為名將；其餘拔出細微，登為牧守者，不可勝數。是以創造大業，文武並施，禦軍三十餘年，手不捨書，書則講武策，夜則思經傳，登高必賦，及造新詩，被之管弦，皆成樂章。才力絕人，手射飛鳥，躬禽猛獸，嘗於南皮一日射雉獲六十三頭。及造作宮室，繕治器械，無不為之法則，皆盡其意。雅性節儉，不好華麗，后宮衣不錦繡，侍御履不二採，帷帳屏風，壞則補納，茵蓐取溫，無有緣飾。攻城拔邑，得美麗之物，則悉以賜有功，勳勞宜賞，不吝千金，無功望施，分毫不與，四方獻禦，與群下共之。常以送終之製，襲稱之數，繁而無益，俗又過之，故預自製終亡衣服，四篋而已。

傅子曰：太祖愍嫁取之奢僭，公女適人，皆以皂帳，從婢不過十人。

張華博物誌曰：漢世，安平崔瑗、瑗子寔、弘農張芝、芝弟昶並善草書，而太祖亞之。桓譚、蔡邕善音樂，馮翊山子道、王九真、郭凱等善圍棋，太祖皆與埒能。又好養性法，亦解方藥，招引方術之士，盧江左慈、譙郡華佗、甘陵甘始、陽城郤儉無不畢至，又習啖野葛至一尺，亦得少多飲鴆酒。

傅子曰：漢末王公，多委王服，以幅巾為雅，是以袁紹、（崔豹）（崔鈞）之徒，雖為將帥，皆著縑巾。魏太祖以天下凶荒，資財乏匱，擬古皮弁，裁縑帛以為帢，合於簡易隨時之義，以色別其貴賤，於今施行，可謂軍容，非國容也。

曹瞞傳曰：太祖為人佻易無威重，好音樂，倡優在側，常以日達夕。被服輕綃，身自佩小鞶囊，以盛手巾細物，時或冠帢帽以見賓客。每與人談論，戲弄言誦，盡無所隱，及歡悅大笑，至以頭沒杯案中，餚膳皆沾汙巾幘，其輕易如此。然持法峻刻，諸將有計畫勝出己者，隨以法誅之，及故人舊怨，亦皆無餘。其所刑殺，輒對之垂涕嗟痛之，終無所活。初，袁忠為沛相，嘗欲以法治太祖，沛國桓邵亦輕之，及在兗州，陳留邊讓言議頗侵太祖，太祖殺讓，族其家，忠、邵俱避難交州，太祖遣使就太守士燮盡族之。桓邵得出首，拜謝於庭中，太祖謂曰："跪可解死邪！"遂殺之。常出軍，行經麥中，令"士卒無敗麥，犯者死"。騎士皆下馬，付麥以相持，於是太祖馬騰入麥中，敕主簿議罪；主簿對以春秋之義，罰不加於尊。太祖曰："制法而自犯之，何以帥下？然孤為軍帥，不可自殺，請自刑。"因援劍割髮以置地。又有幸姬常從晝寢，枕之臥，告之曰："須臾覺我。"姬見太祖臥安，未即寤，及自覺，棒殺之。常討賊，廩穀不足，私謂主者曰："如何？"主者曰："可以小斛以足之。"太祖曰："善。"後軍中言太祖欺衆，太祖謂主者曰："特當借君死以厭衆，不然事不解。"乃斬之，取首題徇曰："行小斛，盜官谷，斬之軍門。"其酷虐變詐，皆此類也。

評曰：漢末，天下大亂，雄豪並起，而袁紹虎視四州，強盛莫敵。太祖運籌演謀，鞭撻宇內，攬申、商之法術，該韓、白之奇策，官方授材，各因其器，矯情任算，不念舊惡，終能總禦皇機，克成洪業者，惟其明略最優也。抑可謂非常之人，超世之傑矣。

卷二 魏書二 文帝紀 曹丕

文皇帝諱丕，字子桓，武帝太子也。中平四年冬，生於譙。建安十六年，為五官中郎將、副丞相。二十二年，立為魏太子。太祖崩，嗣位為丞相、魏王。尊王后曰王太后。改建安二十五年為延康元年。（以下省略）

58

卷三 魏書三 明帝紀 曹叡

明皇帝諱叡，字元仲，文帝太子也。生而太祖愛之，常令在左右。年十五，封武德侯，黃初二年為齊公，三年為平原王。以其母誅，故未建為嗣。七年夏五月，帝病篤，乃立為皇太子。丁巳，即皇帝位，大赦。尊皇太后曰太皇太后，皇后曰皇太后。諸臣封爵各有差。癸未，追諡母甄夫人曰文昭皇后。壬辰，立皇弟蕤為陽平王。（以下省略）

卷四 魏書四 三少帝紀 曹芳、曹髦、曹奐

齊王諱芳，字蘭卿。明帝無子，養王及秦王詢；宮省事秘，莫有知其所由來者。青龍三年，立為齊王。景初三年正月丁亥朔，帝甚病，乃立為皇太子。是日，即皇帝位，大赦。尊皇后曰皇太后。大將軍曹爽、太尉司馬宣王輔政。詔曰："朕以眇身，繼承鴻業，煢煢在疚，靡所控告。大將軍、太尉奉受末命，夾輔朕躬，司徒、司空、冢宰、元輔總率百寮，以寧社稷，其與群卿大夫勉勗乃心，稱朕意焉。諸所興作宮室之役，皆以遺詔罷之。官奴婢六十已上，免為良人。"二月，西域重譯獻火浣布，詔大將軍、太尉臨試以示百寮。

丁丑詔曰："太尉體道正直，盡忠三世，南擒孟達，西破蜀虜，東滅公孫淵，功蓋海內。昔周成建保傅之官，近漢顯宗崇寵鄧禹，所以優隆雋乂，必有尊也。其以太尉為太傅，持節統兵都督諸軍事如故。"三月，以征東將軍滿寵為太尉。夏六月，以遼東沓縣吏民渡海居齊郡界，以故縱城為新沓縣以居徙民。秋七月，上始親臨朝，聽公卿奏事。八月，大赦。冬十月，以鎮南將軍黃權為車騎將軍。

十二月，詔曰："烈祖明皇帝以正月棄背天下，臣子永惟忌日之哀，其複用夏正；雖違先帝通三統之義，斯亦禮制所由變改也。又夏正於數為得天正，其以建寅之月為正始元年正月，以建丑月為後十二月。"

正始元年春二月乙丑，加侍中中書監劉放、侍中中書令孫資為左右光祿大夫。丙戌，以遼東汶、北豐縣民流徙渡海，規齊郡之西安、臨菑、昌國

縣界為新汶、南豐縣，以居流民。

自去冬十二月至此月不雨。丙寅，詔令獄官亟平冤枉，理出輕微；群公卿士讜言嘉謀，各悉乃心。夏四月，車騎將軍黃權薨。秋七月，詔曰：“易稱損上益下，節以製度，不傷財，不害民。方今百姓不足而御府多作金銀雜物，將奚以為？今出黃金銀物百五十種，千八百餘斤，銷冶以供軍用”八月，車駕巡省洛陽界秋稼，賜高年力田各有差。

二年春二月，帝初通論語，使太常以太牢祭孔子於辟雍，以顏淵配。

夏五月，吳將朱然等圍襄陽之樊城，太傅司馬宣王率眾拒之。六月辛丑，退。己卯，以征東將軍王凌為車騎將軍。冬十二月，南安郡地震。

三年春正月，東平王徽薨。三月，太尉滿寵薨。秋七月甲申，南安郡地震。乙酉，以領軍將軍蔣濟為太尉。冬十二月，魏郡地震。

四年春正月，帝加元服，賜群臣各有差。夏四月乙卯，立皇后甄氏，大赦。五月朔，日有食之，既。秋七月，詔祀故大司馬曹真、曹休、征南大將軍夏侯尚、太常桓階、司空陳群、太傅鍾繇、車騎將軍張郃、左將軍徐晃、前將軍張遼、右將軍樂進、太尉華歆、司徒王朗、驃騎將軍曹洪、征西將軍夏侯淵、後將軍朱靈、文聘、執金吾臧霸、破虜將軍李典、立義將軍龐德、武猛校尉典韋於太祖廟庭。冬十二月，倭國女王俾彌呼遣使奉獻。

五年春二月，詔大將軍曹爽率眾徵蜀。夏四月朔，日有蝕之。五月癸巳，講尚書經通，使太常以太牢祀孔子於辟雍，以顏淵配；賜太傅、大將軍及侍講者各有差。丙午，大將軍曹爽引軍還。秋八月，秦王詢薨。九月，鮮卑內附，置遼東屬國，立昌黎縣以居之。冬十一月癸卯，詔祀故尚書令荀攸於太祖廟庭。己酉，復秦國為京兆郡。十二月，司空崔林薨。（以下省略）

卷五 魏書五 后妃傳 武宣卞皇后（高貴鄉公卞皇后、陳留王卞皇后）、
文昭甄皇后、文德郭皇后、明悼毛皇后、明元郭皇后

文昭甄皇后，中山無極人，明帝母，漢太保甄邯後也，世吏二千石。父逸，上蔡令。後三歲失父。（一）後天下兵亂，加以饑饉，百姓皆賣金銀珠玉寶物，時後家大有儲谷，頗以買之。後年十餘歲，白母曰：“今世亂而

多買寶物，匹夫無罪，懷璧為罪。又左右皆飢乏，不如以穀振給親族鄰里，廣為恩惠也。"舉家稱善，即從後言。(二)

（一）（二）注釈省略

建安中，袁紹為中子熙納之。熙出為幽州，後留養姑。及冀州平，文帝納後於鄴，有寵，生明帝及東鄉公主。(一)延康元年正月，文帝即王位，六月，南征，後留鄴。黃初元年十月，帝踐阼。踐阼之後，山陽公奉二女以嬪於魏，郭後、李、陰貴人並愛幸，後愈失意，有怨言。帝大怒，二年六月，遣使賜死，葬於鄴。(二)

（一）魏略曰：熙出在幽州，後留侍姑。及鄴城破，紹妻及後共坐皇堂上。文帝入紹舍，見紹妻及後，後怖，以頭伏姑膝上，紹妻兩手自搏。文帝謂曰："劉夫人云何如此？令新婦舉頭！"姑乃捧後令仰，文帝就視，見其顏色非凡，稱嘆之。太祖聞其意，遂為迎取。

世語曰：太祖下鄴，文帝先入袁尚府，有婦人被髮垢面，垂涕立紹妻劉后，文帝問之，劉答"是熙妻"，顧攬髮髻，以巾拭面，姿貌絕倫。既過，劉謂後"不憂死矣"！遂見納，有寵。

魏書曰：後寵愈隆而彌自挹損，后宮有寵者勸勉之，其無寵者慰誨之，每因閒宴，常勸帝，言"昔黃帝子孫蕃育，蓋由姜媵眾多，乃獲斯祚耳。所願廣求淑媛，以豐繼嗣。"帝心嘉焉。其後帝欲遣任氏，後請於帝曰："任既鄉黨名族，德、色，妾等不及也，如何遣之？"帝曰："任性狷急不婉順，前後忿吾非一，是以遣之耳。"後流涕固請曰："妾受敬遇之恩，眾人所知，必謂任之出，是妾之由。上懼有見私之譏，下受專寵之罪，願重留意！"帝不聽，遂出之。

十六年七月，太祖徵關中，武宣皇后從，留孟津，帝居守鄴。時武宣皇后體小不安，後不得定省，憂怖，晝夜泣涕；左右驟以差問告，後猶不信，曰："夫人在家，故疾每動，輒歷時，今疾便差，何速也？此欲慰我意耳！"憂愈甚。後得武宣皇后還書，說疾已平復，後乃歡悅。十七年正月，大軍還鄴，後朝武宣皇后，望幄座悲喜，感動左右。武宣皇后見後如此，亦泣，

且謂之曰："新婦謂吾前病如昔時困邪？吾時小小耳，十餘日即差，不當視我顏色乎！"嗟歎曰："此真孝婦也。"二十一年，太祖東征，武宣皇后、文帝及明帝、東鄉公主皆從，時後以病留鄴。二十二年九月，大軍還，武宣皇后左右侍御見後顏色豐盈，怪問之曰："後與二子別久，下流之情，不可為念，而後顏色更盛，何也？"後笑答之曰："（譚）（叡）等自隨夫人，我當何憂！"後之賢明以禮自持如此。

（二）注釈省略

卷六 魏書六 董二袁劉傳 董卓（李傕、郭汜）、袁紹（子袁譚、袁熙、袁尚）、袁術、劉表（子劉琦、劉琮）

袁紹字本初，汝南汝陽人也。高祖父安，為漢司徒。自安以下四世居三公位，由是勢傾天下。[一]紹有姿貌威容，能折節下士，士多附之，太祖少與交焉。以大將軍掾為侍御史，[二]稍遷中軍校尉，至司隸。

（一）華嶠漢書曰：安字邵公，好學有威重。明帝時為楚郡太守，治楚王獄，所申理者四百餘家，皆蒙全濟，安遂為名臣。章帝時至司徒，生蜀郡太守京。京弟敞為司空。京子湯，太尉。湯四子：長子平，平弟成，左中郎將，並早卒；成弟逢，逢弟隗，皆為公。

魏書曰：自安以下，皆博愛容眾，無所揀擇；賓客入其門，無賢愚皆得所欲，為天下所歸。紹即逢之庶子，術異母兄也，出後成為子。

英雄記曰：成字文開，壯健有部分，貴戚權豪自大將軍梁冀以下皆與結好，言無不從。故京師為作諺曰："事不諧，問文開。"

（二）英雄記曰：紹生而父死，二公愛之。幼使為郎，弱冠除濮陽長，有清名。遭母喪，服竟，又追行父服，凡在塚廬六年。禮畢，隱居洛陽，不妄通賓客，非海內知名，不得相見。又好遊俠，與張孟卓、何伯求、吳子卿、許子遠、伍德瑜等皆為奔走之友。不應闢命。中常侍趙忠謂諸黃門曰："袁本初坐作聲價，不應呼召而養死士，不知此兒欲何所為乎？"紹叔父隗聞之，責數紹曰："汝且破我家！"紹於是乃起應大將軍之命。

臣松之案：魏書云"紹，逢之庶子，出後伯父成"。如此記所言，則似實成所生。夫人追服所生，禮無其文，況於所後而可以行之！二書未詳孰是。（以下省略）

初，天子之立非紹意，及在河東，紹遣潁川郭圖使焉。圖還說紹迎天子都鄴，紹不從。〔一〕會太祖迎天子都許，收河南地，關中皆附。紹悔，欲令太祖徙天子都鄄城以自密近，太祖拒之。天子以紹為太尉，轉為大將軍，封鄴侯，〔二〕紹讓侯不受。頃之。擊破瓚於易京，併其衆。〔三〕出長子譚為青州，沮授諫紹："必為禍始。"紹不聽，曰："孤欲令諸兒各據一州也。"〔四〕又以中子熙為幽州，甥高幹為并州，衆數十萬，以審配、逢紀統軍事，田豐、荀諶、許攸為謀主，顏良、文醜為將率，簡精卒十萬，騎萬匹，將攻許。〔四〕

（一）獻帝傳曰：沮授說紹云："將軍累葉輔弼，世濟忠義。今朝廷播越，宗廟毀壞，觀諸州郡外託義兵，內圖相滅，未有存主恤民者。且今州城粗定，宜迎大駕，安宮鄴都，挾天子而令諸侯，畜士馬以討不庭，誰能御之！"紹悅，將從之。郭圖、淳于瓊曰："漢室陵遲，為日久矣，今欲興之，不亦難乎！且今英雄據有州郡，衆動萬計，所謂秦失其鹿，先得者王。若迎天子以自近，動輒表聞，從之則權輕，違之則拒命，非計之善者也。"授曰："今迎朝廷，至義也，又於時宜大計也，若不早圖，必有先人者也。夫權不失機，功在速捷，將軍其圖之！"紹弗能用。案此書稱（郭圖）（沮授）之計，則與本傳違也。

（二）獻帝春秋曰：紹恥班在太祖下，怒曰；"曹操當死數矣，我輒救存之，今乃背恩，挾天子以令我乎！"太祖聞，而以大將軍讓於紹。

（三）典略曰：自此紹貢禦希慢，私使主薄耿苞密白曰："赤德衰盡，袁為黃胤，宜順天意。"紹以苞密白事示軍府將吏。議者咸以苞為妖妄宜紹乃殺苞以自解。

九州春秋曰：紹延徵北海鄭玄而不禮，趙融聞之曰："賢人者，君子之望也。不禮賢，是失君子之望也。夫有為之君，不敢失萬民之歡心，況

於君子乎？失君子之望，難乎以有為矣。

"英雄記載<u>太祖</u>作<u>董卓</u>歌，辭云："德行不虧缺，變故自難常。<u>鄭康成</u>行酒，伏地氣絕，<u>郭景圖</u>命盡於園桑。"如此之文，則<u>玄</u>無病而卒。餘書不見，故載錄之。

（四）"<u>九州春秋</u>載授諫辭曰："世稱一兔走衢，萬人逐之，一人獲之，貪者悉止，分定故也。且年均以賢，德均則卜，古之製也。願上惟先代成敗之戒，下思逐兔分定之義。"<u>紹</u>曰："孤欲令四兒各據一州，以觀其能。"授出曰："禍其始此乎！"<u>譚</u>始至<u>青州</u>，為都督，未為刺史，後<u>太祖</u>拜為刺史。其土自<u>河</u>而西，蓋不過<u>平原</u>而已。遂北排<u>田楷</u>，東攻<u>孔融</u>，曜兵海隅，是時百姓無主，欣戴之矣。然信用群小，好受近言，肆志奢淫，不知稼穡之艱難。<u>華彥</u>、<u>孔順</u>皆奸佞小人也，信以為腹心；<u>王脩</u>等備官而已。然能接待賓客，慕名敬士。使婦弟領兵在內，至令草竊，市井而外，虜掠田野；別使兩將募兵下縣，有賂者見免，無者見取，貧弱者多，乃至於竄伏丘野之中，放兵捕索，如獵鳥獸。邑有萬戶者，著籍不盈數百，收賦納稅，參分不入一。招命賢士，不就；不趨赴軍期，安居族黨，亦不能罪也。

（四）<u>世語</u>曰：<u>紹</u>步卒五萬，騎八千。<u>孫盛</u>評曰：案<u>魏武</u>謂<u>崔琰</u>曰"昨案<u>貴州</u>戶籍，可得三十萬衆"。由此推之，但<u>冀州</u>勝兵已如此，況兼<u>幽</u>、<u>井</u>及<u>青州</u>乎？<u>紹</u>之大舉，必悉師而起，十萬近之矣。

<u>獻帝傳</u>曰：<u>紹</u>將南師，<u>沮授</u>、<u>田豐</u>諫曰："師出歷年，百姓疲弊，倉庾無積，賦役方殷，此國之深憂也。宜先遣使獻捷天子，務農逸民；若不得通，乃表<u>曹氏</u>隔我王路，然後進屯黎陽，漸營河南，益作舟船，繕治器械，分遣精騎，鈔其邊鄙，令彼不得安，我取其逸。三年之中，事可坐定也。"<u>審配</u>、<u>郭圖</u>曰："兵書之法，十圍五攻，敵則能戰。今以明公之神武，跨<u>河朔</u>之強衆，以伐<u>曹氏</u>。譬若覆手，今不時取，後難圖也。"授曰："蓋救亂誅暴，謂之義兵；恃衆憑強，謂之驕兵。兵義無敵，驕者先滅。<u>曹氏</u>迎天子安宮<u>許都</u>，今舉兵南向，於義則違。且廟勝之策，不在強弱。<u>曹氏</u>法令既行，士卒精練，非<u>公孫瓚</u>坐受圍者也。今棄萬安之術，而興無名之兵，竊為公懼之！"圖等曰："<u>武王</u>伐<u>紂</u>，不曰不義，況兵加<u>曹氏</u>而云無名！且公師武臣（竭）力，將士憤怒，人思自騁，而不及時早定

大業，慮之失也。夫天與弗取，反受其咎，此越之所以霸，吳之所以亡
也。監軍之計，計在持牢，而非見時知機之變也。”紹從之。圖等因是譖
授”監統內外，威震三軍，若其浸盛，何以製之？夫臣與主不同者昌，主
與臣同者亡，此黃石之所忌也。且禦眾於外，不宜知內。”紹疑焉。乃分
監軍為三都督，使授及郭圖、淳于瓊各典一軍，遂合而南。

　　先是，太祖遣劉備詣徐州拒袁術。術死，備殺刺史車冑，引軍屯沛。
紹遣騎佐之。太祖遣劉岱、王忠擊之，不克。建安五年，太祖自東征備。
田豐說紹襲太祖後，紹辭以子疾，不許，豐舉杖擊地曰：“夫遭難遇之機
而以嬰兒之病失其會，惜哉！”太祖至，擊破備；備奔紹。[一]

（一）注釈省略

　　紹進軍黎陽，遣顏良攻劉延於白馬。沮授又諫紹：“良性促狹，雖驍
勇不可獨任。”紹不聽。太祖救延，與良戰，破斬良。[一]紹渡河，壁延
津南，使劉備、文醜挑戰。太祖擊破之，斬醜，再戰，禽紹大將。紹軍
大震。[二]太祖還官渡。沮授又曰：“北兵數眾而果勁不及南，南谷虛少
而貨財不及北；南利在於急戰，北利在於緩搏。宜徐持久，曠以日月。”
紹不從。連營稍前，逼官渡，合戰，太祖軍不利，復壁。紹為高櫓，起土
山，射營中，營中皆蒙楯，眾大懼。太祖乃為發石車，擊紹樓，皆破，紹
眾號曰霹靂車。[三]紹為地道，欲襲太祖營。太祖輒於內為長塹以拒之，
又遣奇兵襲擊紹運車，大破之，盡焚其穀。太祖與紹相持日久，百姓疲
乏，多叛應紹，軍食乏。會紹遣淳于瓊等將兵萬餘人北迎運車，沮授說
紹：“可遣將蔣奇別為支軍於表，以斷曹公之鈔。”紹復不從。瓊宿烏
巢，去紹軍四十里。太祖乃留曹洪守，自將步騎五千候夜潛往攻瓊。紹遣
騎救之，敗走。破瓊等，悉斬之。太祖還，未至營，紹將高覽、張郃等率
其眾降。紹眾大潰，紹與譚單騎退渡河。餘眾偽降，盡坑之。[四]沮授不
及紹渡，為人所執，詣太祖，[五]太祖厚待之。後謀還袁氏，見殺。

（一）獻帝傳曰：紹臨發，沮授會其宗族，散資財以與之曰：“夫勢在則

威無不加，勢亡則不保一身，哀哉！"其弟宗曰："曹公士馬不敵，君何懼焉！"授曰："以曹兗州之明略，又挾天子以為資，我雖克公孫，衆實疲弊，而將驕主怢。軍之破敗，在此舉也。揚雄有言，'六國蚩蚩，為嬴弱姬'，今之謂也。"

（二）獻帝傳曰：紹將濟河，沮授諫曰："勝負變化，不可不詳。今宜留屯延津，分兵官渡，若其克獲，還迎不晚，設其有難，衆弗可還。"紹弗從。授臨濟歎曰："上盈其志，下務其功，悠悠黃河，吾其不反乎！"遂以疾辭。紹恨之，乃省其所部兵屬郭圖。

（三）魏氏春秋曰：以古有矢石，又傳言"旝動而鼓"，說文曰"旝，發石也"，於是造發石車。

（四）張璠漢紀云：殺紹卒凡八萬人。

（五）獻帝傳云：授大呼曰："授不降也，為軍所執耳！"太祖與之有舊，逆謂授曰："分野殊異，遂用圮絕，不圖今日乃相禽也！"授對曰："冀州失策，以取奔北。授智力俱困，宜其見禽耳。"太祖曰："本初無謀，不用君計，今喪亂過紀，國家未定，當相與圖之。"授曰："叔父、母、弟，縣命袁氏，若蒙公靈，速死為福。"太祖歎曰："孤早相得，天下不足慮。"

初，紹之南也，田豐說紹曰："曹公善用兵，變化無方，衆雖少，未可輕也不如以久持之。將軍據山河之固，擁四州之衆，外結英雄，內脩農戰，然後簡其精説，分為奇兵，乘虛迭出，以擾河南，救右則擊其左，救左則擊其右，使敵疲於奔命，民不得安業；我未勞而彼已困，不及二年，可坐克也。今釋廟勝之策，而決成敗於一戰，若不如志，悔無及也。"紹不從。豐懇諫，紹怒甚，以為沮衆，械系之。紹軍既敗，或謂豐曰："君必見重。"豐曰："若軍有利，吾必全，今軍敗，吾其死矣。"紹還，謂左右曰："吾不用田豐言，果為所笑。"遂殺之。[一]紹外寬雅，有局度，憂喜不形於色，而內多忌害，皆此類也。

（一）先賢行狀曰：豐字元皓，鉅鹿人，或云勃海人。豐天姿瑰傑，權略多奇，少喪親，居喪盡哀，日月雖過，笑不至矧。博覽多識，名重州黨。初闢太

66

尉府，舉茂才，遷待御史。閹宦擅朝，英賢被害，豐乃棄官歸家。袁紹起義，卑辭厚幣以招致豐，豐以王室多難，志存匡救，乃應紹命，以為別駕。勸紹迎天子，紹不納。紹後用豐謀，以平公孫瓚。逢紀憚豐亮直，數讒之於紹，紹遂忌豐。紹軍之敗也，土崩奔北，師徒略盡，軍皆拊膺而泣曰："向令田豐在此，不至於是也。"紹謂逢紀曰："冀州人聞吾軍敗，皆當念吾，惟田別駕前諫止吾，與眾不同，吾亦慚見之。"紀復曰："豐聞將軍之退，拊手大笑，喜其言之中也。"紹於是有害豐之意。初，太祖聞豐不從戎，喜曰："紹必敗矣。"及紹奔遁，復曰："向使紹用田別駕計，尚未可知也。"孫盛曰：觀田豐、沮授之謀，雖良、平何以過之？故君貴審才，臣尚量主；君用忠良，則伯王之業隆，臣奉闇後，則覆亡之禍至：存亡榮辱，常必由茲。豐知紹將敗，敗則己必死，甘冒虎口以盡忠規，烈士之於所事，慮不存己。夫諸侯之臣，義有去就，況豐與紹非純臣乎！詩云"逝將去汝，適彼樂土"，言去亂邦，就有道可也。

冀州城邑多叛，紹復擊定之。自軍敗後發病，七年，憂死。

紹愛少子尚，貌美，欲以為後而未顯。〔一〕審配、逢紀與辛評、郭圖爭權，配、紀與尚比，評、圖與譚比。眾以譚長，欲立之。配等恐譚立而評等為己害，緣紹素意，乃奉尚代紹位。譚至，不得立，自號車騎將軍。由是譚、尚有隙。太祖北征譚、尚。譚軍黎陽，尚少與譚兵，而使逢紀從譚。譚求益兵，配等議不與。譚怒，殺紀。〔二〕太祖渡河攻譚，譚告急於尚。尚欲分兵益譚，恐譚遂奪其眾，乃使審配守鄴，尚自將兵助譚，與太祖相拒於黎陽。自（二）九月至（九）二月，大戰城下，譚、尚敗退，入城守。太祖將圍之，乃夜遁。追至鄴，收其麥，拔陰安，引軍還許。太祖南征荊州，軍至西平。譚、尚遂舉兵相攻，譚敗奔平原。尚攻之急，譚遣辛毗詣太祖請救。太祖乃還救譚，十月至黎陽。〔三〕尚聞太祖北，釋平原還鄴。其將呂曠、呂翔叛尚歸太祖，譚復陰刻將軍印假曠、翔。太祖知譚詐，與結婚以安之，乃引軍還。尚使審配、蘇由守鄴，復攻譚平原。太祖進軍將攻鄴，到洹水，去鄴五十里，由欲為內應，謀洩，與配戰城中，敗，出奔太祖。太祖遂進攻之，為地道，配亦於內作塹以當之。配將馮禮

開突門，内太祖兵三百餘人，配覺之，從城上以大石擊突中柵門，柵門閉，入者皆沒。太祖遂圍之，為塹，周四十里，初令淺，示若可越。配望而笑之，不出爭利。太祖一夜掘之，廣深二丈，決漳水以灌之，自五月至八月，城中餓死者過半。尚聞鄴急，將兵萬餘人還救之，依西山來，東至陽平亭，去鄴十七里，臨滏水，舉火以示城中，城中亦舉火相應。配出兵城北，欲與尚對決圍。太祖逆擊之，敗還，尚亦破走，依曲漳為營，太祖遂圍之。未合，尚懼，遣陰夔、陳琳乞降，不聽。尚還走濫口，進復圍之急，其將馬延等臨陳降，衆大潰，尚奔中山。盡收其輜重，得尚印綬、節鉞及衣物，以示其家，城中崩沮。配兄子榮守東門，夜開門内太祖兵，與配戰城中，生禽配。配聲氣壯烈，終無撓辭，見者莫不嘆息。遂斬之。

（四）高幹以并州降，復以幹為刺史。

（一）典論曰：譚長而惠，尚少而美。紹妻劉氏愛尚，數稱其才，紹亦奇其貌，欲以為後，未顯而紹死。劉氏性酷妒，紹死，殭屍未殯，寵妾五人，劉盡殺之。以為死者有知，當複見紹於地下，乃髠頭墨面以毀其形。尚又為盡殺死者之家。

（二）英雄記曰：紀字元圖。初，紹去董卓出奔，與許攸及紀俱詣冀州，紹以紀聰達有計策，甚親信之，與共舉事。後審配任用，與紀不睦。或有讒配於紹，紹問紀，紀稱"配天性烈直，古人之節，不宜疑之"。紹曰："君不惡之邪？"紀答曰："先日所爭者私情，今所陳者國事。"紹善之，卒不廢配。配由是更與紀為親善。

（三）。魏氏春秋載劉表遺譚書曰："天篤降害，禍難殷流，尊公殂殞，四海悼心。賢胤承統，遐邇屬望，咸欲展佈旅力，以投盟主，雖亡之日，猶存之願也。何寤青蠅飛於幹旍，無極遊於二壘，使股肱分為二體，背膂絕為異身！昔三王五伯，下及戰國，父子相殘，蓋有之矣；然或欲以成王業，或欲以定霸功，或欲以顯宗主，或欲以固塚嗣，未有棄親即異，抈其本根，而能崇業濟功，垂祚後世者也。若齊襄復九世之讎，士丐卒荀偃之事，是故春秋美其義，君子稱其信。夫伯遊之恨於齊，未若（文公）（太公）之忿曹；宣子之承業，未若仁君之繼統也。且君子之違難不適讎國，豈可忘先君之

怨，棄至親之好，為萬世之戒，遺同盟之恥哉！冀州不弟之傲，既已然矣；仁君當降志辱身，以匡國為務；雖見憎於夫人，未若鄭莊之於姜氏，兄弟之嫌，未若重華之於象傲也。然莊公有大隧之樂，象受有鼻之封。願棄捐前忿，遠思舊義，復為母子昆弟如初。」又遺尚書曰：「知變起辛、郭，禍結同生，追閼伯、實沈之踪，忘常棣死喪之義，親尋干戈，殭屍流血，聞之哽咽，雖存若亡。昔軒轅有涿鹿之戰，周武有商、奄之師，皆所以翦除穢害而定王業，非強弱之（事）爭，喜怒之忿也。故雖滅親不為尤，誅兄不傷義。今二君初承洪業，纂繼前軌，進有國家傾危之慮，退有先公遺恨之負，當唯義是務，唯國是康。何者？金木水火以剛柔相濟，然後克得其和，能為民用。今青州天性峭急，迷於曲直。仁君度數弘廣，綽然有餘，當以大包小，以優容劣，先除曹操以卒先公之恨，事定之後，乃議曲直之計，不亦善乎！若留神遠圖，克己復禮，當振旆長驅，共獎王室，若迷而不反，違而無改，則胡夷將有誚讓之言，況我同盟，復能力為君之役哉？此韓盧、東郭自困於前而遺田父之獲者也。憤踴鶴望，冀聞和同之聲。若其泰也，則袁族其與漢昇降乎！如其否也，則同盟永無望矣。」譚、尚盡不從。

漢晉春秋載審配獻書於譚曰：「春秋之義，國君死社稷，忠臣死王命。苟有圖危宗廟，敗亂國家，王綱典律，親疏一也。是以周公垂泣而蔽管、蔡之獄，季友歔欷而行鍼叔之鴆。何則？義重人輕，事不得已也。昔衛靈公廢蒯聵而立輒，蒯聵為不道，入戚以篡，衛師伐之。春秋傳曰：』以石曼姑之義，為可以拒之。』是以蒯聵終獲叛逆之罪，而曼姑永享忠臣之名。父子猶然，豈況兄弟乎！昔先公廢絀將軍以續賢兄，立我將軍以為適嗣，上告祖靈，下書譜牒，先公謂將軍為兄子，將軍謂先公為叔父，海內遠近，誰不備聞？且先公即世之日，（我）將軍斬衰居廬，而將軍齋於堊室，出入之分，於斯益明。是時兇臣逢紀，妄畫蛇足，曲辭諂媚，交亂懿親，將軍奮赫然之怒，誅不旋時，我將軍亦奉命承旨，加以淫刑。自是之後，癰疽破潰，骨肉無絲髮之嫌，自疑之臣皆保生全之福。故悉遣強胡，簡命名將，料整器械，選擇戰士，殫府庫之財，竭食土之實，其所以供奉將軍，何求而不備？君臣相率，共衛旌麾，戰為雁行，賦為幣主，雖傾倉覆庫，翦剝民物，上下欣戴，莫敢告勞。何則？推戀戀忠赤之情，盡家家

肝腦之計，唇齒輔車，不相為賜。謂為將軍心合意同，混齊一體，必當並威偶勢，禦寇寧家。何圖凶險讒慝之人，造飾無端，誘導姦利，至令將軍翻然改圖，忘孝友之仁，聽豺狼之謀，誣先公廢立之言，違近者在喪之位，悖紀綱之理，不顧逆順之節，橫易冀州之主，欲當先公之繼。遂放兵鈔撥，屠城殺吏，交屍盈原，裸民滿野，或有髡剃髮膚，割截支體，冤魂痛於幽冥，創痍號於草棘。又乃圖獲鄴城，許賜秦、胡，財物婦女，豫有分界。或聞告令吏士云：'孤雖有老母，輒使身體完具而已。'聞此言者，莫不驚愕失氣，悼心揮涕，使太夫人憂哀憤懣於堂室，我州君臣士友假寐悲嘆，無所措其手足；念欲靜師拱默以聽執事之圖，則懼違春秋死命之節，貽太夫人不測之患，隕先公高世之業。且三軍憤慨，人懷私怒，我將軍辭不獲已，以及館陶之役。是時外為御難，內實乞罪，既不見赦，而（屠辱谷）（屠各）二三其心，臨陳叛戾。我將軍進退無功，首尾受敵，引軍奔避，不敢告辭。亦謂將軍當少垂親親之仁，既以緩追之惠，而乃尋踪躡軌，無所逃命。困獸必鬥，以乾嚴行，而將軍師旅土崩瓦解，此非人力，乃天意也。是後又望將軍改往修來，克己復禮，追還孔懷如初之愛；而縱情肆怒，趣破家門，企踵鶴立，連結外讎，散鋒於火，播增毒螫，烽煙相望，涉血千里，遺城厄民，引領悲怨，雖欲勿救，惡得已哉！故遂引軍東轅，保正疆場，雖近郊壘，未侵境域然望旌麾，能不永嘆？配等備先公家臣，奉廢立之命。而圖等干國亂家，禮有常刑。故奮敝州之賦，以除將軍之疾，若乃天啟於心，早行其誅，則我將軍匍匐悲號於將軍股掌之上，配等亦袒躬布體以待斧鉞之刑。若必不悛，有以國斃，圖頭不縣，軍不旋踵。願將軍詳度事宜，錫以環玦。

典略曰：譚得書悵然，登城而泣。既劫於郭圖，亦以兵鋒累交，遂戰不解。

（四）先賢行狀曰：配字正南，魏郡人，少忠烈慷慨，有不可犯之節。袁紹領冀州，委以腹心之任，以為治中別駕，並總幕府。初，譚之去，皆呼辛毗、郭圖家得出，而辛評家獨被收。及配兄子開城門內兵，時配在城東南角樓上，望見太祖兵入，忿辛、郭壞敗冀州，乃遣人馳詣鄴獄，指殺仲治家。是時，辛毗在軍，聞門開，馳走詣獄，欲解其兄家，兄家已死。是

日生縛配，將詣帳下，辛毗等逆以馬鞭擊其頭，罵之曰："奴，汝今日真死矣！"配顧曰："狗輩，正由汝曹破我冀州，恨不得殺汝也！且汝今日能殺生我邪？"有頃，公引見，謂配："知誰開卿城門？"配曰："不知也。"曰："自卿（文）（子）榮耳。"配曰："小兒不足用乃至此！"公復謂曰："曩日孤之行圍，何弩之多也？"配曰："恨其少耳！"公曰："卿忠於袁氏父子，亦自不得不爾也。"有意欲活之。配既無撓辭，而辛毗等號哭不已，乃殺之。初，冀州人張子謙先降，素與配不善，笑謂配："正南，卿竟何如我？"配厲聲曰："汝為降虜，審配為忠臣，雖死，豈若汝生邪！"臨行刑，叱持兵者令北向，曰："我君在北。"

樂資山陽公載記及袁暐獻帝春秋並云太祖兵入城，審配戰於門中，既敗，逃於井中，於井獲之。

臣松之以為配一代之烈士，袁氏之死臣，豈當數窮之日，方逃身於井，此之難信，誠為易了。不知資、暐之徒竟為何人，未能識別然否，而輕弄翰墨，妄生異端，以行其書。如此之類，正足以誣罔視聽，疑誤後生矣。寔史籍之罪人，達學之所不取者也。

太祖之圍鄴也，譚略取甘陵、安平、勃海、河間，攻尚於中山。尚走故安從熙，譚悉收其眾。太祖將討之，譚乃拔平原，並南皮，自屯龍湊。

十二月，太祖軍其門，譚不出，夜遁奔南皮，臨清河而屯。十年正月，攻拔，斬譚及圖等。熙、尚為其將焦觸、張南所攻，奔遼西烏丸。觸自號幽州刺史，驅率諸郡太守令長，背袁向曹，陳兵數萬，殺白馬盟，令曰："違命者斬！"眾莫敢語，各以次歃。至別駕韓珩，曰："吾受袁公父子厚恩，今其破亡，智不能救，勇不能死，於義闕矣；若乃北面於曹氏，所弗能為也。"一坐為珩失色。觸曰："夫興大事，當立大義，事之濟否，不待一人，可卒珩志，以勵事君。"高幹叛，執上黨太守，舉兵守壺口關。遣樂進、李典擊之，未拔。十一年，太祖徵幹。幹乃留其將夏昭、鄧升守城，自詣匈奴單于求救，不得，獨與數騎亡，欲南奔荊州，上洛都尉捕斬之。[一]十二年，太祖至遼西擊烏丸。尚、熙與烏丸逆軍戰，敗走奔遼東，公孫康誘斬之，送其首。[二]太祖高韓珩節，屢闢不至，卒於家。[三]

（一）典略曰：上洛都尉王琰獲高幹，以功封侯；其妻哭於室，以為琰富貴將更娶妾媵而奪己愛故也。

（二）典略曰：尚為人有勇力，欲奪取康衆，與熙謀曰：“今到，康必相見，欲與兄手擊之，有遼東猶可以自廣也。”康亦心計曰：“今不取熙、尚，無以為說於國家。”乃先置其精勇於廁中，然後請熙、尚。熙、尚入，康伏兵出，皆縛之，坐於凍地。尚寒，求席，熙曰：“頭顱方行萬里，何席之為！”遂斬首。譚，字顯思。熙，字顯奕。尚，字顯甫。

吳書曰：尚有弟名買，與尚俱走遼東。曹瞞傳云：買，尚兄子。未詳。

（三）先賢行狀曰：珩字子佩，代郡人，清粹有雅量。少喪父母，奉養兄姊，宗族稱孝悌焉。

（省略）

興平二年冬，天子敗於曹陽。術會群下謂曰：“今劉氏微弱，海內鼎沸。吾家四世公輔，百姓所歸，欲應天順民，於諸君意如何？”衆莫敢對。主簿閻象進曰：“昔周自后稷至於文王，積德累功，三分天下有其二，猶服事殷。明公雖奕世克昌，未若有周之盛，漢室雖微，未若殷紂之暴也。”術嘿然不悅。用河內張炯之符命，遂僭號[一]以九江太守為淮南尹。置公卿，祠南北郊，荒侈滋甚，后宮數百皆服綺縠，餘粱肉，[二]而士卒凍餒，江淮間空盡，人民相食。術前為呂布所破，後為太祖所敗，奔其部曲雷薄、陳蘭於灊山，復為所拒，憂懼不知所出。將歸帝號於紹，欲至青州從袁譚，發病道死。[三]妻子依術故吏廬江太守劉勳，孫策破勳，復見收視。術女入孫權宮，子耀拜郎中，耀女又配於權子奮。

（一）典略曰：術以袁姓出陳，陳，舜之後，以土承火，得應運之次。又見讖文云：“代漢者，當塗高也。”自以名字當之，乃建號稱仲氏。

（二）九州春秋曰：司隸馮方女，國色也，避亂揚州，術登城見而悅之，遂納焉，甚愛幸。諸婦害其寵，語之曰：“將軍貴人有志節，當時時涕憂愁，必長見敬重。”馮氏以為然，後見術輒垂涕，術以有心志，益哀之。諸婦人因共絞殺，懸之廁梁，術誠以為不得志而死，乃厚加殯斂。

（三）魏書曰：術歸帝號於紹曰：“漢之失天下久矣，天子提挈，政在門，豪雄角逐，分裂疆宇，此與周之末年七國分勢無異，卒強者兼之耳。加袁氏受命當王，符瑞炳然。今君擁有四州，民戶百萬，以強則無與比大，論德則無與比高。曹操欲扶衰拯弱，安能續絕命救已滅乎？”紹陰然之。吳書曰：術既為雷薄等所拒，留住三日，士眾絕糧，乃還至江亭，去壽春八十里。問廚下，尚有麥屑三十斛。時盛暑，欲得蜜漿，又無蜜。坐櫺床上，嘆息良久，乃大吒曰：“袁術至於此乎！”因頓伏床下，嘔血鬥餘而死。（省略）

第三十

　　書載"蠻夷猾夏"，詩稱"玁狁孔熾"，久矣其為中國患也。秦、漢以來，匈奴久為邊害。孝武雖外事四夷，東平兩越、朝鮮，西討貳師、大宛，開邛莋、夜郎之道，然皆在荒服之外，不能為中國輕重。而匈奴最逼於諸夏，胡騎南侵則三邊受敵，是以屢遣衛、霍之將，深入北伐，窮追單于，奪其饒衍之地。後遂保塞稱藩，世以衰弱。建安中，呼廚泉南單于入朝，遂留內侍，使右賢王撫其國，而匈奴折節，過於漢舊。然烏丸、鮮卑稍更強盛，亦因漢末之亂，中國多事，不遑外討，故得擅（漢）（漠）南之地，寇暴城邑，殺略人民，北邊仍受其困。會袁紹兼河北，乃撫有三郡烏丸，寵其名王而收其精騎。其後尚、熙又逃於蹋頓。蹋頓又驍武，邊長老皆比之冒頓，恃其阻遠，敢受亡命，以雄百蠻。太祖潛師北伐，出其不意，一戰而定之，夷狄懾服，威振朔土。遂引烏丸之衆服從征討，而邊民得用安息。後鮮卑大人軻比能複制御群狄，盡收匈奴故地，自雲中、五原以東抵遼水，皆為鮮卑庭。數犯塞寇邊，幽、并苦之。田豫有馬城之圍，畢軌有陘北之敗。青龍中，帝乃聽王雄，遣劍客刺之。然後種落離散，互相侵伐，強者遠遁，弱者請服。由是邊陲差安，（漢）（漠）南少事，雖時頗鈔盜，不能複相扇動矣。烏丸、鮮卑即古所謂東胡也。其習俗、前事，撰漢記者已錄而載之矣。故但舉漢末魏初以來，以備四夷之變雲。
　　（一）

　　（一）魏書曰：烏丸者，東胡也。漢初，匈奴冒頓滅其國，餘保烏丸山，因以為號焉。俗善騎射，隨水草放牧，居無常處，以穹廬為宅，皆東向。日弋獵禽獸，食肉飲酪，以毛毳為衣。貴少賤老，其性悍驁，怒則殺父兄，而終不害其母，以母有族類，父兄以己為種，無復報者故也。常推募勇健

能理決鬥訟相侵犯者為大人，邑落各有小帥，不世繼也。數百千落自為一部，大人有所召呼，刻木為信，邑落傳行，無文字，而部衆莫敢違犯。氏姓無常，以大人健者名字為姓。大人已下，各自畜牧治產，不相徭役。其嫁娶皆先私通，略將女去，或半歲百日，然後遣媒人送馬牛羊以為聘娶之禮。婿隨妻歸，見妻家無尊卑，旦起皆拜，而不自拜其父母。為妻家僕役二年，妻家乃厚遣送女，居處財物，一出妻家。故其俗從婦人計，至戰鬥時，乃自決之。父子男女，相對蹲踞，悉髡頭以為輕便。婦人至嫁時乃養髮，分為髻，著句決，飾以金碧，猶中國有冠步搖也。父兄死，妻後母執嫂；若無執嫂者，則己子以親之次妻伯叔焉，死則歸其故夫。俗識鳥獸孕乳，時以四節，耕種常用布穀鳴為候。地宜青穄、東牆，東牆似蓬草，實如葵子，至十月熟。能作白酒，而不知作麴糵。米常仰中國。大人能作弓矢鞍勒，鍛金鐵為兵器，能刺韋作文繡，織縷氈〈毼〉。有病，知以艾灸，或燒石自熨，燒地臥上，或隨痛病處，以刀決脈出血，及祝天地山川之神，無針藥。貴兵死，斂屍有棺，始死則哭，葬則歌舞相送。肥養犬，以採繩嬰牽，并取亡者所乘馬、衣物、生時服飾，皆燒以送之。特屬累犬，使護死者神靈歸乎<u>赤山</u>。<u>赤山</u>在<u>遼東</u>西北數千里，如中國人以死之魂神歸<u>泰山</u>也。至葬日，夜聚親舊員坐，牽犬馬歷位，或歌哭者，擲肉與之。使二人口頌呪文，使死者魂神徑至，歷險阻，勿令橫鬼遮護，達其<u>赤山</u>，然後殺犬馬、衣物燒之。敬鬼神，祠天地日月星辰山川，及先大人有健名者，亦同祠以牛羊，祠畢皆燒之。飲食必先祭。其約法，違大人言死，盜不止死。其相殘殺，令部落自相報，相報不止，詣大人平之，有罪者出其牛羊以贖死命，乃止。自殺其父兄無罪。其亡叛為大人所捕者，諸邑落不肯受，皆逐使至<u>雍狂</u>地。地無山，有沙漠、流水、草木，多蝮蛇，在<u>丁令</u>之西南，<u>烏孫</u>之東北，以窮困之。自其先為<u>匈奴</u>所破之後，人衆孤弱，為<u>匈奴</u>臣服，常歲輸牛馬羊，過時不具，輒虜其妻子。至<u>匈奴</u>壹衍鞮單于時，<u>烏丸</u>轉強，發掘<u>匈奴</u>單于塚，將以報冒頓所破之恥。壹衍鞮單于大怒，發二萬騎以擊<u>烏丸</u>。大將軍霍光聞之，遣度<u>遼</u>將軍<u>范明友</u>將三萬騎出<u>遼東</u>追擊<u>匈奴</u>。比<u>明友</u>兵至，<u>匈奴</u>已引去。<u>烏丸</u>新被匈奴兵，乘其衰弊，遂進擊<u>烏丸</u>，斬首六千餘級，獲三王首還。後數復犯塞，<u>明友</u>輒微破之。至<u>王莽</u>末，並與<u>匈</u>

奴為寇。光武定天下，遣伏波將軍馬援將三千騎，從五原關出塞微之，無利，而殺馬千餘匹。烏丸遂盛，鈔擊匈奴，匈奴轉徙千里，漢南地空。建武二十五年，烏丸大人郝旦等九千餘人率衆詣闕，封其渠帥為侯王者八十餘人，使居塞內，布列遼東屬國、遼西、右北平、漁陽、廣陽、上谷、代郡、雁門、太原、朔方諸郡界，招來種人，給其衣食，置校尉以領護之，遂為漢偵備，擊匈奴、鮮卑。至永平中，漁陽烏丸大人欽志賁帥種人叛，鮮卑還為寇害，遼東太守祭肜募殺志賁，遂破其衆。至安帝時，漁陽、右北平、雁門烏丸率衆王無何等複與鮮卑、匈奴合，鈔略代郡、上谷、涿郡、五原，乃以大司農何熙行車騎將軍，左右羽林五營士，發緣邊七郡黎陽營兵合二萬人擊之。匈奴降，鮮卑、烏丸各還塞外。是後，烏丸稍復親附，拜其大人戎末廆為都尉。至順帝時，戎末廆率將王侯咄歸、去延等從烏丸校尉耿曄出塞擊鮮卑有功，還皆拜為率衆王，賜束帛。

漢末，遼西烏丸大人丘力居，衆五千餘落，上谷烏丸大人難樓，衆九千餘落，各稱王，而遼東屬國烏丸大人蘇僕延，衆千餘落，自稱峭王，右北平烏丸大人烏延，衆八百餘落，自稱汗魯王，皆有計策勇健。中山太守張純叛入丘力居衆中，自號彌天安定王，為三郡烏丸元帥，寇略青、徐、幽、冀四州，殺略吏民。靈帝末，以劉虞為幽州牧，募胡斬純首，北州乃定。後丘力居死，子樓班年小，從子蹋頓有武略，代立，總攝三王部，衆皆從其教令。袁紹與公孫瓚連戰不決，蹋頓遣使詣紹求和親，助紹擊瓚，破之。紹矯制賜蹋頓、（難）峭王、汗魯王印綬，皆以為單于。〔一〕

（一）英雄記曰：紹遣使即拜烏丸三王為單于，皆安車、華蓋、羽旄、黃屋、左纛。版文曰："使持節大將軍督幽、青、并領冀州牧阮鄉侯紹，承製詔遼東屬國率衆王頌下、烏丸遼西率衆王蹋頓、右北平率衆王汗盧維：乃祖慕義遷善，款塞內附，北捍獫狁，東拒濊貊，世守北陲，為百姓保障，雖時侵犯王略，命將徂徵厥罪，率不旋時，悔悆變改，方之外夷，最又聰惠者也。始有千夫長、百夫長以相統領，用能悉乃心，克有勳力於國家，稍受王侯之命。自我王室多故，公孫瓚作難，殘夷厥土之君，以侮天慢主，

是以四海之內，並執干戈以衛社稷。三王奮氣裔土，忿姦憂國，控弦與漢兵為表裏，誠甚忠孝，朝所嘉焉。然而虎兒長蛇，相隨塞路，王官爵命，否而無聞。夫有勳不賞，俾勤者怠。今遣行謁者楊林，齎單于璽綬車服，以對爾勞。其各綏靜部落，教以謹慎，無使作兇作慝。世復爾祀位，長為百蠻長。厥有咎有不臧者，泯於爾祿，而喪於乃庸，可不勉乎！烏桓單于都護部衆，左右單于受其節度，他如故事。」

後樓班大，峭王率其部衆奉樓班為單于，蹋頓為王。然蹋頓多畫計策。廣陽閻柔，少沒烏丸、鮮卑中，為其種所歸信。柔乃因鮮卑衆，殺烏丸校尉邢舉代之，紹因寵慰以安北邊。後袁尚敗奔蹋頓，憑其勢，復圖冀州。會太祖平河北，柔帥鮮卑、烏丸歸附，遂因以柔為校尉，猶持漢使節，治廣甯如舊。建安十一年，太祖自微蹋頓於柳城，潛軍詭道，未至百餘裡，虜乃覺。尚與蹋頓將衆逆戰於凡城，兵馬甚盛。太祖登高望虜陳，（柳）（抑）軍未進，觀其小動，乃擊破其衆，臨陳斬蹋頓首，死者被野。速附丸、樓班、烏延等走遼東，遼東悉斬，傳送其首。其餘遺迸皆降。及幽州、并州柔所統烏丸萬餘落，悉徙其族居中國，帥從其侯王大人種衆與征伐。由是三郡烏丸為天下名騎。[一]

（一）魏略曰：景初元年秋，遣幽州刺史毌丘儉率衆軍討遼東。右北平烏丸單于寇婁敦、遼西烏丸都督率衆王護留葉，昔隨袁尚奔遼西，聞儉軍至，率衆五千餘人降。寇婁敦遣弟（阿羅槃）（阿羅槃）等詣闕朝貢，封其渠帥三十餘為王，賜輿馬繒採各有差。

鮮卑[一]步度根既立，衆稍衰弱，中兄扶羅韓亦別擁衆數万為大人。建安中，太祖定幽州，步度根與軻比能等因烏丸校尉閻柔上貢獻。後代郡烏丸能臣氏等叛，求屬扶羅韓，扶羅韓將萬餘騎迎之。到桑乾，氏等議，以為扶羅韓部威禁寬緩，恐不見濟，更遣人呼軻比能。比能即將萬餘騎到，當共盟誓。比能便於會上殺扶羅韓，扶羅韓子泄歸泥及部衆悉屬比能。比能自以殺歸泥父，特又善遇之。步度根由是怨比能。文帝踐阼，田豫為烏丸校尉，持節並護鮮卑，屯昌平。步度根遣使獻馬，帝拜為王。後數與軻

比能更相攻擊，步度根部衆稍寡弱，將其衆萬餘落保太原、雁門郡。步度根乃使人招呼泄歸泥曰：「汝父為比能所殺，不念報仇，反屬怨家。今雖厚待汝，是欲殺汝計也。不如還我，我與汝是骨肉至親，豈與仇等？」由是歸泥將其部落逃歸步度根，比能追之弗及。至黃初五年，步度根詣闕貢獻，厚加賞賜，是後一心守邊，不為寇害，而軻比能衆遂強盛。明帝即位，務欲綏和戎狄，以息征伐，羈縻兩部而已。至青龍元年，比能誘步度根深結和親，於是步度根將泄歸泥及部衆悉保比能，寇鈔并州，殺略吏民。帝遣驍騎將軍秦朗微之，歸泥叛比能，將其部衆降，拜歸義王，賜幢麾、曲蓋、鼓吹，居并州如故。步度根為比能所殺。

（一）魏書曰：鮮卑亦東胡之餘也，別保鮮卑山，因號焉。其言語習俗與烏丸同。其地東接遼水，西當西城。常以季春大會，作樂水上，嫁女娶婦，髡頭飲宴。其獸異於中國者，野馬、羱羊、端牛。端牛角為弓，世謂之角端者也。又有貂、豽、鼲子，皮毛柔蠕，故天下以為名裘。鮮卑自為冒頓所破，遠竄遼東塞外，不與餘國爭衡，未有名通於漢，而（由）自與烏丸相接。至光武時，南北單于相攻伐，匈奴損耗，而鮮卑遂盛。建武三十年，鮮卑大人於仇賁率種人詣闕朝貢，封於仇賁為王。永平中，祭肜為遼東太守，誘賂鮮卑，使斬叛烏丸欽志賁等首，於是鮮卑自敦煌、酒泉以東邑落大人，皆詣遼東受賞賜，青、徐二人州給錢，歲二億七千萬以為常。和帝時，鮮卑大都護校尉廆帥部衆從烏丸校尉任尚擊叛者，封校尉廆為率衆王。殤帝延平中，鮮卑乃東入塞，殺漁陽太守張顯。安帝時，鮮卑大人燕荔陽入朝，漢賜鮮卑王印綬，赤車參駕，止烏丸校尉所治甯下。通胡市，築南北兩部質宮，受邑落質者百二十部。是後或反或降，或與匈奴、烏丸相攻擊。安帝末，發緣邊步騎二萬餘人，屯列衝要。後鮮卑八九千騎穿代郡及馬城塞入害長吏，漢遣度遼將軍鄧遵、中郎將馬續出塞追破之。鮮卑大人烏倫、其至鞬等七千餘人詣遵降，封烏倫為王，其至鞬為侯，賜綵帛。遵去後，其至鞬復反，圍烏丸校尉於馬城，度遼將軍耿夔及幽州刺史救解之。其至鞬遂盛，控弦數万騎，數道入塞，趣五原（寧貊）（曼栢），攻匈奴南單于，殺左奧鞬日逐王。順帝時，復入塞，殺代郡太守。漢遣黎陽營兵屯中

山，緣邊郡兵屯塞下，調五營弩帥令教戰射，南單于將步騎萬餘人助漢擊卻之。後烏丸校尉耿曄將率衆王出塞擊鮮卑，多斬首虜，於是鮮卑三萬餘落，詣遼東降。匈奴及北單于遁逃後，餘種十餘萬落，詣遼東雜處，皆自號鮮卑兵。投鹿侯從匈奴軍三年，其妻在家，有子。投鹿侯歸，怪欲殺之。妻言：「嘗晝行聞雷震，仰天視而電入其口，因吞之，遂妊身，十月而產，此子必有奇異，且長之。」投鹿侯固不信。妻乃語家，令收養焉，號檀石槐，長大勇健，智略絕衆。年十四五，異部大人卜賁邑鈔取其外家牛羊，檀石槐策騎追擊，所向無前，悉還得所亡。由是部落畏服，施法禁，（平）曲直，莫敢犯者，遂推以為大人。檀石槐既立，乃為庭於高柳北三百餘裡彈汗山啜仇水上，東西部大人皆歸焉。兵馬甚盛，南鈔漢邊，北拒丁令，東卻夫餘，西擊烏孫，盡據匈奴故地，東西萬二千餘裡，南北七千餘裡，罔羅山川、水澤、鹽池甚廣。漢患之，桓帝時使匈奴中郎將張奐征之，不克。乃更遣使者齎印綬，即封檀石槐為王，欲與和親。檀石槐拒不肯受，寇鈔滋甚。乃分其地為中東西三部。從右北平以東至遼，（遼）（東）接夫餘、（濊）貊為東部，二十餘邑，其大人曰彌加、闕機、素利、槐頭。從右北平以西至上谷為中部，十餘邑，其大人曰柯最、闕居、慕容等，為大帥。從上谷以西至敦煌，西接烏孫為西部，二十餘邑，其大人曰置鞬落羅、日律推演、宴荔遊等，皆為大帥，而製屬檀石槐。至靈帝時，大鈔略幽、并二州。緣邊諸郡，無歲不被其毒。（嘉）（熹）平六年，遣護烏丸校尉夏育，破鮮卑中郎將田晏，匈奴中郎將臧旻與南單于出雁門塞，三道並進，徑二千餘裡微之。檀石槐帥部衆逆擊，旻等敗走，兵馬還者什一而已。鮮卑衆日多，田畜射獵，不足給食。後檀石槐乃案行烏侯秦水，廣袤數百里，淳不流，中有魚而不能得。聞汙人善捕魚，於是檀石槐東擊汙國，得千餘家，徙置烏侯秦水上，使捕魚以助糧。至於今，烏侯秦水上有汙人數百戶。檀石槐年四十五死，子和連代立。和連材力不及父，而貪婬，斷法不平，衆叛者半。靈帝末年數為寇鈔，攻北地，北地庶人善弩射者射中和連，和連即死。其子騫曼小，兄子魁頭代立。魁頭既立後，騫曼長大，與魁頭爭國，衆遂離散。魁頭死，弟步度根代立。自檀石槐死後，諸大人遂世相襲也。

軻比能本小種鮮卑，以勇健，斷法平端，不貪財物，衆推以為大人。部落近塞，自袁紹據河北，中國人多亡叛歸之，教作兵器鎧楯，頗學文字。故其勒禦部衆，擬則中國，出入弋獵，建立旌麾，以鼓節為進退。建安中，因閻柔上貢獻。太祖西征關中，田銀反河間，比能將三千餘騎隨柔擊破銀。後代郡烏丸反，比能複助為寇害，太祖以鄢陵侯彰為驍騎將軍，北征，大破之。比能走出塞，後復通貢獻。延康初，比能遣使獻馬，文帝亦立比能為附義王。黃初二年，比能出諸魏人在鮮卑者五百餘家，還居代郡。明年，比能帥部落大人小子代郡烏丸修武盧等三千餘騎，驅牛馬七萬餘口交市，遣魏人千餘家居上谷。後與東部鮮卑大人素利及步度根三部爭鬥，更相攻擊。田豫和合，使不得相侵。五年，比能複擊素利，豫帥輕騎徑進掎其後。比能使別小帥瑣奴拒豫，豫進討，破走之，由是懷貳。乃與輔國將軍鮮于輔書曰：「夷狄不識文字，故校尉閻柔保我於天子。我與素利為讎，往年攻擊之，而田校尉助素利。我臨陳使瑣奴往，聞使君來，即便引軍退。步度根數數鈔盜，我夷狄雖不知禮義，兄弟子孫受天子印綬，牛馬尚知美水草，況我有人心邪！將軍當保明我於天子。」輔得書以聞，帝複使豫招納安慰。比能衆遂強盛，控弦十餘萬騎。每鈔略得財物，均平分付，一決目前，終無所私，故得衆死力，餘部大人皆敬憚之，然猶未能及檀石槐也。

太和二年，豫遣譯夏舍詣比能女婿鬱築鞬部，舍為鞬所殺。其秋，豫將西部鮮卑蒲頭、洩歸泥出塞討鬱築鞬，大破之。還至馬城，比能自將三萬騎圍豫七日。上谷太守閻志，柔之弟也，素為鮮卑所信。志往解喻，即解圍去。後幽州刺史王雄並領校尉，撫以恩信。比能數款塞，詣州奉貢獻。至青龍元年，比能誘納步度根，使叛并州，與結和親，自勒萬騎迎其累重於陘北。并州刺史畢軌遣將軍蘇尚、董弼等擊之，比能遣子將騎與尚等會戰於樓煩，臨陳害尚、弼。至三年中，雄遣勇士韓龍刺殺比能，更立其弟。

素利、彌加、厥機皆為大人，在遼西、右北平、漁陽塞外，道遠初不為邊患，然其種衆多於比能。建安中，因閻柔上貢獻，通市，太祖皆表寵以為王。厥機死，又立其子沙末汗為親漢王。延康初，又各遣使獻馬。文帝

立<u>素利</u>、<u>彌加</u>為歸義王。<u>素利</u>與<u>比能</u>更相攻擊。<u>太和</u>二年，<u>素利</u>死。子小，以弟<u>成律歸</u>為王，代攝其衆。

書稱"東漸於海，西被於流沙"。其九服之製，可得而言也。然荒域之外，重譯而至，非足跡車軌所及，未有知其國俗殊方者也。自<u>虞</u>暨<u>周</u>，西戎有白環之獻，東夷有<u>肅慎</u>之貢，皆曠世而至，其邈遠也如此。及<u>漢</u>氏遣<u>張騫</u>使<u>西域</u>，窮河源，經歷諸國，遂置都護以總領之，然後<u>西域</u>之事具存，故史官得詳載焉。<u>魏</u>興，<u>西域</u>雖不能盡至，其大國<u>龜茲</u>、<u>於寘</u>、<u>康居</u>、<u>烏孫</u>、<u>疏勒</u>、<u>月氏</u>、<u>鄯善</u>、<u>車師</u>之屬，無歲不奉朝貢，略如<u>漢</u>氏故事。而<u>公孫淵</u>仍父祖三世有<u>遼東</u>，天子為其絕域，委以海外之事，遂隔斷東夷，不得通於諸夏。<u>景初</u>中，大興師旅，誅<u>淵</u>，又潛軍浮海，收<u>樂浪</u>、<u>帶方</u>之郡，而后海表謐然，東夷屈服。其後<u>高句麗</u>背叛，又遣偏師致討，窮追極遠，逾<u>烏丸</u>、<u>骨都</u>，過<u>沃沮</u>，踐<u>肅慎</u>之庭，東臨大海。長老説有異面之人，近日之所出，遂週觀諸國，採其法俗，小大區別，各有名號，可得詳紀。雖夷狄之邦，而俎豆之象存。中國失禮，求之四夷，猶信。故撰次其國，列其同異，以接前史之所未備焉。

<u>夫餘</u>在<u>長城</u>之北，去<u>玄菟</u>千里，南與<u>高句麗</u>，東與<u>挹婁</u>，西與<u>鮮卑</u>接，北有弱水，方可二千里。戶八萬，其民土著，有宮室、倉庫、牢獄。多山陵、廣澤，於東夷之域最平敞。土地宜五穀，不生五果。其人粗大，性強勇謹厚，不寇鈔。國有君王，皆以六畜名官，有馬加、牛加、豬加、狗加、大使、大使者、使者。邑落有豪民，名下戶皆為奴僕。諸加別主四出，道大者主數千家，小者數百家。食飲皆用俎豆，會同、拜爵、洗爵，揖讓升降。以殷正月祭天，國中大會，連日飲食歌舞，名曰迎鼓，於是時斷刑獄，解囚徒。在國衣尚白，白布大袂，袍、袴，履革鞜。出國則尚繒繡錦罽，大人加狐狸、狖白、黑貂之裘，以金銀飾帽。譯人傳辭，皆跪，手據地竊語。用刑嚴急，殺人者死，沒其家人為奴婢。竊盜一責十二。男女淫，婦人妒，皆殺之。尤憎妒，已殺，屍之國南山上，至腐爛。女家欲得，輸牛馬乃與之。兄死妻嫂，與<u>匈奴</u>同俗。其國善養牲，出名馬、赤

玉、貂狖、美珠。珠大者如酸棗。以弓矢刀矛為兵，家家自有鎧仗。國之耆老自説古之亡人。作城柵皆員，有似牢獄。行道晝夜無老幼皆歌，通日聲不絕。有軍事亦祭天，殺牛觀蹄以佔吉凶，蹄解者為凶，合者為吉。有敵，諸加自戰，下戶俱擔糧飲食之。其死，夏月皆用冰。殺人徇葬，多者百數。厚葬，有槨無棺。^(一)

（一）魏略曰：其俗停喪五月，以久為榮。其祭亡者，有生有熟。喪主不欲速而他人強之，常諍引以此為節。其居喪，男女皆純白，婦人著布面衣，去環珮，大體與中國相彷彿也。

　夫餘本屬玄菟。漢末，公孫度雄張海東，威服外夷，夫餘王尉仇台更屬遼東。時句麗、鮮卑強，度以夫餘在二虜之間，妻以宗女。尉仇台死，簡位居立。無適子，有孼子麻余。位居死，諸加共立麻余。牛加兄子名位居，為大使，輕財善施，國人附之，歲歲遣使詣京都貢獻。正始中，幽州刺史毌丘儉討句麗，遣玄菟太守王頎詣夫餘，位居遣大加郊迎，供軍糧。季父牛加有二心，位居殺季父父子，籍沒財物，遣使簿斂送官。舊夫餘俗，水旱不調，五穀不熟，輒歸咎於王，或言當易，或言當殺。麻余死，其子依慮年六歲，立以為王。漢時，夫餘王葬用玉匣，常豫以付玄菟郡，王死則迎取以葬。公孫淵伏誅，玄菟庫猶有玉匣一具。今夫餘庫有玉璧、珪、瓚數代之物，傳世以為寶，耆老言先代之所賜也。^(一)其印文言"濊王之印"，國有故城名濊城，蓋本濊貊之地，而夫餘王其中，自謂"亡人"，抑有（似）以也。^(二)

（一）魏略曰：其國殷富，自先世以來，未嘗破壞。
（二）魏略曰：舊志又言，昔北方有高離之國者，其王者侍婢有身，王欲殺之，婢雲："有氣如雞子來下，我故有身。"後生子，王捐之於溷中，豬以喙噓之，徙至馬閒，馬以氣噓之，不死。王疑以為天子也，乃令其母收畜之，名曰東明，常令牧馬。東明善射，王恐奪其國也，欲殺之。東明走，南至施掩水，以弓擊水，魚鱉浮為橋，東明得度，魚鱉乃解散，追兵不得

渡。東明因都王夫餘之地。

　　高句麗在遼東之東千里，南與朝鮮、濊貊，東與沃沮，北與夫餘接。都於丸都之下，方可二千里，戶三萬。多大山深谷，無原澤。隨山谷以為居，食澗水。無良田，雖力佃作，不足以實口腹。其俗節食，好治宮室，於所居之左右立大屋，祭鬼神，又祀靈星、社稷。其人性凶急，喜寇鈔。其國有王，其官有相加、對盧、沛者、古雛加、主簿、優台丞、使者、皂衣先人，尊卑各有等級。東夷舊語以為夫餘別種，言語諸事，多與夫餘同，其性氣衣服有異。本有五族，有涓奴部、絕奴部、順奴部、灌奴部、桂婁部。本涓奴部為王，稍微弱，今桂婁部代之。漢時賜鼓吹技人，常從玄菟郡受朝服衣幘，高句麗令主其名籍。後稍驕恣，不復詣郡，於東界築小城，置朝服衣幘其中，歲時來取之，今胡猶名此城為幘溝漊。溝漊者，句麗名城也。其置官，有對盧則不置沛者，有沛者則不置對盧。王之宗族，其大加皆稱古雛加。涓奴部本國主，今雖不為王，適統大人，得稱古雛加，亦得立宗廟，祠靈星、社稷。絕奴部世與王婚，加古雛之號。諸大加亦自置使者、皂衣先人，名皆達於王，如卿大夫之家臣，會同坐起，不得與王家使者、皂衣先人同列。其國中大家不佃作，坐食者萬餘口，下戶遠擔米糧魚鹽供給之。其民喜歌舞，國中邑落，暮夜男女群聚，相就歌戲。無大倉庫，家家自有小倉，名之為桴京。其人絜清自喜，喜藏釀。跪拜申一腳，與夫餘異，行步皆走。以十月祭天，國中大會，名曰東盟。其公會，衣服皆錦繡金銀以自飾。大加主簿頭著幘，如幘而無餘，其小加著折風，形如弁。其國東有大穴，名隧穴，十月國中大會，迎隧神還於國東上祭之，置木隧於神坐。無牢獄，有罪諸加評議，便殺之，沒入妻子為奴婢。其俗作婚姻，言語已定，女家作小屋於大屋後，名婿屋，婿暮至女家戶外，自名跪拜，乞得就女宿，如是者再三，女父母乃聽使就小屋中宿，傍頓錢帛，至生子已長大，乃將婦歸家。其俗淫。男女已嫁娶，便稍作送終之衣。厚葬，金銀財幣，盡於送死，積石為封，列種鬆柏。其馬皆小，便登山。國人有氣力，習戰鬥，沃沮、東濊皆屬焉。又有小水貊。句麗作國，依大水而居，西安平縣北有小水，南流入海，句麗別種依小水作國，

因名之為小水貊，出好弓，所謂貊弓是也。

王莽初發高句麗兵以伐胡，不欲行，強迫遣之，皆亡出塞為寇盜。遼西大尹田譚追擊之，為所殺。州郡縣咎於句麗侯騊，嚴尤奏言：「貊人犯法，罪不起於騊，且宜安慰。今猥被之大罪，恐其遂反。」莽不聽，詔尤擊之。尤誘期句麗侯騊至而斬之，傳送其首詣長安。莽大悅，佈告天下，更名高句麗為下句麗。當此時為侯國，漢光武帝八年，高句麗王遣使朝貢，始見稱王。

至殤、安之間，句麗王宮數寇遼東，更屬玄菟。遼東太守蔡風、玄菟太守姚光以宮為二郡害，興師伐之。宮詐降請和，二郡不進。宮密遣軍攻玄菟，焚燒候城，入遼隧，殺吏民。后宮復犯遼東，蔡風輕將吏士追討之，軍敗沒。

宮死，子伯固立。順、桓之間，復犯遼東，寇新安、居鄉，又攻西安平，於道上殺帶方令，略得樂浪太守妻子。靈帝建寧二年，玄菟太守耿臨討之，斬首虜數百級，伯固降，屬遼東。（嘉）（熹）平中，伯固乞屬玄菟。公孫度之雄海東也，伯固遣大加優居、主簿然人等助度擊富山賊，破之。

伯固死，有二子，長子拔奇，小子伊夷模。拔奇不肖，國人便共立伊夷模為王。自伯固時，數寇遼東，又受亡胡五百餘家。建安中，公孫康出軍擊之，破其國，焚燒邑落。拔奇怨為兄而不得立，與涓奴加各將下戶三萬餘口詣康降，還住沸流水。降胡亦叛伊夷模，伊夷模更作新國，今日所在是也。拔奇遂往遼東，有子留句麗國，今古雛加駮位居是也。其後復擊玄菟，玄菟與遼東合擊，大破之。

伊夷模無子，淫灌奴部，生子名位宮。伊夷模死，立以為王，今句麗王宮是也。其曾祖名宮，生能開目視，其國人惡之，及長大，果兇虐，數寇鈔，國見殘破。今王生墮地，亦能開目視人。句麗呼相似為位，似其祖，故名之為位宮。位宮有力勇，便鞍馬，善獵射。景初二年，太尉司馬宣王率眾討公孫淵，宮遣主簿大加將數千人助軍。正始三年，宮寇西安平，其五年，為幽州刺史毌丘儉所破。語在儉傳。

東沃沮在高句麗蓋馬大山之東，濱大海而居。其地形東北狹，西南長，可千里，北與挹婁、夫餘，南與濊貊接。戶五千，無大君王，世世邑落，

各有長帥。其言語與句麗大同，時時小異。漢初，燕亡人衛滿王朝鮮，時沃沮皆屬焉。漢武帝元封二年，伐朝鮮，殺滿孫右渠，分其地為四郡，以沃沮城為玄菟郡。後為夷貊所侵，徙郡句麗西北，今所謂玄菟故府是也。沃沮還屬樂浪。漢以土地廣遠，在單單大領之東，分置東部都尉，治不耐城，別主領東七縣，時沃沮亦皆為縣。漢（光）（建）武六年，省邊郡，都尉由此罷。其後皆以其縣中渠帥為縣侯，不耐、華麗、沃沮諸縣皆為侯國。夷狄更相攻伐，唯不耐濊侯至今猶置功曹、主簿諸曹，皆濊民作之。沃沮諸邑落渠帥，皆自稱三老，則故縣國之製也。國小，迫於大國之間，遂臣屬句麗。句麗復置其中大人為使者，使相主領，又使大加統責其租稅，貊布、魚、鹽、海中食物，千里擔負致之，又送其美女以為婢妾，遇之如奴僕。

其土地肥美，背山嚮海，宜五穀，善田種。人性質直強勇，少牛馬，便持矛步戰。食飲居處，衣服禮節，有似句麗。[一] 其葬作大木槨，長十餘丈，開一頭作戶。新死者皆假埋之，才使覆形，皮肉盡，乃取骨置槨中。舉家皆共一槨，刻木如生形，隨死者為數。又有瓦鑑，置米其中，編縣之於槨戶邊。

（一）魏略曰：其嫁娶之法，女年十歲，已相設許。婿家迎之，長養以為婦。至成人，更還女家。女家責錢，錢畢，乃復還婿。

毌丘儉討句麗，句麗王宮奔沃沮，遂進師擊之。沃沮邑落皆破之，斬獲首虜三千餘級，宮奔北沃沮。北沃沮一名置溝婁，去南沃沮八百餘裡，其俗南北皆同，與挹婁接。挹婁喜乘船寇鈔，北沃沮畏之，夏月恆在山岩深穴中為守備，冬月冰凍，船道不通，乃下居村落。王頎別遣追討宮，盡其東界。問其耆老"海東復有人不"？耆老言國人嘗乘船捕魚，遭風見吹數十日，東得一島，上有人，言語不相曉，其俗常以七月取童女沈海。又言有一國亦在海中，純女無男。又說得一布衣，從海中浮出，其身如中（國）人衣，其兩袖長三丈。又得一破船，隨波出在海岸邊，有一人項中復有面，生得之，與語不相通，不食而死。其域皆在沃沮東大海中。

挹婁在夫餘東北千餘裡，濱大海，南與北沃沮接，未知其北所極。其土地多山險。其人形似夫餘，言語不與夫餘、句麗同。有五穀、牛、馬、麻布。人多勇力。無大君長，邑落各有大人。處山林之間，常穴居，大家深九梯，以多為好。土氣寒，劇於夫餘。其俗好養豬，食其肉，衣其皮。冬以豬膏塗身，厚數分，以御風寒。夏則裸袒，以尺布隱其前後，以蔽形體。其人不絜，作溷在中央，人圍其表居。其弓長四尺，力如弩，矢用楛，長尺八寸，青石為鏃，古之肅慎氏之國也。善射，射人皆入（因）（目）。矢施毒，人中皆死。出赤玉、好貂，今所謂挹婁貂是也。自漢已來，臣屬夫餘，夫餘責其租賦重，以黃初中叛之。夫餘數伐之，其人衆雖少，所在山險，鄰國人畏其弓矢，卒不能服也。其國便乘船寇盜，鄰國患之。東夷飲食類皆用俎豆，唯挹婁不，法俗最無綱紀也。

濊南與辰韓，北與高句麗、沃沮接，東窮大海，今朝鮮之東皆其地也。戶二萬。昔箕子既適朝鮮，作八條之教以教之，無門戶之閉而民不為盜。其後四十餘世，朝鮮侯（淮）（準）僭號稱王。陳勝等起，天下叛秦，燕、齊、趙民避地朝鮮數万口。燕人衛滿，魋結夷服，復來王之。漢武帝伐滅朝鮮，分其地為四郡。自是之後，胡、漢稍別。無大君長，自漢已來，其官有侯邑君、三老，統主下戶。其耆老舊自謂與句麗同種。其人性願愨，少嗜欲，有廉恥，不請（句麗）（句）。言語法俗大抵與句麗同，衣服有異。男女衣皆著曲領，男子擊銀花廣數寸以為飾。自單單大山領以西屬樂浪，自領以東七縣，都尉主之，皆以濊為民。後省都尉，封其渠帥為侯，今不耐濊皆其種也。漢末更屬句麗。其俗重山川，山川各有部分，不得妄相涉入。同姓不婚。多忌諱，疾病死亡輒損棄舊宅，更作新居。有麻布，蠶桑作綿。曉候星宿，豫知年歲豐約。不以珠玉為寶。常用十月節祭天，晝夜飲酒歌舞，名之為舞天，又祭虎以為神。其邑落相侵犯，輒相罰責生口牛馬，名之為責禍。殺人者償死。少寇盜。作矛長三丈，或數人共持之，能步戰。樂浪檀弓出其地。其海出班魚皮，土地饒文豹，又出果下馬，漢桓時獻之。（一）

（一）臣松之按：果下馬高三尺，乘之可於果樹下行，故謂之果下。見博物誌、魏都賦。

正始六年，樂浪太守劉茂、帶方太守弓遵以領東濊屬句麗，興師伐之，不耐侯等舉邑降。其八年，詣闕朝貢，詔更拜不耐濊王。居處雜在民間，四時詣郡朝謁。二郡有軍徵賦調，供給役使，遇之如民。

韓在帶方之南，東西以海為限，南與倭接，方可四千里。有三種，一曰馬韓，二曰辰韓，三曰弁韓。辰韓者，古之辰國也。馬韓在西。其民土著，種植，知蠶桑，作綿布。各有長帥，大者自名為臣智，其次為邑借，散在山海間，無城郭。有爰襄國、牟水國、桑外國、小石索國、大石索國、優休牟涿國、臣濆沽國、伯濟國、速盧不斯國、日華國、古誕者國、古離國、怒藍國、月支國、諮離牟盧國、素謂乾國、古爰國、莫盧國、卑離國、占離卑國、臣釁國、支侵國、狗盧國、卑彌國、監奚卑離國、古蒲國、致利鞠國、冉路國、兒林國、駟盧國、內卑離國、感奚國、萬盧國、闢卑離國、臼斯烏旦國、一離國、不彌國、支半國、狗素國、捷盧國、牟盧卑離國、臣蘇塗國、莫盧國、古臘國、臨素半國、臣雲新國、如來卑離國、楚山塗卑離國、一難國、狗奚國、不云國、不斯濆邪國、爰池國、乾馬國、楚離國，凡五十餘國。大國萬餘家，小國數千家，總十餘萬戶。辰王治月支國。臣智或加優呼臣雲遣支報安邪踧支濆臣離兒不例拘邪秦支廉之號。其官有魏率善、邑君、歸義侯、中郎將、都尉、伯長。

侯準既僭號稱王，為燕亡人衛滿所攻奪，（一）將其左右宮人走入海，居韓地，自號韓王。（二）其後絕滅，今韓人猶有奉其祭祀者。雲時屬樂浪郡，四時朝謁。（三）

（一）魏略曰：昔箕子之後朝鮮侯，見周衰，燕自尊為王，欲東略地，朝鮮侯亦自稱為王，欲興兵逆擊燕以尊周室。其大夫禮諫之，乃止。使禮西說燕，燕止之，不攻。後子孫稍驕虐，燕乃遣將秦開攻其西方，取地二千餘裡，至滿番汗為界，朝鮮遂弱。及秦並天下，使蒙恬築長城，到遼東。

時朝鮮王否立，畏秦襲之，略服屬秦，不肯朝會。否死，其子準立。二十餘年而陳、項起，天下亂，燕、齊、趙民愁苦，稍稍亡往準，準乃置之於西方。及漢以盧綰為燕王，朝鮮與燕界於浿水。及綰反，入匈奴，燕人衛滿亡命，為胡服，東度浿水，詣準降，說準求居西界，（故）（收）中國亡命為朝鮮藩屏。準信寵之，拜為博士，賜以圭，封之百里，令守西邊。滿誘亡黨，衆稍多，乃詐遣人告準，言漢兵十道至，求入宿衛，遂還攻準。準與滿戰，不敵也。

（二）魏略曰：其子及親留在國者，因冒姓韓氏。準王海中，不與朝鮮相往來。

（三）魏略曰：初，右渠未破時，朝鮮相歷谿卿以諫右渠不用，東之辰國，時民隨出居者二千餘戶，亦與朝鮮貢蕃不相往來。至王莽地皇時，廉斯鑡為辰韓右渠帥，聞樂浪土地美，人民饒樂，亡欲來降。出其邑落，見田中驅雀男子一人，其語非韓人。問之，男子曰：「我等漢人，名戶來，我等輩千五百人伐材木，為韓所擊得，皆斷髮為奴，積三年矣。」鑡曰：「我當降漢樂浪，汝欲去不？」戶來曰：「可。」（辰）鑡因將戶來（來）出詣含資縣，縣言郡，郡即以鑡為譯，從芩中乘大船入辰韓，逆取戶來。降伴輩尚得千人，其五百人已死。鑡時曉謂辰韓：「汝還五百人。若不者，樂浪當遣萬兵乘船來擊汝。」辰韓曰：「五百人已死，我當出贖直耳。」乃出辰韓萬五千人，弁韓布萬五千匹，鑡收取直還。郡表鑡功義，賜冠幘、田宅，子孫數世，至安帝延光四年時，故受復餘。

桓、靈之末，韓濊強盛，郡縣不能制，民多流入韓國。建安中，公孫康分屯有縣以南荒地為帶方郡，遣公孫模、張敞等收集遺民，興兵伐韓濊，舊民稍出，是後倭韓遂屬帶方。景初中，明帝密遣帶方太守劉昕、樂浪太守鮮于嗣越海定二郡，諸韓國臣智加賜邑君印綬，其次與邑長。其俗好衣幘，下戶詣郡朝謁，皆假衣幘，自服印綬衣幘千有餘人。部從事吳林以樂浪本統韓國，分割辰韓八國以與樂浪，吏譯轉有異同，臣智激韓忿，攻帶方郡崎離營。時太守弓遵、樂浪太守劉茂興兵伐之，遵戰死，二郡遂滅

韓。

　其俗少綱紀，國邑雖有主帥，邑落雜居，不能善相制御。無跪拜之禮。居處作草屋土室，形如塚，其戶在上，舉家共在中，無長幼男女之別。其葬有槨無棺，不知乘牛馬，牛馬盡於送死。以瓔珠為財寶，或以綴衣為飾，或以縣頸垂耳，不以金銀錦繡為珍。其人性強勇，魁頭露紒，如炅兵，衣布袍，足履革蹻蹋。其國中有所為及官家使築城郭，諸年少勇健者，皆鑿脊皮，以大繩貫之，又以丈許木鍤之，通日嚾呼作力，不以為痛，既以勸作，且以為健。常以五月下種訖，祭鬼神，群聚歌舞，飲酒晝夜無休。其舞，數十人俱起相隨，踏地低昂，手足相應，節奏有似鐸舞。十月農功畢，亦復如之。信鬼神，國邑各立一人主祭天神，名之天君。又諸國各有別邑。名之為蘇塗。立大木，縣鈴鼓，事鬼神。諸亡逃至其中，皆不還之，好作賊。其立蘇塗之義，有似浮屠，而所行善惡有異。其北方近郡諸國差曉禮俗，其遠處直如囚徒奴婢相聚。無他珍寶。禽獸草木略與中國同。出大栗，大如梨。又出細尾雞，其尾皆長五尺餘。其男子時時有文身。又有<u>州胡</u>在<u>馬韓</u>之西海中大島上，其人差短小，言語不與韓同，皆髡頭如<u>鮮卑</u>，但衣韋，好養牛及豬。其衣有上無下，略如裸勢。乘船往來，市買<u>韓</u>中。

　<u>辰韓</u>在<u>馬韓</u>之東，其耆老傳世，自言古之亡人避<u>秦</u>役來適韓國，<u>馬韓</u>割其東界地與之。有城柵。其言語不與<u>馬韓</u>同，名國為邦，弓為弧，賊為寇，行酒為行觴。相呼皆為徒，有似<u>秦</u>人，非但<u>燕</u>、<u>齊</u>之名物也。名<u>樂浪</u>人為阿殘；東方人名我為阿，謂<u>樂浪</u>人本其殘餘人。今有名之為<u>秦韓</u>者。始有六國，稍分為十二國。

　<u>弁辰</u>亦十二國，又有諸小別邑，各有渠帥，大者名臣智，其次有險側，次有樊濊，次有殺奚，次有邑借。有<u>已柢國</u>、<u>不斯國</u>、<u>弁辰彌離彌凍國</u>、<u>弁辰接塗國</u>、<u>勤耆國</u>、<u>難彌離彌凍國</u>、<u>弁辰古資彌凍國</u>、<u>弁辰古淳是國</u>、<u>冉奚國</u>、<u>弁辰半路國</u>、<u>弁辰樂奴國</u>、<u>軍彌國</u>（弁軍彌國）、<u>弁辰彌烏邪馬國</u>、<u>如湛國</u>、<u>弁辰甘路國</u>、<u>戶路國</u>、<u>州鮮國</u>（馬延國）、<u>弁辰狗邪國</u>、<u>弁辰走漕馬國</u>、<u>弁辰安邪國</u>（馬延國）、<u>弁辰瀆盧國</u>、<u>斯盧國</u>、<u>優由國</u>。<u>弁</u>、<u>辰韓</u>合二十四國，大國四五千家，小國六七百家，總四五萬戶。其

十二國屬辰王。辰王常用馬韓人作之，世世相繼。辰王不得自立為王。
^(一)土地肥美，宜種五穀及稻，曉蠶桑，作縑布，乘駕牛馬。嫁娶禮俗，
男女有別。以大鳥羽送死，其意欲使死者飛揚。^(二)國出鐵，韓、濊、倭
皆從取之。諸市買皆用鐵，如中國用錢，又以供給二郡。俗喜歌舞飲酒。
有瑟，其形似築，彈之亦有音曲。兒生，便以石厭其頭，欲其褊。今辰韓
人皆褊頭。男女近倭，亦文身。便步戰，兵仗與馬韓同。其俗，行者相
逢，皆住讓路。

（一）魏略曰：明其為流移之人，故為馬韓所制。
（二）魏略曰：其國作屋，橫累木為之，有似牢獄也。

弁辰與辰韓雜居，亦有城郭。衣服居處與辰韓同。言語法俗相似，祠祭
鬼神有異，施灶皆在戶西。其瀆盧國與倭接界。十二國亦有王，其人形皆
大。衣服絜清，長髮。亦作廣幅細布。法俗特嚴峻。

倭人在帶方東南大海之中，依山島為國邑。舊百餘國，漢時有朝見者，
今使譯所通三十國。從郡至倭，循海岸水行，歷韓國，乍南乍東，到其北
岸狗邪韓國，七千餘裡，始度一海，千餘里至對馬國。其大官曰卑狗，副
曰卑奴母離。所居絕島，方可四百餘裡，土地山險，多深林，道路如禽鹿徑。
有千餘戶，無良田，食海物自活，乘船南北市糴。又南渡一海千餘裡，名
曰瀚海，至一大國，官亦曰卑狗，副曰卑奴母離。方可三百里，多竹木叢
林，有三千許家，差有田地，耕田猶不足食，亦南北市糴。又渡一海，千
餘里至末盧國，有四千餘戶，濱山海居，草木茂盛，行不見前人。好捕魚
鰒，水無深淺，皆沈沒取之。東南陸行五百里，到伊都國，官曰爾支，副
曰洩謨觚、柄渠觚。有千餘戶，世有王，皆統屬女王國，郡使往來常所駐。
東南至奴國百里，官曰兕馬觚，副曰卑奴母離，有二萬餘戶。東行至不彌
國百里，官曰多模，副曰卑奴母離，有千餘家。南至投馬國，水行二十日，
官曰彌彌，副曰彌彌那利，可五萬餘戶。南至邪馬壹國，女王之所都，水
行十日，陸行一月。官有伊支馬，次曰彌馬升，次曰彌馬獲支，次曰奴佳鞮，

可七萬餘戶。自女王國以北，其戶數道裡可得略載，其餘旁國遠絕，不可得詳。次有斯馬國，次有巳百支國，次有伊邪國，次有都支國，次有彌奴國，次有好古都國，次有不呼國，次有姐奴國，次有對蘇國，次有蘇奴國，次有呼邑國，次有華奴蘇奴國，次有鬼國，次有為吾國，次有鬼奴國，次有邪馬國，次有躬臣國，次有巴利國，次有支惟國，次有烏奴國，次有奴國，此女王境界所盡。其南有狗奴國，男子為王，其官有狗古智卑狗，不屬女王。自郡至女王國萬二千餘裡。

　男子無大小皆黥面文身。自古以來，其使詣中國，皆自稱大夫。夏后少康之子封於會稽，斷發文身以避蛟龍之害。今倭水人好沈沒捕魚蛤，文身亦以厭大魚水禽，後稍以為飾。諸國文身各異，或左或右，或大或小，尊卑有差。計其道裡，當在會稽、東冶之東。其風俗不淫，男子皆露紒，以木綿招頭。其衣橫幅，但結束相連，略無縫。婦人被發屈紒，作衣如單被，穿其中央，貫頭衣之。種禾稻、紵麻，蠶桑、緝績，出細紵、縑綿。其地無牛馬虎豹羊鵲。兵用矛、楯、木弓。木弓短下長上，竹箭或鐵鏃或骨鏃，所有無與儋耳、朱崖同。倭地溫暖，冬夏食生菜，皆徒跣。有屋室，父母兄弟臥息異處，以朱丹塗其身體，如中國用粉也。食飲用籩豆，手食。其死，有棺無槨，封土作塚。始死停喪十餘日，當時不食肉，喪主哭泣，他人就歌舞飲酒。已葬，舉家詣水中澡浴，以如練沐。其行來渡海詣中國，恆使一人，不梳頭，不去蟣蝨，衣服垢污，不食肉，不近婦人，如喪人，名之為持衰。若行者吉善，共顧其生口財物；若有疾病，遭暴害，便欲殺之，謂其持衰不謹。出真珠、青玉。其山有丹，其木有柟、杼、豫樟、楺櫪、投橿、烏號、楓香，其竹筱簳、桃支。有姜、橘、椒、蘘荷，不知以為滋味。有狝猴、黑雉。其俗舉事行來，有所云為，輒灼骨而卜，以佔吉凶，先告所卜，其辭如令龜法，視火坼佔兆。其會同坐起，父子男女無別，人性嗜酒。(一)見大人所敬，但搏手以當跪拜。其人壽考，或百年，或八九十年。其俗，國大人皆四五婦，下戶或二三婦。婦人不淫，不妒忌。不盜竊，少諍訟。其犯法，輕者沒其妻子，重者滅其門戶。及宗族尊卑，各有差序，足相臣服。收租賦。有邸閣國，國有市，交易有無，使大倭監之。自女王國以北，特置一大率，檢察諸國，諸國畏憚之。常治伊都國，於國中有如

刺史。王遣使詣京都、帶方郡、諸韓國，及郡使倭國，皆臨津搜露，傳送文書賜遺之物詣女王，不得差錯。下戶與大人相逢道路，逡巡入草。傳辭說事，或蹲或跪，兩手據地，為之恭敬。對應聲曰噫，比如然諾。

（一）魏略曰：其俗不知正歲四節，但計春耕秋收為年紀。

其國本亦以男子為王，住七八十年，倭國亂，相攻伐歷年，乃共立一女子為王，名曰卑彌呼，事鬼道，能惑衆，年已長大，無夫婿，有男弟佐治國。自為王以來，少有見者。以婢千人自侍，唯有男子一人給飲食，傳辭出入。居處宮室樓觀，城柵嚴設，常有人持兵守衛。

女王國東渡海千餘裡，復有國，皆倭種。又有侏儒國在其南，人長三四尺，去女王四千餘裡。又有裸國、黑齒國復在其東南，船行一年可至。參問倭地，絕在海中洲島之上，或絕或連，周旋可五千餘裡。

景初二年六月，倭女王遣大夫難升米等詣郡，求詣天子朝獻，太守劉夏遣吏將送詣京都。其年十二月，詔書報倭女王曰："制詔親魏倭王卑彌呼：帶方太守劉夏遣使送汝大夫難升米、次使都市牛利奉汝所獻男生口四人，女生口六人，班布二匹二丈，以到。汝所在逾遠，乃遣使貢獻，是汝之忠孝，我甚哀汝。今以汝為親魏倭王，假金印紫綬，裝封付帶方太守假授汝。其綏撫種人，勉為孝順。汝來使難升米、牛利涉遠，道路勤勞，今以難升米為率善中郎將，牛利為率善校尉，假銀印青綬，引見勞賜遣還。今以絳地交龍錦五匹、[一]絳地縐粟罽十張、蒨絳五十匹、紺青五十匹，答汝所獻貢直。又特賜汝紺地句文錦三匹、細班華罽五張、白絹五十匹、金八兩、五尺刀二口、銅鏡百枚、真珠、鉛丹各五十斤，皆裝封付難升米、牛利還到錄受。悉可以示汝國中人，使知國家哀汝，故鄭重賜汝好物也。"

（一）臣松之以為地應為綈，漢文帝著皂衣謂之弋綈是也。此字不體，非魏朝之失，則傳寫者誤也。

93

正治元年，太守弓遵遣建忠校尉梯俊等奉詔書印綬詣倭國，拜假倭王，並齎詔賜金、帛、錦罽、刀、鏡、採物，倭王因使上表答謝恩詔。其四年，倭王復遣使大夫伊聲耆、掖邪狗等八人，上獻生口、倭錦、絳青縑、綿衣、帛布、丹木、狃、短弓矢。掖邪狗等壹拜率善中郎將印綬。其六年，詔賜倭難升米黃幢，付郡假授。其八年，太守王頎到官。倭女王卑彌呼與狗奴國男王卑彌弓呼素不和，遣倭載斯、烏越等詣郡説相攻擊狀。遣塞曹掾史張政等因齎詔書、黃幢、假難升米為檄告喩之。卑彌呼以死，大作塚，徑百餘步，徇葬者奴婢百餘人。更立男王，國中不服，更相誅殺，當時殺千餘人。復立卑彌呼宗女壹與，年十三為王，國中遂定。政等以檄告喩壹與，壹與遣倭大夫率善中郎將掖邪狗等二十人送政等還，因詣臺，獻上男女生口三十人，貢白珠五千，孔青大句珠二枚，異文雜錦二十匹。

評曰：史、漢著朝鮮、兩越，東京撰錄西羌。魏世匈奴遂衰，更有烏丸、鮮卑，爰及東夷，使譯時通，記述隨事，豈常也哉！[一]

（一）魏略西戎傳曰：氐人有王，所從來久矣。自漢開益州，置武都郡，排其種人，分竄山谷間，或在福祿，或在汧、隴左右。其種非一，稱槃瓠之後，或號青氐，或號白氐，或號蚺氐，此蓋蟲之類而處中國，人即其服色而名之也。其自相號曰盍稚，各有王侯，多受中國封拜。近去建安中，興國氐王阿貴、白項氐王千萬各有部落萬餘，至十六年，從馬超為亂。超破之後，阿貴為夏侯淵所攻滅，千萬西南入蜀，其部落不能去，皆降。國家分徙其前後兩端者，置扶風、美陽，今之安夷、撫夷二部護軍所典是也。其（太）〔本〕守善，分留天水、南安界，今之（廣平魏郡）〔廣魏郡〕所守是也。其俗，語不與中國同，及羌雜胡同，各自有姓，姓如中國之姓矣。其衣服尚青絳。俗能織布，善田種，畜養豕牛馬驢騾。其婦人嫁時著衽露，其緣飾之製有似羌，衽露有似中國袍。皆編髮。多知中國語，由與中國錯居故也。其自還種落間，則自氐語。其嫁娶有似於羌，此蓋乃昔所謂西戎在於街、冀、豲道者也。今雖都統於郡國，然故自有王侯在其虛落間。又故武

94

都地陰平街左右，亦有萬餘落。貲虜，本匈奴也，匈奴名奴婢為貲。始建武時，匈奴衰，分去其奴婢，亡匿在金城、武威、酒泉北黑水、西河東西，畜牧逐水草，鈔盜涼州，部落稍多，有數万，不與東部鮮卑同也。其種非一，有大胡，有丁令，或頗有羌雜處，由本亡奴婢故也。當漢、魏之際，其大人有檀柘，死後，其枝大人南近在廣魏、令居界，有禿瑰來數反，為涼州所殺。今有劭提，或降來，或遁去，常為西州道路患也。

敦煌西域之南山中，從婼羌西至蔥領數千里，有月氏餘種蔥芷羌、白馬、黃牛羌，各有酋豪，北與諸國接，不知其道裡廣狹。傳聞黃牛羌各有種類，孕身六月生，南與白馬羌鄰。西域諸國，漢初開其道，時有三十六，後分為五十餘。從建武以來，更相吞滅，於今有二十道。從敦煌玉門關入西域，前有二道，今有三道。從玉門關西出，經婼羌轉西，越蔥領，經縣度，入大月氏，為南道。從玉門關西出，發都護井，回三隴沙北頭，經居盧倉，從沙西井轉西北，過龍堆，到故樓蘭，轉西詣龜茲，至蔥領，為中道。從玉門關西北出，經橫坑，闢三隴沙及龍堆，出五船北，到車師界戊己校尉所治高昌，轉西與中道合龜茲，為新道。凡西域所出，有前史已具詳，今故略設。南道西行、且志國、小宛國、精絕國、樓蘭國皆并屬鄯善也。戎盧國、扞彌國、渠勒國、（穴山國）（皮山國）皆并屬千寘。罽賓國、大夏國、高附國、天竺國皆並屬大月氏。

臨兒國，浮屠經云其國王生浮屠。浮屠，太子也。父曰屑頭邪，母雲莫邪。浮屠身服色黃，髮青如青絲，乳青毛，蛉赤如銅。始莫邪夢白象而孕，及生，從母左肋出，生而有結，墮地能行七步。此國在天竺城中。天竺又有神人，名沙律。昔漢哀帝元壽元年，博士弟子景盧受大月氏王使伊存口受浮屠經曰復立者其人也。浮屠所載臨蒲塞、桑門、伯聞、疏問、白疏間、比丘、晨門，皆弟子號也。浮屠所載與中國老子經相出入，蓋以為老子西出關，過西域之天竺、教胡。浮屠屬弟子別號，合有二十九，不能詳載，故略之如此。車離國一名禮惟特，一名沛隸王，在天竺東南三千餘裡，其地卑濕暑熱。其王治沙奇城，有別城數十，人民怯弱，月氏、天竺擊服之。其地東西南北數千里，人民男女皆長一丈八尺，乘象、橐駝以戰，今月氏役稅之。

盤越國一名漢越王，在天竺東南數千里，與益部相近，其人小與中國人等，蜀人賈似至焉。南道而西極轉東南盡矣。

中道西行尉梨國、危須國、山王國皆並屬焉耆，姑墨國、溫宿國、尉頭國皆并屬龜茲也。楨中國、莎車國、竭石國、渠沙國、西夜國、依耐國、滿犁國、億若國、榆令國、捐毒國、休脩國、琴國皆并屬疏勒。自是以西，大宛、安息、條支、烏弋。烏弋一名排特，此四國次在西，本國也，無增損。前世謬以為條支在大秦西，今其實在東。前世又謬以為強於安息，今更役屬之，號為安息西界。前世又謬以為弱水在條支西，今弱水在大秦西。前世又謬以為從條支西行二百餘日，近日所入，今從大秦西近日所入。

大秦國一號犁靬，在安息、條支西大海之西，從安息界安谷城乘船，直截海西，遇風利二月到，風遲或一歲，無風或三歲。其國在海西，故俗謂之海西。有河出其國，西又有大海。海西有遲散城，從國下直北至烏丹城，西南又渡一河，乘船一日乃過。西南又渡一河，一日乃過。凡有大都三，卻從安谷城陸道直北行之海北，復直西行之海西，復直南行經之烏遲散城，渡一河，乘船一日乃過。週迴繞海，凡當渡大海六日乃到其國。國有小城邑合四百餘，東西南北數千里。其王治濱側河海，以石為城郭。其土地有鬆、柏、槐、梓、竹、葦、楊柳、梧桐、百草。民俗，田種五穀，畜乘有馬、騾、驢、駱駝。桑蠶。俗多奇幻，口中出火，自縛自解，跳十二丸巧妙。其國無常主，國中有災異，輒更立賢人以為王，而生放其故王，王亦不敢怨。其俗人長大平正，似中國人而胡服。自云本中國一別也，常欲通使於中國，而安息圖其利，不能得過。其俗能胡書。其製度，公私宮室為重屋，旌旗擊鼓，白蓋小車，郵驛亭置如中國。從安息繞海北到其國，人民相屬，十里一亭，三十里一置，終無盜賊。但有猛虎、獅子為害，行道不群則不得過。其國置小王數十，其王所治城周回百餘裡，有官曹文書。王有五宮，一宮間相去十里，其王平旦之一宮聽事，至日暮一宿，明日復至一宮，五日一周。置三十六將，每議事，一將不至則不議也。王出行，常使從人持一韋囊自隨，有白言者，受其辭投囊中，還宮乃省為決理。以水晶作宮柱及器物。作弓矢。其別枝封小國，曰澤散王，曰驢分王，曰且蘭王，曰賢督王，曰汜復王，曰千羅王，其餘小王國甚多，

不能一一詳之也。國出細絺。作金銀錢，金錢一當銀錢十。有織成細布，言用水羊毳，名曰海西布。此國六畜皆出水，或云非獨用羊毛也，亦用木皮或野繭絲作，織成氍毹、毾㲪、罽帳之屬皆好，其色又鮮于海東諸國所作也。又常利得中國絲，解以為胡綾，故數與安息諸國交市於海中。海水苦不可食，故往來者希到其國中。山出九色次玉石，一曰青，二曰赤，三曰黃，四曰白，五曰黑，六曰綠，七曰紫，八曰紅，九曰紺。今伊吾山中有九色石，即其類。陽嘉三年時，疏勒王臣槃獻海西青石、金帶各一。又今西域舊圖云罽賓、條支諸國出琦石，即次玉石也。大秦多金、銀、銅、鐵、鉛、錫、神龜、白馬、朱髦、駭雞犀、玳瑁、玄熊、赤螭、闢毒鼠、大貝、車渠、瑪瑙、南金、翠爵、羽翮、象牙、符采玉、明月珠、夜光珠、真白珠、虎珀、珊瑚、赤白黑綠黃青紺縹紅紫十種流離、璆琳、琅玕、水精、玫瑰、雄黃、雌黃、碧、五色玉、黃黑綠紫紅絳紺金黃縹留黃十種氍毹、五色毾㲪、五色九色首下毾㲪、金縷繡、雜色綾、金塗佈、緋持布、發陸布、緋持渠布、火浣布、阿羅得布、巴則布、度代布、溫宿布、五色桃布、絳地金織帳、五色斗帳、一微木、二蘇合、狄提、迷迷、兜納、白附子、薰陸、鬱金、芸膠、薰草木十二種香。大秦道既從海北陸通，又循海而南，與交阯七郡外夷比，又有水道通益州、永昌，故永昌出異物。前世但論有水道，不知有陸道，今其略如此，其民人戶數不能備詳也。自蔥領西，此國最大，置諸小王甚多，故錄其屬大者矣。

澤散王屬大秦，其治在海中央，北至驢分，水行半歲，風疾時一月到，最與安息安谷城相近，西南詣大秦都不知里數。驢分王屬大秦，其治去大秦都二千里。從驢分城西之大秦渡海，飛橋長二百三十里，渡海道西南行，繞海直西行。且蘭王屬大秦。從思陶國直南渡河，乃直西行之且蘭三千里。道出河南，乃西行，從且蘭復直西行之汜復國六百里。南道會汜復，乃西南之賢督國。且蘭、汜復直南，乃有積石，積石南乃有大海，出珊瑚，真珠。且蘭、汜復、斯賓阿蠻北有一山，東西行。大秦、海西東各有一山，皆南北行。賢督王屬大秦，其治東北去汜復六百里。

汜復王屬大秦，其治東北去干羅三百四十里渡海也。干羅屬大秦，其治在汜復東北，渡河，從干羅東北又渡河，斯羅東北又渡河。斯羅國屬安

息，與大秦接也。大秦西有海水，海水西有河水，河水西南北行有大山，西有赤水，赤水西有白玉山，白玉山有西王母，西王母西有脩流沙，流沙西有大夏國、堅沙國、屬繇國、月氏國、四國西有黑水，所傳聞西之極矣。

北新道西行，至東且彌國、西且彌國、單桓國、畢陸國、蒲陸國、烏貪國，皆并屬車師後部王。王治于賴城，魏賜其王壹多雜守魏侍中，號大都尉，受魏王印。轉西北則烏孫、康居，本國無增損也。北烏伊別國在康居北，又有柳國，又有岩國，又有奄蔡國一名阿蘭，皆與康居同俗。西與大秦東南與康居接。其國多名貂，畜牧逐水草，臨大澤，故時羈屬康居，今不屬也。

呼得國在蔥嶺北，烏孫西北，康居東北，勝兵萬餘人，隨畜牧，出好馬，有貂。堅昆國在康居西北，勝兵三萬人，隨畜牧，亦多貂，有好馬。丁令國在康居北，勝兵六萬人，隨畜牧，出名鼠皮，白昆子、青昆子皮。此上三國，堅昆中央，俱去匈奴單于庭安習水七千里，南去車師六國五千里，西南去康居界三千里，西去康居王治八千里。或以為此丁令即匈奴北丁令也，而北丁令在烏孫西，似其種別也。又匈奴北有渾窳國，有屈射國，有丁令國，有隔昆國，有新梨國，明北海之南自複有丁令，非此烏孫之西丁令也。烏孫長老言北丁令有馬脛國，其人音聲似雁鶩，從膝以上身頭，人也，膝以下生毛，馬脛馬蹄，不騎馬而走疾馬，其為人勇健敢戰也。短人國在康居西北，男女皆長三尺，人衆甚多，去奄蔡諸國甚遠。康居長老傳聞常有商度此國，去康居可萬餘裡。

魚豢議曰：俗以為營廷之魚不知江海之大，浮游之物不知四時之氣，是何也？以其所在者小與其生之短也。餘今氾覽外夷大秦諸國，猶尚曠若發蒙矣，況夫鄒衍之所推出，大易、太玄之所測度乎！徒限處牛蹄之涔，又無彭祖之年，無緣託景風以迅遊，載騑裹以遐觀，但勞眺乎三辰，而飛思乎八荒耳。

蜀書

　　この三国志の要所を原文のまま記載したのは理由があります。近年ま
でこの話がなぜこじれたのか、理由はなくはありません。改めて日本史
を検証しなければならないので倭に影響する箇所だけ掲載しています。
多くの私達の国の人は三国志を知らないはず、まず本文を読み三国志を
理解していただき、議論をすべきだと思います。書かれている文字は古
代漢語ですから、解りにくい文字、文章は近年に発行された中日辞書が
手助けをしてくれて楽しい時間を過ごせるでしょう。

　　古代中国の文章が読みにくいのは地名も人名も区切りなく書かれてい
ます。日本の古代史も同じで、地名や人名等と読み違いを見分けるのは
容易ではありません。この三国志はそれを避ける為に地名と人名に付箋
を付けていますから、細かいところは分らぬままにでも理解することが
できます。しかし、日本で問題の倭の項で付箋のない文章が多くありま
す。「邪馬壹国女王之所都」場所を表すなら所都に付箋が付いていなけ
ればなりません。中国書局は所都を場所と認めていない証にもなります。

巻三十の注釈は三国志には余分ですが、**澤散王屬大秦**（古代ローマー國）中国語で羅馬國、の地に建国された国）**道既從海北陸通，又循海而南，與交趾七郡外夷比**は越が南下すると同時に多数の越ができ、百越と称され交趾（日本読 Kōchin　中国読 Jiāozhǐ）といわれ殆ど滅亡しますが、交趾七郡を復活させています。他にも多くの北の民族で犇めき合っています。天竺も出てきて、仏説無量寿経の上巻の重誓偈に願以此功徳の項で「**平等施一切同発菩提心往生安息国**」と載っています。修行に励めば安息国に往生せしめんと、の一節です。これから見えてくるのも仏教に近い教えは意外と早い時期では無かったのかと疑わされます。それに古代でも往来があり、資料が無いだけで早くから持ちこまれても納得できます。近年の小説とは言え、地中海に面しているこの地は当時の状況を生々しく伝えています。新三国志では袁紹の兄、亡くなったはずの袁基が生きてここまで逃亡し最期をここで迎えた話があります。これだけ大規模な人々の移動を見せつけられると日本にも追われた源の義経が奥州から越南に渡った話もまんざら嘘でもないかもしれませんし意外と古代は多くの大陸と日本の国の間に往来があったのでしょう。亜細亜大陸から、半島からでも正確に渡来できる構造船が何時頃現われたのでしょうか。紀元前には倭と盖の文字が記載されています。

　ここでは倭も盖も同種と言われていますし国内の古文書にも記載されています。倭も朝鮮半島の西南の盖と往来しているなら、それに対応する構造船が存在していると考えるのが自然です。予測がつかない不自然な行動をとる海流に、うねりが来れば簡単に沈む丸木船等の話は論外です。海とは海に出る人には少しの事でも恐ろしい存在なのです。

第三章

野、豊、買、尊

買は「先代旧事本記」巻第一、「神代本記」、「神代系記」、の二代化生天神の項、豊国主尊に野、豊、買、尊の文字の行にしっかりと買が載っています。

　買が倭に来ているのが証明できれば、そのことを軸に調べていけばより正確な200年代のあらゆる出来事の答えができます。豊は豊受姫、息長帯姫の神宮皇后と解ります。野は景行天皇の前の垂仁天皇に仕えた相撲の話で名をはせた野見の宿禰でしょう。

　新石器時代の黄河の天皇氏は十二人居られて顔も身体も良く似ていると言われています。遥か地平線から大きくて真っ赤な日（太陽）が顔を出し、直ぐに小さくなり天を照らします。一日が終われば元のお姿になり大きな真っ赤なままで、お隠れになります。"お天道様が天皇の祖です"。

　その姿の太陽を神と崇めたのでしょうか。「先代旧事本記」では先代から天神で始まっています。天神様、天照大神、お日様、お天道様と昔から私達は拝めてきました。

　　神代系記
　　天祖天讓日天〟狭霧國禪日國〟狭霧〟尊
　　　一代倶生天神
　　　　天御主尊　而云天常立尊
　　　　可美葦牙彦舅尊

二代化生天神

　　國常立尊　而云葉國尊 ^而

　　豊國主尊　而云浮注而云豊歯尊徑、野、豊、買、尊、

　　　　　　　<small>而云豊斲淳　而豊香節野野豊尊</small>

　　天八下尊　獨化天神第一世此神也

三代禍_生天神

　　角樴尊　而云角龍魂尊

妹治樴尊

別天三降尊　獨化天神第二世之神也

　　・

　　・

　　・

巳上七代天神伊弉諾伊弉冉尊并

八代天神並天降之神也

　陰陽本記から伊弉諾伊弉冉尊國生みの話になります。

「倶生」は全ての誕生、教義の名詞、倶生経とも言います。「倶」は書き言葉でともに、全部、すっかりの意。その他、姓にも使います。

「化生」は組織が変わっていくさまを伝えます。「化」は使う、費やす、変わる変化するという意味です。

　私はいつもその人の姓を調べるところから始めています。野姓は東野氏の後の姓です。祖先は中国山東省曲阜の出身ですから、地図的には渤海湾（南到山東省黄河口）の入り口に突き出した箇所が東と西があり、西側です。曲阜から東の方向に向かえば湊に出て舟に乗れば倭に来るのは難しいことではありません。東野姓の源は姫姓、倭の多くの姓の源は黄帝の烏、姫姓になります。

　黄帝姓公孫名軒轅，生長於姫水，改姓姫。武王滅商後．封功臣，周公（姫旦）為首封於魯，周公沒有就封，留下輔佐武王。成王元年，周公長子

伯禽代父就封於魯，為魯公。魯公生子三，長子襲，次子熙，三子魚。魯公賜三子魚東野田一成以自養，因此以東野為姓，以田為名，此東野姓來歷。東野自得姓後，一直在魯生息。楚考烈王7年（公元前269年）北伐滅魯，魯國公族五百餘口皆被殺，唯有東野質（東野二十一世）提前帶著兒子及族譜逃到吳國，躲過一難。其後又於秦始皇三十六年（公元前212年）返魯。漢靈帝光和七年（公元184年），黃巾昌亂，自三國及晉，兵戈不息，東野熙（東野三十一世）舉族流於東海（東海國今山東郯城），寄居五世。宋武帝永初二年（公元421年），東野芳（東野三十五世）自東海抱姓譜計親族五十七人還魯。

清末東野（叢字輩）一枝遷徙現河北黃驊市唐窪村。

黄帝の姓は軒轅（日本人と同じ二文字の姓です）の孫の名前、それから成長して姫水、改め姫姓、武王滅びた後の商い（周にほろぼされた“商”の遺民たちは生産手段をもたず、品物を移動することに依って生計を営むことしかできなかった。そこで、この類の行為を表す語に“商”が広く使われるようになりました）の後、功臣と封ずる（官位、称号、領土を与える）。周功（姫旦）は魯國（山東省，中國23省の一つ、簡稱魯、省會濟南。位は中国東部沿海北緯34°22.9′-38°24.01′，東径114°47.5′-122°42.3′の間，北から南に河北、河南、安徽、江蘇と4省に囲まれています）で最初の人です。

周公がまだ“商”をしない内に武王を補佐し残る。成王元年（約紀元前1042年）、周公の長子（年長者）伯禽（生年月日、死亡年数不明、智姓、名家な家禽、家禽の父、周文王吉昌の孫、周公壇の長男、周武王は、周王朝国王初代国王を尊敬しました）は魯国に於いて父の代わりに封（就封は受封と同じ）に従事すると、魯公は為す。魯公の御子は三人、長男は襲、次男は熙、三男は魚（ここに長男の襲の文字が出てきます。これも熊襲、周の滅亡に伴なって渡来？）。魯公から東野田を三男の魚は承諾し賜り、以って独り立ちをする。これを以って東野姓を受け継ぐ、以って田の名を為し、これが東野の姓の来歴です。東野は自から姓を得た後、何時も魯で生活をします。楚考烈王（楚考烈王（紀元前290年〜紀元前238年）、半姓、熊氏、戦国時代、楚國の君主，楚

頃襄王の子、紀元262年〜紀元前238年在位，共25年）7年（公元前269年）に北伐で魯を滅ぼします。魯国の公族500余人を皆殺し、唯東野質（東野二十一世）は事前に子供及び一族を呉国に逃げて、一難を逃れます。その後に又、秦始皇36年（公元前212年）に於いて魯に返ります。漢の霊帝光和7年（公元184年）に黄巾の乱が起こります（三国志、大三の戦いです）自ら晋は三国に及び晋、兵戈が不足します。東野熙（東野三十一世）は挙族（漢語詞語，出自唐元結《與瀼溪鄰里》，釋義為全族。）東海に流れつき（東海國今山東郊城），とどまります。宋武帝永初2年（公元421年）、東野芳（東野三十五世）自ら東海の全ての姓およそ親族57人を魯に還します。清の末、東野（叢字輩）一還した所は現、河北黄驊市唐窪村です。

　野の遠祖の行動が詳しく記載されています。楚国が魯を滅ぼし東野一族は難を逃れ呉国に避難します。三国志の時代は、呉国は孫権が治めていました。日本でも呉の地名は残っていますから、呉の人も渡来しています。

　この呉国の位置は後年の福州です。福州と言えば白水郎の故郷で海上の出発点です。福州から多くの人が渡来しています。楚国の熊氏、熊王一族ですが、秦に攻撃されて倭に渡来しました。倭国では熊襲、熊姓を襲う（襲名）と名乗っています。現代の熊本地方です。

　では倭に渡来した野姓を追い掛けます。祖は姫姓ですから「烏」と同じ「爰」を調べます。古事記、日本書紀に球磨曾（熊襲）退治に宮浦に着いた景行天皇に衆を連れて出迎える女人がいます。卑弥呼です。記紀には、爰女人有曰神夏磯姫とあります。神姓は赤帝の姓、袁は黄帝の烏、姫姓ですが神姓を名乗っています。夏は夏王朝の夏で、磯は大和地域の地名、磯部です。

　卑弥呼は袁家の袁譚に嫁いでいますから、元は文夫人、文姓（倭姫）で、西周の時代に部分的に文姓が出現した、それが文姓の由来です。

　三国志には、倭女王卑彌呼與狗奴國男王卑彌弓呼素不和，遣倭載斯、烏越等詣郡說相攻撃城戕とあります。烏越等郡に詣で説明し攻撃をする、

この文章から卑弥呼が渡来する以前に、既に烏越の郷が在ることを示しています。ここから卑弥呼以前に烏丸の爰からも来ているなら“爰野”姓があるはずだと考え、調べて見ました。宮崎県に在住している人々です。いつこられたのか、一つは紀元前に燕國の最後の王、<u>燕王喜</u>が東出雲の踞蛞島に渡来しています。二つ目は匈奴を倒すため鮮卑と烏丸が合同しますが、烏丸で意見が分かれた一族が考えられます。しかし烏丸の詳しい資料がなければ未詳です。渡航費や倭で初期に暮らす費用も多額ですから、余程の余裕がなければなりません。身分の高い人でなければ倭には来ることはできないことを教えてくれます。

野見宿禰の時代には、垂仁天皇が大和国を都に倭国から出雲国、播磨国を治めています。皇后狭穂姫が兄狭穂彦王から暗殺を命じられ未遂に終わり命を失います。兄の反乱も成功せず失敗をし命を落としてしまいます。垂仁天皇は皇后狭穂姫を失い、日葉酢媛命を皇后に立て生れた御子が景行天皇です。

では、狭穂彦王の反乱を成敗した討伐軍の大将は誰でしょうか？　野見宿禰なら話が続きますが、このような解釈は許されるでしょうか。これで野見宿禰は東出雲の国の中海に浮かぶ踞蛞島の刺史に垂仁天皇に任命されたかも知れません？　八束水臣汁野命、八束水臣は水の臣（踞蛞島を中心に中海の臣）を（八は全てで全てを）束ねる。八を数字の八と決めつけては古文は訳せません。汁は伊と同じ使い方（意味がなく頭に以ってくる、又は波）をしますが、この文字は墨で書かれた定本の文字と少し違います。国内の定本は右横長い線の下に２本の短い線が引かれていますから、漢の文字では無く周、燕か秦の文字ではないかと思います。底本によっては「津」と記されていますが中海を中心とした物語ですから水に関係があるようです。

周は文字で殷の属国と同盟を結び殷と戦ったので、文字が大切な役目をしています。定本はひと筆で書かれていて、その姿、書き方は満州文字に似ていて他の箇所でも所々に使われています。現在の中海八束で八束の南は意宇郡があります。意宇郷には熊野神社がありますが、何とな

く出雲に熊野神社があるのは奇異に感じますが、熊は熊本、野は宮崎、宮崎なら地理的に続いています（野見草は中国大陸の野草の名前です）。先に居住し新しい烏越郷の一族に熊一族と合同して対抗したかもしれません。

　正しくは分かりませんが、大凡、野見は、姓は野で字は見で、野見草、野見草の名からきているかも知れません。どちらも先住民の古い倭の人達です。これが１〜1.5年の歳月をかけ、景行天皇の皇命を掲げ卑弥呼が熊襲の男王・卑弥弓呼を説得しますが、後から来た卑弥呼の説得交渉を卑弥弓呼が受け入れるはずはありません。

　狭穂姫の狭穂は高地の花の名前（中国大陸）で、当時、日本に来ている人は簡単な名前を付けています。倭に渡ると姓は２文字がほとんどで、１、３文字は少数派です。発生方法は違い、文字も方言に似て読みも各国によって違いがあるのは当然の話です。現在でも福州（福建省）と台湾は同じ原語圏で長江を跨ぎ北にある上海とは現在でも違います。福建省と台湾の間、福建省の水上生活者の白水郎が倭の話や歌に登場します。

　宮崎から東出雲にきた経緯は分かりませんが、播磨の立野で亡くなり多くの出雲の墓造りがきて墓陵を造りに播磨まで足を運んでいます。とても大切な話ですが、資料が少なく正確な解明ができていません。

　このことから野見の宿禰は東出雲に何等関係があったことが分かるのと同時に、垂仁天皇の後は景行天皇です。野見宿禰の後は息長宿禰です。二人が播磨国の地で繋がっているのは重要なことです。播磨国は資料が少ないですが播磨平野を抱えた大国に見えてきました。

　播磨の国、揖保郡、立野。所以号立者、昔、土師弩美宿禰、往来於出雲、国、宿於日下部野、乃得病死。爾時、出雲国人、来至連立人衆、運伝上川礫、作墓山。故、号立野。即、号其墓屋為出雲墓屋。

　これは「播磨風土記」に記載されている揖保郡、立野の話です。風土記では野見宿禰の野見を土師弩美と、土師の次に弩の文字を使って美は

当て字でまとめています。斉の方士徐福が出雲に渡来するときに持って
きた弩です。野見宿禰が出雲の中海と取り囲む郡を守備するのに、弩を
武器に使用したのでしょうか？　出雲国風土記には金弓と記載されてい
ますが、金は金属のことです。弩弓しか思い当たりません。

　秦の二世胡亥（紀元前230年〜紀元前207年）は兄弟、姉妹20余人を殺
し二世皇帝についていますが、始皇帝の寵愛を受けた后妃を懐妊してい
たら困るので、全員を残酷な方法で、殺すときに至近距離から弩弓を使
用したことが最近の遺跡調査で解っています。バラバラにした遺体はど
れほど残酷だったのか物語っていたようです。近年の新しい始皇帝陵の
遺跡の研究結果ですが、中国が古代の研究に熱心取り組んでいることを
教えてくれますし、これから新しい発見もあるので日本の古代史にも影
響が出るかも知れません。中国の古代史には目が離せないでしょう。播
磨の国は野見の故郷でしょうか？　東出雲と播磨国を朝廷から委ねられ
たのでしょうか？

　いずれにしても播磨国で野見の後は息長（伊志冶）が治めたのでしょ
うか？　古代、立野の立は‘たつ’とか‘りゅう’と読みます。龍野です。
龍野は野見の諡号で、訳せば龍は大王の紋章です。それが野は大王だと
語っています。土師氏の話は既に詳しく知られています。土師は薩摩の
国です。薩摩も野見宿禰が支配下に置いたのでしょうか。野見より土師
を取りまく話が多く知らされています。これで、不見国（福州、福岡）、
西都原（宮崎、原は高地を表します）、東出雲（島根）、播磨国（姫路、加古川）、
大和（奈良）が鎖みたいに繋がりましたが、少ない資料から読み解くの
はあくまで表だけ、真実の深い個所は読み解くことはできず推測の域を
出ることはできません。

　東出雲の国の統治者は野見宿禰です。その後、大穴持命が東出雲軍を
連れて登場します。大穴持命率いる東出雲軍と戦った相手は分かりませ
んが、時代を考えると須佐能袁命しかいません。意宇郷から踞蜻島まで
ワニの数を因幡の白兎が数えます。物の数量を数える話の多くは税（米
俵、他の物産）の話です。その税を朝廷に納める数量でのトラブルが討伐

の理由であり、その国を征服するのはいつでも、この方法は良く使われて有効です。出雲（西出雲）の素戔鳥軍が大穴持命と東出雲軍を攻撃したのは火を使う戦法です。袁紹が曹操に敗れたのも袁紹の本陣の火責めで混乱し、これが思いがけない結果となり7万の軍勢が総崩れになり敗れています。同じ戦法で大穴持命が火だるまになり東出雲軍を率いる大穴持命はこの戦いに敗れます。この戦法ならまわりの一族から知恵を授かっても不思議ではありません。スサノウならばできるでしょう。その後、火傷を負った大穴持命を助けたのは、白兎を助けた大国主の命は誰でしょうか？　大国主なら景行天皇？　それとも大黒様（どちらもだいこくと読めます）？　伊和の大神？　難しく結果は解りません。野見宿禰の後の出来事ですから息長宿禰もこの戦いに関与しているのでしょうか？野見宿禰と息長宿禰は何処で出合っていたのでしょうか？　また、二人の関係は？　大穴持命を祀っている伊和の大神様との関係は何でしょうか？

第四章

スサノウの御琴（命）

買を「先代旧事本記」巻第一、神代本記、神代系記、の二代化生天神の項、で小さく載っている文字を見つけた時は、まさかと素朴に驚きましたが、その後やはり今まで調べたことは間違っていないと確信しました。

「旧事本記」には素戔烏、「出雲風土記」には須佐能袁、須佐乎、「古事記」には須佐之男、「日本書記」には素戔男、素戔嗚、須佐乃袁と記載されています。また文字、文章の違いは考えればその違いの数だけの部族が日本に来ていることの証明にもなります。大きくいえば古事記と日本書記と違いがありますが、当時、日本書記を読むグループと古事記を読むグループが日本に住みわけて暮らしていたということです。これらの書には日本語を当て字で記す箇所、旧来文字を変えた文字にそのまま使用している文字がありますから、日本の人が協力しない限り外国の人が正確に読むことはできません。古代中国語は発音、発声を意味のある文字にしていますから、文字を変えるとまったく違った話になります。これが日本と中国の漢字の使い方の違いを表しています。

　素戔烏（Sù jiān wū）と書かれている意味は素っけなく微小な烏だ、目立たない烏の小さなひとだ。須佐能袁 は、須はせねばならない、佐は助ける、能は皆に知らせねば、袁（Yuán）と詰めると「助けなければ、皆に広く知らせねば、袁が」、この人物に該当するのは烏の袁の人で、倭に渡ってきた「買」でなければなりません。三国史の原本では譚は斬

られ妻子は刺殺されていますが、斐松の注釈では兄子（袁紹の兄袁基の子）、袁買がいます。旧事紀に買尊の文字が見えますから、間違いないでしょう。

　記紀に描かれているスサノオ尊は、なんとも乱暴で荒ぶる嫌われもの神様です。日本ではこれで納得していますが事実は全く違います。スサノウ尊（袁買）は美貌（古代男女とも同じ言葉使う）の、それも女装姿の似合う華奢な男性です。ただ性格は短気で言葉は荒く感情の上下が激しい性格の持ち主の男性が浮かびます。

　では、スサノウ、袁買を追いかけて見ましょう。

　紹自軍破後，發病歐血，夏五月死。小子尚代，譚自號車騎將軍，屯黎陽。秋九月，公徵之，連戰。譚、尚數敗退，固守。

　八年春三月，攻其郭，乃出戰，擊，大破之，譚、尚夜遁。夏四月，進軍鄴。五月還許，留賈信屯黎陽。

　己酉，令曰："司馬法'將軍死綏'，故趙括之母，乞不坐括。是古之將者，軍破於外，而家受罪於內也。自命將徵行，但賞功而不罰罪，非國典也。其令諸將出征，敗軍者抵罪，失利者免官爵。

　秋七月，令曰："喪亂已來，十有五年，後生者不見仁義禮讓之風，吾甚傷之。其令郡國各脩文學，縣滿五百戶置校官，選其鄉之俊造而教學之，庶幾先生之道不廢，而有以益於天下。

　八月，公徵劉表，軍西平。公之去鄴而南也，譚、尚爭冀州，譚為尚所敗，走保平原。尚攻之急，譚遣辛毗乞降請救。諸將皆疑，荀攸勸公許之，公乃引軍還。冬十月，到黎陽，為"子整與譚結婚"。尚聞公北，乃釋平原還鄴。東平呂曠、呂翔叛尚，屯陽平，率其羅降，封為列侯。

　官渡の戦いで曹操に予期せぬ敗北を袁紹は受けたのち病に倒れて亡くなるのが202年です。譚と尚のその後のことが載っています。

　子整與譚結婚　整は曹操の御子で譚は袁紹の兄である袁基の御子です。ここでは二人の結婚の話が始まったと書いていますが、譚は女性、

男装の麗人と言うことが分かります。この時代、女性が剣を振り回すのは珍しいことではありません。中国映画の不遇の女性主人公と戦国のロマンスの物語では度々見ることがあるでしょう。冀州は袁紹の占領した支配地です。曹操に敗れた袁紹は冀州を放棄しますが袁紹と曹操は性格が違いますが、大変仲が良く曹操は冀州を袁譚に刺史（知事）として統治させます。そして曹操の御子の整と譚（ここでは譚が女性として話が進んでいます）の結婚話が上手くいけばこれでよし。この一連の出来事を譚の部下、佐治（字佐治、頴川陽翟人。官渡の戦いの後、袁紹の長子袁譚に仕えます）が行っています。私は前回の話でミスしています。

　名曰卑彌呼，事鬼道，能惑羅，年已長大，無夫婿，有男弟佐治國。自為王以來，少有見者。以婢千人自侍，唯有男子一人給飲食，傳辭出入。

　この有男弟佐治國を訳し違いしてしまいました。佐治を卑弥呼が譚なら卑弥呼と共に倭に来ていると思い、佐治国を探しました。しかし該当する国は無く、ここは男弟が有、国を治めるのを助け（佐）てくれている、という意味です。

　言い分けすれば最後に佐治は曹操の部下になります。倭に渡った卑弥呼を確認するために譚（文夫人）と共に倭に来たのかなと思ってしまいました。これで逆に卑弥呼の弟は買（スサノウ尊）で間違いなく、譚が妻の文夫人なら買（素盞嗚）の義理の姉になります。

　今まで語られた熊襲と倭武の話も訂正しなければなりません。熊襲を女性の姿をした倭武が倒しますが、倭武は女装の似合う人ではありません。景行天皇と倭姫（卑弥呼）の間の御子で播磨の国の印南別姫・稲日太郎姫に息長宿禰が預け育てて貰います。景行天皇と印南別姫の御子は仲哀天皇で大碓の名前です。倭武は小碓と双子の御子を印南別姫が育てますが、二人は似ていないと景行天皇は認めています。素盞嗚尊は渡来していて、倭武は倭に卑弥呼が来てから生れていますから、倭武とは年齢も離れているから違っていることが分かります。

　曹操から冀州の刺史とした譚に、佐治が曹操に対して譚の投降を促し

ます。投降を促すと云っても意味が分かりません。これからが理解しに
くい話で、整と譚（買）の結婚話は曹操の口約束だと言って解消されま
すが、譚（買）が女性ならば后でなくても妃にすれば良いことです。こ
んな辻褄の合わない話は見たり聞いたりしたことはありません。整に
后ですと現れたのは譚でなく買ではないかと考えれば決着はつきます。
なぜなら譚（文夫人）なら整より年上です。年が近いから曹操の御子の
二十番目の御子を選んでいます。何処かで行き違いが生じたのでしょう
か、現れたのが女装の男性ならどうしたのでしょう。男同士では結婚が
できるはずはありません。曹操はこの話は口約束だから無かったことに
すると云っています。その後、三国志には、譚は妻子を連れて渤海湾に
向かいますが、途中南皮で譚斬られ妻子刺殺と載っていますが無事に倭
に到着していました。逃走なら北に向かうべきで、東の方向に舟の出る
渤海湾を目指しています。変な話です。日本の風土記等に載っています
し旧事記にも買尊の文字を見ます。この時代の大型船は既に“烏船”或
“五帆船”が登場して倭に渡る人も多数の集団で来たことが分かります。
素盞鳴が袁買と正確に解れば、今までの過去話を改めて修正できます。
買は205〜206年に13〜14歳の時に倭に来ました。倭武とは十三歳
以上年が離れていますから、倭武が熊襲を倒すことはあり得ない話です。

　景行天皇から仲哀天皇まで熊襲（Xióng xí）と大倭（Dàwō）の戦いは続
きます。武が倭国の土地から離れても武緒組（倭武の残党）が熊襲と戦っ
ている話は風土記に見られ、戦いの長期化が分かります。

　素盞鳴神社は多くの人々に祀られ地区の人々に見守られてきました。
それだけ袁買は漢の皇族の袁家の残った一人の嫡子ですから特別な人物
像が浮かびます。祀られたのは朝廷に貢献し尊敬される人望もあったこ
とを明かしています。

第五章

ふたりの卑弥呼

　始めに登場人物の紹介から始めます。卑弥呼は媛と呼ばれた女性で袁紹の后、劉夫人です。そして劉夫人を補佐した一人が男装麗人の袁譚の后、譚に為りすました文夫人。日本では伊勢神宮に祀られている倭姫です。これが二人の卑弥呼です。

　三国志の筆者の陳寿は卑弥呼の名称を、鮮卑の卑と卑弥呼の姓の呼を使って巧妙に媛と呼ぶ卑弥呼を作出しています。「呼姓」は古代匈奴族の呼衍児から部落の名称を四族呼延氏、卜氏、蘭氏、喬氏の姓ですが、西漢初年の出来事です。匈奴族の劉姓は当時、匈奴部族は強盛です。漢高祖、劉邦が採用した和親政策で、掌握している皇室、宗女嫁を匈奴の冒頓の妻にします。冒頓（紀元前234〜紀元前174年）の後の蹋頓（？〜207年）（烏丸の支配を袁紹に譲ります）姓は攣、匈奴の貴者は皆、母姓に従うのが習俗です。攣氏の子孫は皆、劉姓です。この後に匈奴は鮮卑に敗れます。

　三国（魏、蜀、呉）の北は蒙古平原を飲み込む巨大な鮮卑帝国が現われますが直ぐに滅亡します。呼姓から袁紹の后、劉夫人（卑弥呼）です。末漢は鮮卑に追われ魏、晋、の漢族になりますが呼衍児は鮮卑の姓と漢書に記載されていますから、卑弥呼は「呼媛」になります。「劉姓」の祖は鮮卑の姓の「独孤」からきています。曹操の妃も袁紹の后も劉夫人です。漢の劉邦から続く姓で、当然のように劉夫人は「道教・鬼道」の教義を受けています。鮮卑から烏国の爰の袁紹に嫁ぎました。

　名門袁家の四世三公と言われた袁紹は建安五年（200年）官渡の戦いで袁紹が率いる圧倒的な軍勢で立ち向かい、袁紹の軍勢に比べればか

なり劣る曹操の軍勢に敗れ、建安七年（202年）に病気で亡くなります。御子は袁譚、袁熙、袁尚、袁買ですが、袁譚と女性の装束をした袁買は兄の袁基の御子になります。袁譚の后がなぜ男装か疑問です。あらゆる書に男性で袁基の御子と記載されているのに袁譚は男性ですが冀州を治める刺史に譚を任せ整と結婚する計画を曹操が立ています。この時点で男装ですが女性の扱いをしています。

　もう一つ疑問は漢の宮殿を董卓［董卓（？～192年5月22日）、字仲穎、隴西臨洮（今甘肅省岷縣）人，穎川で生れる。東漢末年献帝の時の軍閥、武将、大臣、王室の役人。於桓帝の末年は并州の刺史に任命される、河東の太守、漢末の戦乱を利用し弱体化した朝廷の京城を占領します。少帝を廃止し漢の献帝に仕え献帝と並び権力を行使し、東漢の政権に従いますが滅亡します］が襲い20人とも50人とも言われている官史が董卓に殺されています。その時に譚は何処に居たのでしょうか。まさか自宅で妻と居る訳でなく、官舎務めで父親と共に命を落としたと考えるのは可笑しくないでしょう。素差戋烏の話は現代の中国でも分からない話で素差戋烏は袁買です。袁買の義理の姉が倭姫（若い卑弥呼）です。この二人が倭に渡来していいるなら、なぜ、文夫人（倭姫）の夫、袁譚が卑弥呼一行と渡来していないのか？　既に董

卓に襲われた袁譚は父と共にいなかったことをこれで証明できます。三国志の倭の項には「唯有男子一人給飲食，傳辭出入」ということは劉夫人が既に何らかの理由で外出ができない状況で、男装の文夫人が劉夫人の一切のお世話をしていた姿が伺えます。劉夫人の指示で諸々のことを行ったと言えば、この形で説明すればあらゆるすべてのことが説明できます。

　三国志では曹操は武帝、太祖と呼ばれ曹の話は巻一～巻四まで使っていますが、袁紹に関しては巻六で董卓、袁紹、袁術、劉表の四人の一人の扱いです。余り偏っているので曹操に関しては四代まで詳しく載って

に蓋國は後の歴史書で三韓の前身と捉えられており、朝鮮半島南の部落で良く知られています。東から辰韓、弁韓、馬韓です。馬韓から百済に変わっていきます。都城（首都）は漢江の南にあり倭と同じ民族と言うことです。

《史記集解》引東漢、服虔云："山戎、北狄，蓋今鮮卑。でいうように鮮卑の祖先でもあると云われています。北の地に留まったのが鮮卑で南下した集団が蓋かもしれません。話は複雑で朝鮮半島全土を高句麗が支配した時代に高句麗と鮮卑が主に為り、女真族等と合同で南下しますが高句麗が全土を支配すると鮮卑の名前が朝鮮半島の歴史から消えています。その儘に南下して日本の国に来たのでしょうか。群馬の一番古くて有名な多胡石碑が気になります。白村江の戦い（663年10月）は日本から百済に援軍を送ったのはこれからでも解りますが、主に援軍を送ったのは長江、福州（福健省）越、の出身者の部族を中心とした海運、海事を主とした海軍でしょう。

　歴史書でも紀元前1021年には倭の存在を記載していますから、それ以前に倭が存在しています。倭に初めて、外の人はいつの時代に来たのでしょうか。それらは解らなくても良いことです。数千年前の話に正確な答えなどできる訳はありません。むしろ継承していることがとても重要なことです。

　卑弥呼一行が倭に来た話を進めます。これも前は陸路の話をしましたが、三国志の倭の項で載っているのは朝鮮半島서울（ソウル）のイムジン閣に辿る道筋でした。倭に来たのは205年ですから、朝貢でイムジン閣を尋ねるのは、かなり後になります。なぜ、卑弥呼達は陸路から来ることができなかったのか、卑弥呼の集団は女性が主で戦う装備はしていても女性では曹操から受取った宝物に代々袁家の宝物と共に来るのは無理があります。それに陸路なら朝鮮半島北の地域は公孫康の支配地ですから、絶対に通過することはできません。海路しか倭に来ることはできなかったのです。渤海湾西の港から女性を主とした最低千人以上の大規模な集団

です。朝鮮半島、西海岸沿いに南下して松浦に停泊し上陸の打ち合わせ
をします。ここで交渉役と陸上の生活設計が必要です。指揮をしたのは
息長宿禰（伊志冶）でしょうか？　上陸交渉が済み、船団は有明海に入
ります。有明海の有は熊の祖の文字で有熊からきています。船団の上陸
地点は早津江川、早津江です何処まで上流に向かって進めたのか、舟の
大きさ、河の深さが分かりません。吉野の里遺跡まで、上流を上ること
ができたのでしょうか？　大和に送る貨物は宮浦から出ていきます。こ
れだけの大事業が簡単に行われたのでしょうか？　魏の景初、倭の景行、
景姓は楚（有熊）の皇族子弟（高級幹部の子弟、集団の中の青年、若者）の三
大姓氏、昭、屈、景です。

　魏の明帝が亡くなります。明帝には御子が無く後を斉王が継承しま
す。日本でも斉王は存在しました。斉王が渡来し、漢末に阿知使主が漢
を魏に譲り、魏が滅びます。魏の斉王が倭に来ても可笑しくはありませ
ん。漢末は、いいえ漢末だけでなく平原の国が滅びた時期に渡来人の皇
族話が多いのは、日本の地理的条件も考えねばなりません。縄文人（毛人。
原住民）が渡来人に様々な形態で追われたのは世界中の歴史を知ってい
れば納得ができるでしょう。少ない資料から得る情報に限りや誤りもあ
りますが、末魏と話は通じていたのではないかと思います。魏の郭女王
と文夫人は袁家で二人とも世話になっている身です。漢の献帝、玄孫（孫
の子）の劉阿知（阿知使主、漢献帝劉協之曾孫也。及漢禪魏、因神牛教、出往帶方、
保帶瑞、其像類宮城、乃建國邑、保其民庶。）が応神天皇に呼ばれて倭に来て
います。そして日本に来て原田姓を名乗ります。漢末や魏末にこれらの
話があるのは書物には紹介されていないだけで多くの渡来者が入国をし
たはずです。三国志の三国、魏、蜀は蜀漢です。呉も広島に地名が残っ
ています。秦に滅ぼされた燕、楚、斉、この国は春夏時代の華夏ですが
ら華夏の皇族が日本に来たことになります。

　また秦の姓も日本で見られ、太秦村は中国大陸、侯馬市の北郊です。
鮮卑が建国した北魏も滅亡時に多く渡来しています。北魏形式の仏の像
や磨崖仏を私達は見ています。漢末に卑弥呼（劉夫人）、劉阿知、劉姓が

出てきます。劉姓の元姓は独孤姓で二文字の鮮卑の姓です。孤独の文字を前後入れ替えれば独孤になります。

　"鬼道で惑わす"卑弥呼はシャーマンではないか？　鬼道（Guǐ dào）は利口である、賢い・子供向けに使う、仏教では六道と似たようなもの、惑わす、人の考え方を変えると解釈すれば解ります。鮮卑の民衆を統治する、国を治めるのに檀石槐が鬼道を使った話は有名です。鬼道で国を治めるのは劉夫人と文夫人は知る立場にあります。檀石槐は漢でも倒すことができなかった匈奴を倒します。漢も鮮卑も匈奴に朝貢をしていました。その内訳に鮮卑だけ生口の文字が載っています。卑弥呼の朝貢も生口が載っています。劉夫人は爰の近隣の国を刺史として治めたことはありません。譚の妻、文夫人は袁昭から青州を曹操から冀州を任され刺史（知事）として経験していますから、殆ど奴国の実務は文夫人と袁買でしょう。鬼を使う話の鬼ごっこは遊びです。鬼という字を一度考え直すのも面白いかもしれません。

　どうしても私が分らないのは伊勢神宮で祀られている倭姫と斉王のお社が小さいことです。それに倭武の自害です。なぜ、倭姫は奴国（佐賀）から何処の道を通って伊勢に何用で来たのか。一つは九州（中国語で全土）の宮浦から熊野灘の鳥羽まで、多くの荷物を運びます。鳥羽から大和までの行程に伊勢があります。何等関係がありそうです。なぜ、ここで卑弥呼（倭姫）は倭武を迎えたのか？　倭武は景行天皇が最愛の我が子、武と言っています。皇位継承の複雑な話が有ったのでしょうか？兄の仲哀天皇が弟の成務天皇の皇位を継承していますが、皇位継承で争いが起こった形跡はありません。景行天皇に息長宿禰（伊志冶。大中伊志冶）が仕えています。成務天皇と同じ年齢の武内宿禰が景行天皇に仕えます。伊志冶は景行天皇、武内宿禰より年長者で有ることが分かります。仲哀天皇は成務天皇の兄です。応神天皇と四代に渡って務めますが武内宿禰は卑弥呼の一族に力を貸していますから息長宿禰の後を継いでいるのが分かります。この時代の宿禰と言われた人の権力構成が分かります。

　仲哀天皇が崩御しました。后の大中姫命の御子、麛坂皇子、忍熊皇子

が仲哀天皇の御遺体を引き取りに播磨の国に参ります。二人を追い返す
だけでなく滋賀まで追って殺してしまいます。麛坂皇子、忍熊皇子の軍
勢を息長帯姫・神宮皇后が迎え撃つ、正規軍を息長帯姫の軍が討って出
ます。倭には男装の文夫人がいて播磨に男装の息長帯姫がいて倭の卑弥
呼は軍勢等の支援を播磨の息長帯姫が実行役の指揮をとりますが、この
時代は軍師や参謀が必ず補佐しています。軍資金は三韓征伐と称して烏
丸の爰から運んで島に隠した宝物です。息長帯姫は懐妊している御体な
ら行動は制限されますから、多くの息長帯姫を取り巻く協力者が作戦を
追行したことでしょう。

　これら一連の行動の軍師は息長宿禰の後、武内宿禰が関わったでしょ
うか？　しかし、幾ら権力者でも天皇は黙って見逃しはしなかったで
しょう。その反撃が倭姫の伊勢で倭武を待つということではなかったか
と思ってみたりします。倭武が母の倭姫から授かった草薙の剣で周りの
草を払い上からの吹く風に合わせて火を放つ話は曹操が袁紹の本陣に別
働隊を使って火を放った話と同じです。卑弥呼一族は北からの人です。
景行天皇は南の人ではと思ったりします。それなら何らかの対立も考え
ても良いと思っています。烏越の争いを調べれば1,000年前まで、こ
こまでは確認していますが、その後も続いているかも知れません。

　と話は終わったつもりですが、未練が残ります。伊勢神宮の倭姫と斉
王の御社が小さいことです。ここからは余談です。二人は故郷に帰った
のではないのか？　これなら小さな御社の理由が分かります。魏の弟二
皇帝平原王曹叡（204～239年1月22日）の母親が文昭甄皇后（183年1月
26日―221年8月4日）ですが、袁熙の妻は郭（文）夫人で曹丕に奪われ
ます。郭夫人と曹丕の御子が曹叡です。郭夫人は文徳皇后郭氏（184年4
月8日～235年3月14日）のことです。どちらも曹叡の母親と言っていま
すが、瓶夫人が亡くなった後に郭夫人が実の母親と名乗ったのではない
かという意見は当然です。始めに曹丕の后は瓶夫人で後に郭夫人が妃で
宮入りをします。曹丕と郭夫人の御子が曹叡です。育ての親は子供のい
ない瓶夫人が私の息子だと言うなら話が合います。三国志を記した陳寿

（233 〜 297 年）の卑弥呼（媛と呼ばれた人、劉夫人）が亡くなった話は袁紹の后劉夫人です。魏では瓶夫人が無くなり郭夫人が残りますから、袁譚の妻文夫人は義理の妹郭夫人（袁熙の妻）に会う為に斉王（曹叡と血統の繋がりはない）と魏に帰りその地で暮らしますから二人は大倭に居ません。大倭では周りの事情を考えれば暮らしにくい状況です。このことは祀ることはできなかった理由に為ります。雑な話に為りましたが、満更間違っていないと思います。媛と呼ばれた人は二人いたことはこのことで分かります。

　応神天皇は卑弥呼の孫に為ります。倭奴国に渡来した素盞嗚尊と卑弥呼の二人の話は良く聞いたことでしょう。飛鳥には石舞台があります。ある目的のための築造でしたが、作り始めたらあることに気が付き築造は中止しました。なぜ？　頑丈な岩で築造されており、棺を安置する部屋があそこまで大きくする必要があるのか疑問を感じます。全体の規模も大きく、逆にこれらを何に使い何のために造りかけたのか語ってくれます。なぜ？　墓陵はこれほど大きく造ったのか権勢を民に知らしめる為に造ったのではありません。

　なぜ墓陵が大規模なのか、それは……（あえて控えますが）で大きくなくては困るからです。なぜ、海の近くにありますか？　それは……で海から離れていては困るからです。なぜ、二つの大きな墓陵が在るのですか？　それは……で一つでは困るからです。なぜ、墓陵なのに堀が在るのですか？　それは……を守る為に無くてはなりません。なぜ、正倉院の宝物は国内で作られたのですか？　……それは……を参考にしたものか分かりません。なぜ、大きな墓陵が在るのですか？　……それは永遠にこの国が続くことの為です。多分こうだろうという推測は間違いの元ですが、敬意を払い崇拝することは大切です。事実を明かす為の手段を選ばず調べる方法は、祟りが有るやも知れません。

第六章

黃帝歷

《黃帝歷》是中國傳統曆法，與《夏曆》、《殷曆》、《週曆》、《魯曆》、《顓頊曆》合稱古六曆。大量歷史典籍記載是黃帝打敗蚩尤後統一天下後命人所製定的曆法。黃帝誕辰相傳是農曆三月初三，黃帝一生下來，就顯得異常的神靈，生下沒多久，便能說話，到了 15 歲，已經無所不通了。黃帝即位據說是在公元前 2698 年，即位時 20 歲，據此推算黃帝出生於公元前 2717 年，相傳曆法元年始於黃帝登基之日起算起。黃帝紀年影響深遠，農曆、道教曆法均始於黃帝紀年為元年，為中國傳統曆法開始之年，史稱開元，至今是開元 4716 年比西方曆法元年早 2697 年，用開元年份減去 2697 就是西元的年份，例如，今年是中國傳統曆法（農曆）開元 4716-2697＝西元 2019 年。

　　中文名　　黃帝紀元（中國傳統曆法的開始紀年）

　　外文名　　kaiyuan

　　別　稱　　開元（農曆開元）

　　地　位　　中國傳統曆法

　　隨著國人對國學的認識，中國傳統曆法的地位也不斷提升，民國時期，我國開始採用西方曆法作為紀年曆法，且一直使用至今，而傳統的曆法曾幾度出現在中央辯論會議上，但最後還是落選了，現今我國曆法紀年使用以西元紀年為主農曆為輔的紀年法，但近些年，關於我國恢復使用農曆紀年的提案也屢見不鮮，農曆傳承著中國的 5000 年文明，憑藉的龐大的生命力，正換發著新的生機，早在滿清末期革命派就曾提議使用黃帝紀元。

黃帝歷原歷規則佚失，從一些古籍上約知一些：《黃帝歷》是一種陰陽合歷以建子之月（北斗斗柄指子，包含冬至之月）為一年開始。開觀像授時之起點，創制十天干與十二地支（組成六十干支），表達陰陽五行，以閏月定四時，成歲，根據天干地支相互配合 60 年一輪迴，也就所謂的一甲子，中國歷朝歷代的歷法幾乎都沿襲這種歷法基礎一直傳承至今，也就是今天的農曆，黃帝紀元影響深遠是我國傳統的歷法紀元，黃帝是華夏人文始祖，是中華民族的祖先。

天皇時代

天皇 其年歲兄弟各一萬八千歲

姓望，名獲，字子潤，號曰天靈，以木德王，兄弟一十三人，被跡在柱州崑崙山下。其時地殼未盡堅固，屢屢遭逢劫火，天皇始製干支之名以定歲之所在。十乾曰閼逢、旃蒙、柔兆、強圉、著雍、屠維、上章、重光、玄（黑戈）、昭陽。十二支曰：困頓、赤奮若、攝提格、單閼、執徐、大荒落、敦牂、協洽、涒灘、作噩、閹茂、大淵獻。

地皇時代

地皇 兄弟各一萬八千餘年

姓岳名鏗，字子元，以火德王。兄弟共十一人，興於熊耳龍門山，以火紀官，爰定日、月、星三辰，是為晝夜。以三十日為一月，十一月為冬至。

九頭紀

人皇 兄弟合四萬五千六百年

又稱泰皇氏，姓愷，名胡洮，字文生，人面龍身，生於刑馬提地之國，以土德王天下。兄弟九人，駕六羽，乘雲車，出谷口，依山川土地之勢，裁度為九州島島，而各居其一方，亦曰居方氏。

五龍紀

皇伯角皇仲徵皇叔商皇季羽皇少宮五姓同期 俱駕龍，故號曰五龍氏，乘雲車而治天下，治五方，司五嶺，布五嶽。

攝提紀　　　　五十九姓

合雒紀　　　　三姓 教穴居乘蜚鹿以理。

連通紀　　　　六姓 乘蜚麟以理。

敘命紀　　　四姓 駕六龍而治。

循蜚紀　　　二十二氏 皆穴居之世，巨靈句強☒明涿光鉤陳黃神巨神黎靈大騩鬼隗弇茲泰逢冄相善盈大敦靈陽巫常泰壹空桑祁民緝帝次民

因提紀　　　十三氏 傳 68 世

辰放 傳 4 世古初之人卉服蔽體，至辰放氏時多陰風，乃教民搴木茹皮以御風霜，絢髮毛首以去靈雨，而民從之。命之曰衣皮之人。

教民搴木茹皮束髮潤首

蜀山 傳 6 世即杜宇

魁傀 傳 6 世

混沌 傳 7 世

東戶 傳 17 世

皇栗 傳 7 世離光

啟統 傳 3 世

吉夷 傳 4 世

兒遽 傳 1 世

希韋 傳 4 世又稱豬韋

有巢傳 2 世又作大巢氏，尊號巢皇，教民棲木而巢，以避禽獸之害，又刻木結繩以為政，又教民取羽革紩衣攣領著兜冒以蔽體，又令民之死者厚衣之以薪而瘞之。傳說有巢氏執政後，遷都於北方聖地石樓山，石樓山就在今山西呂梁市興縣東北，當時有巢氏命人在山上挖了一個洞，他就居住在山洞里處理政務。所以後世人便把石樓山稱作有巢氏的皇都。

燧人氏 黃帝紀元前 ···-3347 年（···- 基督紀元前 7724）傳 4 世黃帝紀元前 3626 年，燧人氏立天齊建木。（基督紀元前 8003）

禪通紀

伏羲朝 黃帝紀元前 3347- 前 632 年（基督紀元前 7724- 前 5009）77 世 2716 年

炎帝神農氏 黃帝紀元前 655- 前 389- 前 15 年（基督紀元前 5032- 前

4766- 前 4392）9 世 267 年 ,8 世 374 年後於前 389 年與魁隗氏合併共
8 世 374 年

炎帝魁隗氏 黃帝紀元前 631- 前 389- 前 15 年（基督紀元前 5008- 前
4766- 前 4392）6 世 243 年 ,8 世 374 年後於前 389 年與神農氏合併共
8 世 374 年

倉帝史皇氏 黃帝紀元前 260- 前 151 年（基督紀元前 4637- 前 4528）5
世 109 年

前 151 年北方的軒轅氏向外擴張，入侵倉頡氏的統治區域，倉頡五世
無力抵抗，率族人投降了軒轅氏。旋即去帝號，答應每年向軒轅氏進獻糧
食和財物。後來軒轅氏稱帝，建立黃帝軒轅氏政權，倉頡氏的後人被封為
典史官，負責記錄和整理歷史典籍。

九黎蚩尤氏 黃帝紀元前 83- 至 96 年（基督紀元前 4460- 前 4281）7 世
179 年

九黎蚩尤氏政權於三任帝蚩尤時與黃帝軒轅氏發生了激烈的衝突，經過
十幾年的征戰，軒轅氏和神農氏聯合擊敗了蚩尤氏，並將蚩尤殘忍地殺死。
這場戰爭便是中國遠古歷史上著名的涿鹿、阪泉之戰。蚩尤族雖然兵敗，
但並不屈服於黃帝政權，仍與黃帝族展開頑強的鬥爭，直至七任帝姜蚰才
歸附黃帝政權。

疏仡紀

黃帝政權 黃帝紀元前 15-326 年（基督紀元前 4392- 前 4051 年）15 世
341 年

黃帝紀元前 15 年，己酉年，黃帝殺蚩尤，王天下，黃帝開國，三月三
泰山封禪（基督紀元前 4392 年）

黃帝紀元元年，1 月 15 日甲子年甲子月辛卯日，作《調歷》（基督紀元
前 4377 年）

黃帝紀元 3 年，1 月 22 日丙寅年己酉朔旦冬至，迎日推策（基督紀元前
4375 年）

黃帝紀元 13 年，8 月 8 日丙子年七月庚申，鳳鳥至（基督紀元前 4365 年）

黃帝紀元 32 年，4 月 26 日乙未年仲春乙卯日，黃帝奏《咸池》（基督紀元前 4346 年）

黃帝紀元 37 年，8 月 16 日庚子年八月十六甲戌日，黃帝辭世（基督紀元前 4341 年）

西元前 4050 年，東夷少昊氏攻占中原地區，黃帝族被迫回歸北方，讓出了帝位。黃帝軒轅氏政權結束，代之而興的是少昊金天氏政權。

少昊金天氏 黃帝紀元 327-586 年（基督紀元前 4050- 前 3791 年）7 世 260 年

587 年少昊金天氏政權末任帝清陽（匠敬）禪位給外甥顓聆，少昊金天氏政權宣告結束。顓聆即位後，改稱顓頊，建立顓頊高陽氏政權，歷史進入顓頊高陽氏政權時期。顓頊高陽氏

黃帝紀元 587-996 年（基督紀元前 3790- 前 3381 年）16 世 410 年

黃帝紀元 597 年，顓頊朝統一四川（基督紀元前 3780 年）。顓頊高陽氏政權後期，因大洪水的逼迫，全族遷往黃河以北的太行山和燕山及東北高地的平原，氏族衰落，失去了對中原地區的控制，於 1029 年（基督紀元前 3348 年）被帝嚳高辛氏政權所取代。顓頊政權此後淪落為北方夷國。

帝嚳高辛氏 黃帝紀元 997-1577 年（基督紀元前 3380 年 - 前 2799 年）21 世 580 年

1578 年帝嚳高辛氏最後一帝巴加死後，中原各大氏族推舉青陽氏的薑角為帝，建立帝摯青陽氏政權。帝嚳高辛氏政權宣告結束。

帝摯青陽氏 黃帝紀元 1578-2019 年（基督紀元前 2799- 前 2358 年）17 世 442 年

2020 年帝摯青陽氏政權最後一任帝姜匡二禪位於異母弟姜堯，姜堯改國號為唐，建立帝堯陶唐氏政權。帝摯青陽氏政權的統治宣告結束。

帝堯陶唐氏 黃帝紀元 2020-2240 年（基督紀元前 2357- 前 2135 年）6 世 221 年

2241 年帝堯陶唐氏政權最後一任帝姜密去世，虞舜竊取了帝位，改國號為虞，建立帝帝舜有虞氏政權。帝堯陶唐氏政權的統治宣告結束。

帝舜有虞氏 黃帝紀元 2241-2273 年（基督紀元前 2136- 前 2104 年）2

世 34 年

2274 年帝舜有虞氏政權最後一任帝王美叔去世，姒禹繼承了帝位，改國號為夏。

紀元　編輯　封建紀

夏王朝 黃帝紀元 2274-2702 年（基督紀元前 2103- 前 1673 年）17 世 429 年

2429-2469 后羿和寒浞相繼奪取夏，夏國失國四十年）

2447 年，夏朝統一巴蜀（基督紀元前 1930 年）

商王朝 黃帝紀元 2703-3330 年（基督紀元前 1674- 前 1047 年）31 世 628 年

西周 黃帝紀元 3331-3606 年（基督紀元前 1046- 前 771 年）13 世 276 年

黃帝紀元 3331 年，周武王元年：繼三皇、五帝時代和夏、商兩朝之後，周朝立。（基督紀元前 1046 年）。黃帝紀元 3335 年，周成王元年：周公姬旦攝政，開「成康之治」。周朝時，華夏文化愈加完善，其中，禮、樂、射、禦、書、數稱「六藝」，詩（《詩經》）、書（《尚書》）、禮（《周禮》）、易（《周易》）、樂（《樂經》）、春秋稱「六經」。周公制禮作樂，提出「敬德保民」、「惟天地，萬物父母；惟人，萬物之靈」、「民之所欲，天必從之」，而此人本思想，「敬天愛民」之義，為後世「立國根本」，「制度可變，方法可變，而此立國之根本不可變。」（. 基督紀元前 1042 年）。

黃帝紀元 3536 年，週厲王三十七年，共和元年：市民自發起來驅逐、流放暴君厲王，史稱「國人暴動」，隨後實行共和執政。（基督紀元前 841 年）。

東周 黃帝紀元 3607-4121 年（基督紀元前 770 年 - 前 256 年）25 世 515 年

黃帝紀元 3607 年，周平王元年：周朝京師自鎬京遷洛邑，西周進入東周，又稱「春秋戰國」。諸侯國以強吞弱，西周早期約兩千個華夏諸侯方國，到春秋初期僅存一百二十餘個，戰國初期更少至十餘個，「併吞小弱，大抵以其國地為縣，置縣而特命官，」封建制漸進化為郡縣制。（基督紀元前 770 年）。

黃帝紀元 3721 年，周惠王二十一年：齊桓公率諸侯國聯軍以尊王名義強迫楚國簽訂召陵之盟，為會盟霸主之始。（基督紀元前 656 年）。

黃帝紀元 3773 年，周定王三年：老子誕生。老子是道家的創始人，並被後來的道教尊為「道祖」。（. 基督紀元前 604 年）。

黃帝紀元 3826 年，周靈王二十一年：孔子誕生。孔子創立了儒家學說。後世大家有評說，現代中國文化學的奠基人柳翼謀：「儒家之根本精神，為解決今世人生問題之要義。」西方近代思想啟蒙運動的領袖伏爾泰：孔子是「人類的立法者」，奠定了人類心法。近代思想家梁啟超：以儒家思想拯救陷入物質紛爭之世界，養成人類精神之向上，此「吾儕對於全人類之一大責任也」。（基督紀元前 551 年）。

黃帝紀元 3898 年，周敬王四十一年：孔子去世。（基督紀元前 479 年）。

黃帝紀元 3901 年，周敬王四十四年，元王元年：敬王姬匃卒，元王姬仁繼位，由春秋漸入戰國。春秋五霸、戰國七雄爭戰，發生了許多著名戰役，如城濮之戰、桂陵之戰、馬陵之戰、長平之戰，也出現出了許多名將和兵法家，如孫武、孫臏、伍子胥、吳起、白起、廉頗、王翦、李牧、樂毅、趙奢、蒙恬、田單、龐涓等。春秋戰國是社會變革和思想萌發的大時代，學術上有「百家爭鳴」之說，各領域湧現出了許多前賢先哲，如管仲、鄧析、列禦寇、左丘明、鬼穀子、蘇秦、張儀、惠施、慎到、鄒衍、許行、莊周、墨翟、楊朱、韓非、李斯、李悝、商鞅、呂不韋、申不害、公孫龍、尸子、屈原、扁鵲、魯班、俞伯牙，創造了燦爛多彩的思想文化。（基督紀元前 476 年）。

黃帝紀元 3974 年，周威烈王二十三年：韓、趙、魏三家分晉，周禮秩序愈加崩壞。（基督紀元前 403 年）

黃帝紀元 4005 年，週烈王四年：孟子誕生。孟子被稱為「亞聖」，即僅次於孔子的聖人。儒家學說又稱「孔孟之道」。（基督紀元前 372 年）

黃帝紀元 4064 年，週赧王二年：荀子誕生。荀子與孟子並稱「孟荀」。（基督紀元前 313 年）

黃帝紀元 4121 年，週赧王五十九：赧王駕崩，秦遷九鼎，佔王畿，滅東周。（基督紀元前 256 年）

自次年（秦昭襄王 52 年丙午，4122）起至秦王政 25 年己卯（4089），史家以秦王紀年。

集權紀

秦朝 黃帝紀元 4156-4168 年（基督紀元前 221 年 - 前 209 年）2 世 13 年

秦王政 26 年庚午（4156）完成統一，稱始皇帝。

黃帝紀元 4156 年，秦始皇二十六年：秦先後滅韓、趙、魏、楚、燕、齊六大國，統一中國，始稱「皇帝」。秦繼西周之後重新統一度、量、衡、貨幣、文字、車軌等，以中央統一、公民平等的郡縣政治制度代替周朝以前的封建階級自治制度。秦代「焚書坑儒」，以愚民之術謀求社會安定。秦朝雖短，但「秦人啟其端，漢人竟其緒」，漢政多沿秦法，故有「秦漢」合稱。（基督紀元前 221 年）。

黃帝紀元 4168 年，秦二世元年：陳勝、吳廣大澤起義，為我國平民革命之始。「秦以前，創業開國者多聖哲；秦以後，起事革命者多盜賊。盜賊無賴之徒，成則為帝王，固不識治國禦世之道；敗則肆焚掠，尤不解保護文化之誼」；秦後各朝衰世，或因土地兼併貧無立錐，或因政府腐壞苛政當道，常常引發革命暴動，給社會帶來嚴重破壞。家天下皇家政治模式，雖可收中央一統、破官僚利益集團害民禍國之效，但君主總有衰代，臣、將總會出野心家，因而不可永續，改朝換代成為常態；惟君主立憲、治權歸民，是解決之道；雖古代中國民治發達，且平民可通過讀書選舉致仕，但縣郡以上，或曰官府系統，治權出自帝，不出自民；仁君為維護穩定，安撫人眾，實行均田，限制買賣，重農抑商，壓抑了經濟社會發展的動力，暴主則壓榨百姓，或苛待官吏，為維護皇家皇位而嚴防重刑。（基督紀元前 209 年）。

西漢 黃帝紀元 4171-4402 年（基督紀元前 206 年 -24 年）14 世 232 年
新朝：4386-4402 共 17 年，建都：長安。王莽，始建國，I5 年。
東漢 黃帝紀元 4403-4597 年（基督紀元 25 年 -220 年）12 世 195 年
黃帝紀元 4403 年，建武元年：赤眉、綠林軍滅新朝，漢光武帝劉秀復漢朝定都洛陽，進入東漢，創「光武中興」。（基督紀元 25 年）。

黃帝紀元 4435 年，漢明帝劉莊即位，開「明章之治」。（基督紀元 57 年）。

三國魏朝 黃帝紀元 4597-4642 年（基督紀元 220 年 -265 年）5 世 46 年

黃帝紀元 4597 年，建安二十五年，延康元年：黃巾起義以後漢朝式微，曹操次子曹丕迫漢獻帝劉協禪位，建魏。（基督紀元 220 年）。

三國蜀漢 黃帝紀元 4598-4640 年（基督紀元 221 年 -263 年）2 世 43 年

黃帝紀元 4598 年，章武元年：劉備在益州稱帝，复號漢，史稱「蜀漢」。（基督紀元 772 年，西元 221 年）；

黃帝紀元 4640 年，炎興元年：魏滅蜀漢。（基督紀元 814 年，西元 263 年）

三國東吳 黃帝紀元 4599-4657 年（基督紀元 222 年 -280 年）4 世 59 年

黃帝紀元 4599 年，黃龍元年：孫權在武昌稱帝，旋都建業，國號吳，史稱「東吳」，形成三國鼎立。（基督紀元 222 年）.

西晉 黃帝紀元 4643-4693 年（基督紀元 265 年 -316 年）4 世 51 年

黃帝紀元 4643 年，泰始元年：司馬炎廢魏元帝稱帝，建立晉朝。（基督紀元 265 年）。

黃帝紀元 4658 年，太康元年：晉滅東吳，統一中國。（基督紀元 280 年）

東晉 黃帝紀元 4644-4796 年（基督紀元 317 年 -419 年）11 世 103 年

黃帝紀元 4694 年，建武元年：八王之亂後遭受五胡亂華，中原衣冠南渡，晉元帝司馬睿即位，都建康，由西晉入東晉。北方則有五胡十六國，五胡指匈奴、鮮卑、羯、氐、羌，十六國為前涼、後涼、南涼、西涼、北涼、前趙、後趙、前秦、後秦、西秦、前燕、後燕、南燕、北燕、夏、成漢，此外還有冉魏、西燕等。前秦統括北方後，攻東晉，淝水之戰被謝石、謝玄打敗，不久瓦解，北方分為多個小國，隨後北魏再統北方，魏孝文帝實行改革，學習華夏文化禮教，於是民族融合而消止種族殘酷爭戰。（基督紀元 317 年）。

南朝宋 黃帝紀元 4797-4855 年（基督紀元 420 年 -478 年）8 世 59 年

黃帝紀元 4797 年，元熙二年：宋武帝劉裕廢晉恭帝自立，國號宋，史稱「劉宋」。（基督紀元 420 年）。

朝代更跌，相繼有宋、齊、梁、陳，史稱「南朝」。北方則先為北魏，後北魏分東魏、西魏，再後東魏北齊代，西魏北周代，史稱「北朝」。南

朝北朝合稱「南北朝」。南朝與魏、晉，或與東晉、東吳，合成「六朝」。
這一時期，由釋迦牟尼創建的佛教自印度傳入以後開始盛行。中國人脫離
初民之迷信最早，「唐、虞、三代之聖哲，專以人事言天道，即殷人尚鬼，
有似於宗教性質，然其祭祀仍專重人鬼，無宗教家荒誕之說。」「後之立
國者，於政治教育不能盡饜人望，又無宗教以資其維繫，則人心之飢渴，
乃甚於原有宗教之國家。戰國以來，神仙方士之說，因之以盛，而其效不
可睹。要其為術，足以惑下愚而不足以啟上智。」到了漢末，張道陵創五
斗米道，道教誕生。佛教當時流入中國，正合於中國人心渴仰宗教之潮流。
後漢之季，由樸學而趨清談，漢末魏際，便開清談，清談所標，皆為玄理，
南北朝時，玄學益盛。玄佛理論，多有相通，佛道相辯，促成佛教中國化，
形成儒釋道合的中國文化。科技方面，南北朝時期的賈思勰、酈道元、
何承天、祖沖之、葛洪、陶弘景等人都各有成就。

南朝齊 黃帝紀元 4856-4878 年（基督紀元 479 年 -501 年）7 世 23 年

南朝梁 黃帝紀元 4879-4933 年（基督紀元 502 年 -556 年）4 世 55 年

南朝陳 黃帝紀元 4934-4964 年（基督紀元 557 年 -587 年）5 世 31 年

北朝北魏 黃帝紀元 4763-4910 年（基督紀元 386 年 -533 年）14 世 148 年

北朝東魏 黃帝紀元 4911-4926 年（基督紀元 534 年 -549 年）1 世 16 年

北朝西魏 黃帝紀元 4912-4933 年（基督紀元 535 年 -556 年）3 世 22 年

北朝北齊 黃帝紀元 4927-4954 年（基督紀元 550 年 -577 年）6 世 28 年

北朝北周 黃帝紀元 4934-4957 年（基督紀元 557 年 -580 年）5 世 24 年

隋朝 黃帝紀元 4958-4994 年（基督紀元 581 年 -617 年）3 世 37 年

黃帝紀元 4958 年，開皇元年：隋文帝楊堅廢北周靜帝，建立隋朝，都
長安，並逐步統一中國。隋制兼納南北，並開始實行科舉制。（基督紀元
581 年）。隋朝是中國歷史上最偉大的朝代之一，隋朝是五胡亂華後漢族
在北方重新建立的大一統王朝，結束了中國南北分裂 200 多年的局面。
隋文帝楊堅中止北周北齊時期胡化逆流，復漢姓，推行漢化，為後來唐宋
漢文化大發展奠定基礎。隋唐時期也是全世界公認的中國最強盛的時期。

唐朝 黃帝紀元 4995-5284 年（基督紀元 618 年 -907 年）24 世 290 年

黃帝紀元 4995 年，武德元年：唐高祖李淵逼隋恭帝禪位，建立唐朝。唐多沿隋制。「自秦以降，田皆民有，民得買賣，」土地兼併造成貧富懸殊為人詬病，北魏復古採週制，實行均田，隋唐沿之，計口分田。魏晉九品中正制以來形成的士族門閥，唐朝仍然盛行，至唐末五代，契丹、女真等族人闖入中原大肆破壞文化的同時，亦虜高門世家為奴，崇尚望族之風遂消。唐朝創造了經濟、社會繁榮，學術文化上，在天文、地理、算學、醫藥、音樂等方面都建樹，更是文學、美術的盛世，與漢朝有「漢唐」並稱。（基督紀元 618 年），其鼎盛時期的西元 7 世紀時，中亞的沙漠地帶也受其支配。

　　黃帝紀元 5003 年，武德九年：唐太宗李世民即位，開「貞觀之治」。（基督紀元 626 年）。

　　黃帝紀元 5067 年，載初元年：武太后武則天稱帝，改國號周，史稱「武周」。（基督紀元 690 年）。

　　黃帝紀元 5089 年，太極元年：唐玄宗李隆基即位，開「開元之治」。（基督紀元 712 年）。

　　黃帝紀元 5122 年，天寶十四年：節度使安祿山發動叛亂，史稱「安史之亂」。（基督紀元 755 年）。

　　五代後梁 黃帝紀元 5284-5300 年（基督紀元 907—923 年）2 世 17 年

　　黃帝紀元 5284 年，天佑四年：梁取代唐，之後為五代十國時期，五代為梁、唐、晉、漢、週，十國為前蜀、後蜀、吳、南唐、吳越、閩、楚、南漢、南平、北漢。（基督紀元 907 年）

　　五代後唐 黃帝紀元 5298-5313 年（基督紀元 921—936）4 世 15 年

　　五代後晉 黃帝紀元 5313-5324 年（基督紀元 936—947）2 世 11 年

　　五代後漢 黃帝紀元 5324-5327 年（基督紀元 947—950）2 世 3 年

　　五代後周 黃帝紀元 5328-5337 年（基督紀元 951—960）3 世 10 年

　　遼朝 黃帝紀元 5284-5502 年（基督紀元 907 年 -1125 年）9 世 218 年

　　契丹迭剌部的首領耶律阿保機於唐末乘中原之亂統一各部取代痕德堇，於 5284 年即可汗位。他先後鎮壓了契丹貴族的叛亂和征服奚、室韋、阻葡等部落，聲勢浩大不同凡響。 5293 年（遼神冊元年），耶律阿保機建立

了奴隸制國家——契丹國，建年號為神冊。

大理 黃帝紀元 5314-5630 年（基督紀元 937 年 -1253 年）23 世 317 年

北宋 黃帝紀元 5337-5503 年（基督紀元 960—1126）9 世 167 年

黃帝紀元 5337 年，建隆元年：趙匡胤發起陳橋兵變，建立宋朝，都開封。「有宋一代，武功不競，而學術特昌，」尤其自周敦頤、程顥、程頤、張載、邵雍而至於朱熹的理學，不僅在知識哲學和人文思想方面達到巔峰，而且其在天地宇宙、自然科學方面的思考探索也有創見。此外，還出現了沈括、畢昇、蘇頌、賈憲、曾公亮、秦九韶、朱世傑、楊輝等科技人物。宋代文學及書畫與唐代比肩，宋詞與唐詩並稱，韓愈、柳宗元、歐陽修、王安石、蘇洵、蘇澈、蘇軾、曾鞏合稱「唐宋八大家」。漢後唐際，盤坐漸改坐椅；唐後宋際，騎馬漸改坐轎，女子開始流行纏足，遂致弱風。宋時手工業和商業都有很大的發展，並出現了紙幣。（基督紀元 960 年）。

黃帝紀元 5445 年，熙寧元年：王安石變法。因改革分歧，朝廷分為新黨、舊黨兩派，為中國政黨政治之始。宋時政黨，與近代西方政黨最大的不同，在於士大夫黨人以道義為根本，以民生、國計、公義為出發點，而非站在固有經濟等集群立場為私利己祿所驅使，黨派之爭純為政見之爭，因政見差別而析為黨，黨人黨爭之中，若認識改變，則改過從新，以「今日之我攻昨史書日之我」，改換黨派，而很多官員並無明顯黨屬。因而宋時誕生的中國政黨模式雛形，為後世中國以及世界的一項寶貴政治遺產。（基督紀元 1068 年）。

南宋 黃帝紀元 5504-5656 年（基督紀元 1127—1279）9 世 153 年

黃帝紀元 5504 年，建炎元年：宋高宗趙構即位，後遷都臨安，由北宋入南宋。北宋時遼國攻宋並曾簽訂澶淵之盟，金國滅遼後攻宋並發生皇家宗室被虜的靖康之難，南宋時繼續受到金的進攻。三年以後，岳飛在建康大破金兀術，乘胜北伐。（基督紀元 1127 年）

西夏 黃帝紀元 5409-5604 年（基督紀元 1032 年 -1227 年）10 世 195 年

西夏是指中國歷史上由党項人於西元 1032 年至 1227 年間在中國西部建立的一個封建政權。

金朝 黃帝紀元 5492-5611 年（基督紀元 1115 年 -1234 年）10 世 119 年

黃帝紀元 5492 年正月初一，阿骨打稱帝，建國號大金，定都會寧。金於 5502 年滅遼，滅遼後，金國第二代皇帝金太宗吳乞買即位，並於 5504 年滅北宋。

元朝 黃帝紀元 5583-5744 年（基督紀元 1206-1367 年）22 世 161 年

5583 年（金泰和六年），蒙古貴族在斡難河源奉鐵木真為大汗，尊號成吉思汗，蒙古汗國（大蒙古國）建立。5648 年（元朝至元八年），元世祖忽必烈改國號為 "大元" 5595 年蒙古滅西遼，5604 年滅西夏，5611 年滅金國，5623 年招降吐蕃，5630 年滅大理，5653 年滅南宋，5656 年消滅南宋殘餘勢力，元朝最終統一中國。

黃帝紀元 5648 年，咸淳七年，至元八年：繼元太祖鐵木真成吉思汗統一蒙古各部落六十餘年及耶律楚材繼續輔佐的元太宗窩闊台繼位四十餘年後，元世祖忽必烈即位稱帝，建立元朝。此時，蒙古兵已經征服了歐亞許多地區，包括中國的西遼、西夏、金等和中亞、西亞以及南亞、東歐的部分地區，並繼續進攻南宋。四年後，遺下「人生自古誰無死，留取丹心照汗青」篇章的文天祥開始招募義軍抗元。（基督紀元 1271 年）。

黃帝紀元 5656 年，祥興二年，至元十六年：陸秀夫背負宋幼主趙☒投海殉國，南宋亡，元朝統一全國。元朝實行種族分等統治，蒙古人享有特權，並引入色目人輔助統治。穆罕默德創建的伊斯蘭教隨穆斯林色目人的進入而擴張。佛教特別喇嘛教即藏傳佛教影響擴大，並成為蒙古人的信仰。元朝繼宋朝之後，海陸對外貿易進一步發展。中國和中西亞、歐洲的交流擴大，不少中國科技成果在這一時期傳入西方。（基督紀元 1279 年）。

明朝 黃帝紀元 5745-6021 年（基督紀元 1368—1644）17 世 277 年

黃帝紀元 5745 年（元至正二十八年、明洪武元年），明太祖朱元璋在應天稱帝，國號 "大明"。同年以 "驅逐胡虜恢復中華" 為號召進行北伐，明軍攻占元朝首都大都（今北京），元順帝北逃，元朝北遁。

黃帝紀元 5745 年，洪武元年：在藉白蓮教起義的紅巾軍中崛起的明太祖朱元璋攻破元大都，在南京登基，建立明朝。明朝繼宋元之後繼續發展，

資本市場經濟發達，社會空前繁榮，科技日益進步。文化思想上，合理學、禪學而別開心性之學，造就了王陽明、陳獻章、湛若水、王廷相、王守仁、王艮、李贄、王夫之、方以智、顧炎武、黃宗羲等大哲。明中後期開始和西方學術界發生了較多交流，當時主要以耶穌傳教士為中介，一方面，西方最新學術傳入中國；另一方面，中國文化逐漸傳入歐洲，推動西方萌發思想啟蒙運動、打破封建制度和基督教神權從而進入近代文明社會。（基督紀元 1368 年）。

黃帝紀元 5782 年，永樂三年：鄭和開始七下西洋，繼宋元以來把海上貿易和海洋事業推進到高潮。後來倭寇海盜之患嚴重，加之倚仗據考佔全球三分之一的經濟規模和自有的內部大市場，明朝加強海防海禁，海外貿易萎靡；在戚繼光、俞大猷等平倭以後，又招安鄭芝龍，海軍力量加強以後在東南海域對包括歐洲武裝搶劫商隊在內的海盜進行打擊，海上貿易秩序逐漸好轉；而在同一時期，西方列強則開始在全球各地貿易、掠奪、奴役、屠殺、殖民和擴張。（基督紀元 1405 年）。

黃帝紀元 5798 年，永樂十九年：明成祖朱棣遷京師自南京於北京。（基督紀元 1421 年）。

黃帝紀元 5801 年，永樂二十二年：明仁宗朱高熾即位，開「仁宣之治」。（基督紀元 1424 年）。

黃帝紀元 5864 年，成化二十三年：明孝宗朱佑樘登基，創「弘治中興」。孝宗皇后張氏來自民間，無嬪妃；明中以後為示皇室與百姓萬民血脈相通，選後特求平民。（基督紀元 1487 年）。

黃帝紀元 5950 年，萬曆元年：明神宗朱翊鈞任命張居正為內閣首輔實行改革，以後黨爭紛起。（基督紀元 1573 年）。

清朝 黃帝紀元 5993-6288 年（基督紀元 1616-1911）12 世 295 年

5993 年（明萬曆四十四年，後金天命元年），清太祖努爾哈赤建國稱汗，國號大金，史稱“後金”。6013 年（明崇禎九年，清崇德元年），清太宗皇太極稱帝，改國號為“大清”。6021 年基本統一全國。

黃帝紀元 6021 年，崇禎十七年，順治元年：李自成率軍攻陷北京，建立大順。崇禎皇帝自縊。弘光帝朱由嵩在留都南京即位，史稱「南明」。

吳三桂聯合清軍打敗李自成，多爾袞迎順治入關，清太宗皇太極稱帝建清八年後清世祖順治帝定都北京。清朝多沿明製。清初因強迫漢人剃髮留辮髮生了江陰屠城、嘉定三屠等事件。清代滿人據有特權，各地建有專供滿人居住的滿城，但到清中後期，滿人愈加漢化。（基督紀元1644年）。

黃帝紀元6038年，永曆十五年，順治十八年：明昭宗朱由榔被俘而死，南明亡。鄭成功在台灣打敗並驅逐荷蘭殖民者，進行抗清復明活動，二十二年後澎湖海戰明鄭軍敗於清軍，清朝統一全國。康熙即位，開「康乾盛世」。清繼宋元明之後，農業、工商業繼續發展。康熙認識到西方基督宗教與中國文化的衝突和對中國的危害，以禮儀之爭把天主教傳教士逐出境外，但同時實行的海禁，卻妨礙了我國商人逐利於全球，並阻礙了中國與正在發生工業革命而突飛猛進的歐洲進行學習、交流和競賽，造成了中國相對迅速衰落。（基督紀元1661年）。

黃帝紀元6062年，康熙二十四年，俄國向我國北方擴張引發雅克薩之戰，四年之後中俄簽訂《尼布楚條約》。（基督紀元1685年）。

黃帝紀元6217年，道光二十年：第一次鴉片戰爭爆發，來年戰敗簽訂《中英南京條約》，香港被割讓給英國；此後我國頻遭列強侵略並被迫簽訂了《中美望廈條約》、《中法黃埔條約》、《中法新約》、《北京條約》、《天津條約》、《中俄璦琿條約》、《中俄密約》等條約。隨後，中華世界或者說東亞地區以中國為中心的朝貢體系下和平交流的國際關係逐漸被西方以強凌弱、弱肉強食的國際關係取代。歐美的商品、資本、商人、傳教士也以堅船利炮為後盾湧入中國。（基督紀元1840年）。

黃帝紀元6227年，道光三十年：天平天國暴動。（基督紀元1850年）。

黃帝紀元6228年，咸豐元年：捻黨起義。（基督紀元1851年）。

黃帝紀元6238年，咸豐十一年：曾國藩、李鴻章、左宗棠、張之洞等洋務派開始進行學習西洋近代科技實業的洋務運動。（基督紀元1861年）。

黃帝紀元6272年，光緒二十一年：甲午戰爭爆發，次年戰敗簽訂《馬關條約》，遼東半島、台灣、澎湖列島等被割讓給日本。因日本獨占遼東半島激怒了在東北享有特權並企圖霸占東北的俄國以及其他希望利益均霑的列強，列強施壓，俄國並聯合德國、法國做出軍事威脅姿態，日本不得

不放棄佔有而後清政府以白銀向日本贖回遼東半島，光緒二十四年俄國以「租借」名義霸占東北主要港口旅順和大連。（基督紀元 1895 年）。

　　黃帝紀元 6275 年，光緒二十四年：光緒帝任用康有為、梁啟超等人實行戊戌變法。（基督紀元 1898 年）。

　　黃帝紀元 6277 年，光緒二十六年：以扶保中華、驅逐洋人洋教滲透侵略勢力為目的的帶有迷信色彩的義和團激進暴力民族運動爆發，遭到八國聯軍血腥絞殺，北京被佔，清廷外逃入陝，次年簽訂《辛丑條約》。（基督紀元 1900 年）。

　　黃帝紀元 6279 年，光緒二十八年：在劉坤一、張之洞、李鴻章、榮祿、奕劻、袁世凱等人推動籌劃下，垂簾聽政的慈禧太后實行新政，主要藉鑑日本進行革新。（基督紀元 1902 年）。

　　黃帝紀元 6281 年，光緒三十年：日俄戰爭以我國東北為戰場。（基督紀元 1904 年）。

　　黃帝紀元 6282 年，光緒三十一年：推行君主立憲。中國同盟會成立，孫文提出民族、民權、民生三民主義。（基督紀元 1905 年）。

　　黃帝紀元 6289 年，宣統三年：黃花崗起義、保路運動、武昌起義、辛亥革命爆發。隨後中華民國臨時政府在南京成立，實行民主共和製，孫中山被推為臨時大總統，旋清遜帝溥儀退位，民國遷都北京，袁世凱任大總統，史稱「北洋政府」。袁世凱四年後稱帝，隨後陷入地方軍閥割據混戰，孫中山在廣州組建軍政府發起「護法戰爭」。（基督紀元 1911 年）。

　　2018 年元旦節普天同慶，在曬過 18 歲照片之後，大家是否都知道“元旦”是怎麼來的呢？今天我來跟您說說。最早的元旦，來自埃及在公元前 5000 年左右，古埃及人已由游牧改為農耕，定居在尼羅河兩岸，他們的農業收成與尼羅河是否氾濫有很大關係，古埃及人從長期的觀察中發現，尼羅河氾濫的時．

「黃帝歷」と「三国志」は訳さず原文そのまま記載しています。古代中国語を翻訳するのは簡単ではありません。熟語形式の文は分かりやすい

のですが、古代の文章に書かれている熟語でない２～３文字の文を訳すのは資料調べから入らなければならないので時間がかかります。

　例えば三国志の倭の項に載っている"種禾稲"の文字を解読するのに日本の中日辞書には載っていません。禾稲は"イネの苗、イネ"と載っています。中国の漢語辞書には"種禾稲"は漢語の稲谷と同じだと言っています。稲谷"モミ"ですが"タネモミ"に訳せばなります。農産物は米です。種もみと訳すのは不自然ですから再度、地形を調べると、遠祖の土地は山が多く平地の水田ではなさそうです。せめて長江沿いは"水田"だろうと思いましたが切り立った山々です。稲谷の谷と考えて棚田が正しいのではと考え調べて見ると、二人がやっと作業ができる狭い棚田から多人数で作業ができる広い棚田まであります。北はお米を中国から購入すると記載されていますから、お米以外の作物は"段々畑"で育てます。既に近年蒙古地方から遺跡も見つかっています。それらを調べれば遠祖の地は決して良い条件の地ではなさそうです。平地の水田は作業効率は良いですが自然災害に向かい合うと弱い。干ばつ、水害、強風、それに比べれば棚田は水田に比べれば栽培効率が悪いが、水田が受ける自然災害に対し被害は小さくて水田より強いところがあります。このような棚田も遠祖が長期に渡って、その地で暮らせた一つの条件です。

　しかし、ここで私の訳が絶対に正しいとは言い切れません。古代中国語を依り詳しく調べるには自分で調べなければなりません。一つの文字でも読み方一つ全く解釈が違って来ることもあります。とても大切な文章なので直接に書き込みはせずに、正確に伝える為にそのままに三国志と黄帝歴の要所を記載しました。漢字に似ていても漢字では無く、晋で使っていた、いや周や燕も使っていただろうという文字は幾らでもあります。日本で使っていた文字が漢、現代中国（簡体文字は別）にもありません。こんな簡単な文字なのにと考えてしまいます。歴代の皇帝が文字の統一を考えていますが、三国志のように古代史を繁体文字で記載するのに外字を造らなければならない状況です。漢字の国ですから膨大な数

の漢字がありますが、漢字の魅力も素晴らしく、漢字を中国語で理解することの楽しさを教えてくれます。

　日本には文字には意味のないひらがな、カタカナがあります。その組み合わせ漢字を補佐する為に複雑な文書の構成に為っています。アジア大陸の各国で漢字を使えば、全て正しくなくても、お互いの民族の心が分かります。漢字の好いところは部首で調べられることです。日本（繁体文字）では音訓読み、あいうえおです。中国（簡体文字）、台湾（繁体文字）ではピンインですからＡＢＣでひろいます。これが朝鮮半島や東南アジアの国になると漢字を使用していない別の文字の文章です。始めから調べるのは厳しいことです。拾い出すきっかけさえ見付けるのは困難な作業です。

第七章

出雲国風土記

　　“**八**雲立　出雲国“で出雲国風土記が始まる有名な文書です。出雲の国の出来事を全て云いますよ、と記されています。雲という文字は「云う」、「云う」は意宇と、いう、イウ、iu、皆、同じ読みで意味も同じです。違いは使い方で、そのあたりは分かりませんがそれなりの形はあったかもしれません。無駄話です。出雲も「出（姓）さんが云う国」と捉えられます。

　御経です。重誓偈の始めの句です。願以此功徳平等施同発菩提心往生安楽国。訳しますと、願わくば、この功徳を以って同じく平等に菩提心を発し安楽国に往生せしめんとす。ですが、文法を持ち出すなら上手く訳することができない見本です。

　出雲国風土記
　国之大体、首震、尾坤。東南山、西北属海。東西一百三十九里一百九歩、南北一百八十三里一百七十三歩□一百歩□□七十三里三十二歩□　得而難可誤。□老、細思枝葉、裁定詞源。亦山野浜浦之処。鳥獣之棲、魚貝海菜之類、良繁多悉不陳。然不獲止、粗挙梗概、以成記趣。

　国の大体、で始まり、国の形や生き物の話が終わった後の続きです。
　所以芳雲者、八束水臣汙野命詔、八雲立詔之。故、云　八雲立出雲。

　所以・したがって（冒頭に用います）芳雲者・敬（相手の事物を敬っている）

者が云う、八束水臣汙野命詔。全ての水の臣を束ねた、汙（波）に意味はなく頭に持ってくる"伊"と同じです。文字が違うのは、漢語の漢字では無く漢では無く他の地域で使われた文字ということで周、秦が考えられます。野命・野見の宿禰、詔・告げる、戒める。故・ゆえに、だから、したがって、云は云う。八雲立出雲。

　合神社参佰玖拾玖所。出雲に在る神社の数を書いていますが、399社は切りが悪いのですが、これが出雲大社（木次神社・杵築神社）は二柱の神を御祀りしています。これで400社になりますと考えています。

　所以号意宇者、国引坐八束水臣汙野命詔、八雲立出雲国者。狭布之堆国在哉。初国小所作。故、

　狭布之堆国在哉。幾ら膨大な資料が有っても、その中の２～３の答えが必ず合っているという確証はありません。狭布は蛾の名前、狭布種の分布は印度や中國雲南（龍陵）地方で、堆国は古蜀国です。狭布は虫からつけた名前でしょう。長江流域の古蜀国に狭布はいたのかな。垂仁天皇の后、狭穂姫の姓も同じですから親族が兄弟、姉妹かもしれません。国の初めは小さな所から作る（始まった）。

　将作縫詔而、栲衾志羅紀乃三崎矣国之余　有耶見者、国之余詔而、

　童女胸鉏所取而、大魚之支汰衛刔而、波多須々支穂振刔而、三身之網打挂而、霧黒葛闇々耶々爾、河舟之毛々曾々呂々爾、国々来々引来縫国者、自豆乃折絶而。八穂米支豆支乃御崎。堅立加支者、石見国与出雲国之堺有、名佐比売山。此他。

　漢字で書かれていても漢字で無い漢字、訳せば漢語に倭語に周、燕語にて難解です。読みの当て字の日本語もあります。取りあえず訳します。

　作るのを将・助ける、縫・縫い合わせる、詔・告げる、戒める、しかるに村落の統合を助けると告げる。栲・ブナ科クリカシの高木で硬い、衾・

布団、経かたびら、**志羅紀は新羅**、の岬、**矣**（<ruby>い<rt></rt></ruby>）（前文を際立たせる）、**栲衾**は新羅の書きことばで使っているか、地名？人名？　**国乃余**、三韓のこと？　拓けてなく住人も少ない、地域と言っているようです。**耶見者**は疑問を持っている人で、有・あり。国の余り（新羅）がある、「疑問を持っている人がある」か「新羅の話をする人を疑っている」か？

　童女胸鉏所取而は傑作です。当時は13才で結婚します。10才位の童女でしょう。胸にほんの少しでこぼこと変わっていきます。新しい土地の開墾を上手く表現しています。**汰**・淘汰する、**衛**・くわえる、**刎**・はねる、**支**・支える、広げる、と汰衛の地名？　大きな魚をくわえこれを<ruby>刎<rt>は</rt></ruby>ねて<ruby>淘汰<rt>とうた</rt></ruby>する。栲衾が朝鮮半島の地名なら正確な地名が解りません。**波多須々支穂振刎而**、秦を待たなければならない支えて穂を振り刎ねる、**而**、**三身之網打挂而**、三の身体をこれを網を打ち挂（掛）ける、**而**、**霧黒**・<ruby>しかるに<rt></rt></ruby>黒いもや、**葛**（葛氏・周武王滅殷商後，在西周初期，又尋回葛伯後裔，封賜有葛國，為子爵，這是葛伯國第二次被滅。周桓王姬林二年（紀元前718年），葛國被鄭莊公姬寤生所吞滅，其後在其故國之地還爆發了宋、鄭兩國之間的著名“長葛之戰”；十年後的周桓王十三年（紀元前707年），鄭國為了爭霸中原，又在其地爆發了針對周王朝的著名“繻葛之戰”；葛國故地成了楚國、魯國等諸侯們爭霸春秋的的古戰場，於公元前557年葛伯國被場地滅亡。）**闇々**（暗々）・ひそかに、人知れず、こっそり、**耶々**（疑問だらけだ）**爾**・なんじ、**河舟之毛々曾々呂々爾**。

　毛々曾々呂々、音を文字で表す素敵な表現です。もそろ、もそろと伝えたいそんな気持ちが伝わってきます。**国々来々引来縫国者**、他国に来て欲しいと云っています。縫国者は建設大臣でしょう。**自豆**（源於姬姓，出自西周初期週穆王的御馬師造父之師傅泰豆氏，属於以先祖名字為氏。上古時期的造父是個名人，他是伯益的第九世孫，著名的西周王廷善御者，後世趙氏鼻祖。在史籍《史記・趙世家》中記載造父時說：“幸於週穆王。穆王使造父禦，西巡狩，樂之忘歸。徐偃王反，穆王日馳千里馬，攻徐偃王，大破之。乃賜造父以趙城，由此而為趙氏”。這麼一個有大功於西周王朝的人，其“善禦”之技卻是跟泰豆氏學來的。）**乃**・は、**折絶**・絶対に折れない、**而**。八穂米を支える、**豆**（まめ、粒、黄、<ruby>高杯<rt>たかつき</rt></ruby>、（姓）豆）を支えるは御崎。**堅立加支者、石見国与出雲国之堺有、名佐比売山**。

此他。

八穂米支豆支乃御崎。以此而、竪立加志者、石見国与出雲国之堺有、名佐比売姫山、此也。亦、特別綱者、薗（篇海）之長浜、是也。亦、北門佐伎之国矣国余有耶見者、国之余（古代史の漢字は餘を使っていますがここでは余りを使っています）詔而、童意女胸鉏所取而、大魚之支大衛刲而、波多須々支穂振刲而、三身之網打挂而、霧黒葛闇々耶々爾、河舟之毛々曾々呂々爾、国々来々引来網国者、自多久乃折絶而、狭田之国、是也。亦、北門良波乃国矣国余有耶見者、国之余詔而。童意女胸鉏所取而、大魚之支大衛刲而、波多須々支穂振刲而、三身之網打挂而、霧黒葛闇々耶々爾、河舟之毛々曾々呂々爾、国々来々引時、引縫国者、自宇波縫折絶而、闇見国、是也。亦、高志之都都乃三崎矣国乃之余有耶見者、国之余詔而。童意女胸鉏所取而、大魚之支大衛刲而、波多須々支穂振刲而、三身之網打挂而、霧黒葛闇々耶々爾、河舟之毛々曾々呂々爾、国々来々引来縫国者、三穂之崎。接引網、夜見島。固堅立加志者、有伯耆国火神山岳、是也。今者国者引訖詔而。意宇社爾御杖衛立而。意恵登詔。故、云意宇。

所謂意宇社者、郡家東
八歩許。其上有一以茂。

　意宇郡が終わって母理郷に移ります。この話で注目するのは、西に接する石見国、北に面する佐伎の国、狭田の国、東に面する伯耆の国の話ですが似た文章が続きます。これは複数の民族が暮らし、言語が少しずつ違う複数の民族の全てに理解してもらう意向ではなかったでしょうか？　文書にリズムを感じます。薗・篇海、広い海、一つにまとまった海、佐伎之国、狭田之国、これは何処でしょう？　伯耆国火神山岳・大山、接引網・ひき網、夜見島・踞蜻島、さまざまな意見があり、出雲の話ならこの場所では通称タコ島と呼んでいますが、この読みもそうでしょうか？　意宇社爾御杖衛立。意宇社汝の、つい立て、衛立。
　日本の漢字の翻訳の難しさは、全く熟語を使っていない文章に、漢字の当て字の日本語に加えて、地名、人名の区別が分かり難く、それに周、

燕、秦の漢字も混ざっています。探すのに非常に労力のいる文字もあります。これでは漢字を日常的に使用する中国の人も、お手上げでしょう。

　　母理郷。群家東南九里一百九十歩。所造天下大神大穴持命、越八口平賜而還坐時、来坐長江山而詔、我造坐而命国者、皇御孫命平世所知依奉。但、八雲立出雲国者、我静坐国、青垣山廻賜而、珍直賜而守詔。故、云文里。

　　まず日本の越から入ります。

　　国名；據《史記・越王勾踐世家》記載，越國國君是華夏先祖大禹的直系後裔中的（の）一支。越國的前身是古代"於越部落"，故而又稱作"於越"、"於越"。據《史記・越王勾踐世家》張守節"正義"引賀循《會稽記》："少康（姒少康）（紀元前 1972 年―紀元前 1912 年），又名杜康，姒相之子，夏朝君主，發明家（酒）。姒少康的父親姒相被寒浞所殺。姒少康長大後為有仍氏牧正，又逃至虞國（今河南商丘虞城縣）任庖正，在此期間釀造出了酒。虞國君主虞思將其女二姚許配於姒少康，幫助姒少康積極爭取夏后氏遺民。姒少康志在復國，派間諜女艾於澆，在同姓部落斟灌氏與斟鄩氏的幫助下，與夏后氏遺臣伯靡等人合力，攻滅寒浞，建都綸城（虞城縣西三十五里），恢復了夏王朝的統治。少康大有作為，史稱"少康中興"。其少子號曰於越，越國之稱始此。"另外，據《春秋經・定公五年》"於越入吳"條，杜預註解說："於，發聲也"，亦即是說 "於"字是用作發聲的字而已。據《史記・越世家》越國為夏朝少康庶子於越的後裔，國君為姒姓，《吳越春秋》也認為 "至少康，恐禹跡宗廟祭祀之絕，乃封其庶子於越，號曰無餘。"

　　以上で解るように越は中国大陸の春秋時代からつづく"華夏"です。越の王は王の中の王と言われ他の国から尊敬されていました。越が南下しますと中国全土に多くの越ができます。"百越"と言います。

総合して交趾（Jiāozhǐ）ですが日本人にはコシと聞こえます。越（Yuè）エツ、河内（Hénèi）ハノイ、カワチ、コシ、越南（Yuènán）（Betonamu）交趾、越、河内、高志、古志は同じ読みで意味、内容も同じです。南下して長江の河口北の上海も越と呼ばれたときがあります。日本人の祖先が来たのは上海でなく福州から、河口南は閩越から福州に、閩越の南は南越の南が越南です。北の越が南下しても都は何時も河内です。閩越の東に位置するのは台湾で福州と台湾は原語圏が同じで今でも長江を北に渡ると上海ですが言葉が台湾と違います。卑弥呼の卑は日本人の発音ではベ（Be）で、中国では卑（Bēi）と発音します。古漢語と台湾ではビと発音します。ベは倭人には正確に発音ができません。

大穴持命が越を平定したと云っていますが、皇御孫命は垂仁天皇でしょうか？　我静坐国、青垣山廻賜而に出てくる青垣山は青州の烏垣の山のこと、資料が少なく再度調べなければなりません。来坐長江山而詔では長江から来ると出てきますが分かりません。坐は動くものに座るという使い方をしますが余り拘っていないようです。漢字からきていますから伊坐凪、伊は意味がなく頭に持ってきます。坐は動くものに座る、凪は男神を？　それとも伊が凪の海を渡って来たのか？　伊坐波の例があります。

屋代郷。郡家正東州九里一廾歩。天乃夫比命御伴、天降来社、伊志等之遠神、天汭吾浄将坐志社詔、故。云社。

夫・あの、その、この、天乃夫比命御伴・天のそのヒメ（姫、媛、日命）とお供し、天降来社・天から社に降りる、降・降は神様が梯子を使って降りる、その祀るだけに神様が降りてくるのを降臨と言います。

旧出雲大社（木次神社、杵築神社）には神殿だけで何もありません。神社には祭壇、拝殿がありますが、神様が全国から沢山参上します。かつては多くの神様がゆっくりできる広い祭壇、拝殿が有ったのでしょうか？

神無月は 11 月ですが、旧暦冬至に神様を集めて竹の梯子を使って降りて来られます。ここからがとても重要です。伊志等之遠神、伊志は息長宿禰、大中伊志冶のこと、等の遠神・祖がはっきりしない神。天汁吾浄将坐志社、汁・頭に持ってきます、また波の意味もあります。吾・われ、われら、浄・きれい、何もない、だけ、将・助ける、手をかす、あまの波、我らだけに手をかし社に腰をおろして下さい。出雲でも息長宿禰と野見宿禰の繋がりが間違いなかったという話です。出雲から播磨に渡り、そして大倭の朝廷に繋がりました。

　楯縫郷。郡家東北卅二里一百八十歩。布都努志命之天石（源於姫姓，出自春秋時期康叔六世孫衛靖伯之孫公石碏，属於以先祖名字為氏。據史籍《元和姓纂》及《春秋公子譜》等記載，春秋時期康叔的六世孫衛靖伯之孫公石碏，又稱石碏，是衛國的賢臣，有大功於衛國，世為衛大夫。戰國史學家左丘明在《春秋左氏傳》中稱讚石碏説：“石碏，純臣也，惡州吁而厚與焉。大義滅親，其是之謂乎！”石碏在此次變故中表現的大智大勇、大義滅親，為後世君子們所稱道。石厚的兒子、石碏之孫駘仲，後來以祖父的字命氏，稱石氏，史稱石氏正宗。）楯縫直給之。故、云楯縫。
　布都努志命（羌族，戦国時代の趙国大夫布子？）

　安来郷。郡家東北郡家東北廿十七里一百八十歩。神須佐乃袁命（袁の文字が見えます）、天壁立廻坐之、爾時、来坐此処而詔、吾御心者、安平成詔。故、云安来也。即、北海有毘売埼。飛鳥浄御原宮御宇大皇御世、甲戌年七月十三日、語臣猪麻呂之女子、遥件埼、邂逅遇和爾。　所賊不歸。爾時。父猪麻呂、所賊女子斂置浜上、大発苦憤、号天踊地、行吟居嘆、昼夜辛苦無避斂所、作是之間、経歴数日、然後、興慷慨志、磨箭鋭鋒、撰便処居。即、擅訴云、天神千五百万、地祇千五百万、并当国静坐三百九十九社及海若等、大神之和魂者静而、荒魂者皆悉依給猪麻呂之所乞。良有神霊坐者、吾所傷給。以此、知神霊之所神者。爾時、有須臾而、和爾百余、静圍繞一和爾・静かにその周りを一つに囲む、徐率依来、従於居下、不進不退、楢圍繞耳・ならで周りをかこむのみ、挙鋒而刀中

央、一和爾殺捕已訖、然後百余和爾解散。殺割者・斬り殺す者。女子之一脛屠出・虐殺。仍。いまなお、やはり、和爾者殺割而挂串、立路之垂也。至于今日経六十歳 安来郷人語臣与之父也。自爾時以来 須佐乃袁・袁買 天の壁立・（崖などが）壁のように切り立つ、其処に坐する、その時にここに来て坐るという、われは統（す）べる者、安寧で平穏に成という、安来と云う也。即、北海に毘売（集る）埼がある、天武天皇の御世に語る臣は猪（福州出身者・白水郎）麻呂の女子（おなご）です。（遥）遥件埼で和爾（雲南出身、納西族）に邂逅遇・偶然巡り合う、悪人の所から帰ってこない。その時に父の麻呂は悪人の所に女子は斂・とどまる、おさまる、拘束する、置・放っておく、浜・水辺、上、大きく発す、苦・耐えがたく、憤・怒る、号・叫ぶ、わめく、天・昼夜、地で踊る（おど）、行・する、吟・うめく、うなる、居・とどまる、嘆・ため息をつく、昼夜辛苦、無にもない、避・よける斂まる所、作是之間・間をおく、経歴数日、然後（しかるのち）、興慷慨志（《述懐》是唐代名臣魏徴的代表詩作，全詩共二十句，一百字，是一首言志抒情的古詩，）磨箭・石を使って磨く、鋭鋒、撰便・便りを書く、処居・居住する。即、擡訴云・手を上げ訴えを云う、天神千五百万、地祇千五百万、并当国・そして国が、静坐三百九十九社及海若・古代中国の伝説の北海の海の神。

山国郷。郡家東南三十二里二百三十歩　布都努志命・？　歴代の天皇？故云山國也　即有正倉・諸官の倉？

飯梨郷　郡家東南三十二里　大國魂命　天降坐時　當此（なれ合いを防ぐ）、処而　御膳・御膳食給、故云飯成神亀三年改字飯梨

舎人郷　郡家正東二十六里　志貴島宮御宇天皇・志貴皇子？　御世倉舎・源（みなもと）は姫姓、出自は黄帝の史官倉頡、人君等之祖。

日置・源は官名は天子・天王、有日官・古代掌天象歴数之官。臣志毘、大舎人供奉之。即是、志毘・雲南、台湾の出身、之所居。故、云舎人・古代官名。即有正倉。

大草郷　郡家南西二里一百二十歩。須佐乎命禦子・素盞烏、青幡佐久佐日古命坐。故、云大草。

山代郷　郡家西北三里一百二十歩。所造天下大神　大穴持命御子、山代日子命坐。故、云山代也　即有正倉

　拝志郷　郡家正西二十一里二百一十歩。所造天下大神命　將平越八口為而幸時・全ての越を平らげ助けて、いつも願う、此処樹林茂盛。爾時詔、吾御心之波夜志詔。故、云林、<ruby>改字拝志<rt>神亀三　年。</rt></ruby>。即有正倉。

　宍道郷。郡家正西三十七里。之追給猪像（ブタの顔と明るい心のブタ、諸説あります）。

　南山有二。<ruby>一長二丈五尺、高八尺、周四丈一尺。<rt>一長二丈七尺、高一丈、周五丈七尺</rt></ruby>追猪犬像・猟犬の<ruby>像、<rt>おう</rt></ruby><ruby>周一丈九尺<rt>長一丈、高四尺、</rt></ruby>　其形為石。

　無異：同じだ猪・犬。至今猶在。故、云宍道。

　余戸里。郡家正東六里二百六十歩。<ruby>戸、立一里。<rt>依神亀四年　編</rt></ruby>故、亦如也。

　野城駅。郡家正東二十里八十歩。依野城大神坐、故、云野城、

　黒田駅。郡家同処。郡家西北二里、有黒田・源は姫姓、出自春秋時代の魯国君主姫黒肱、村。土体色黒。故、云、黒田。旧、此処有是駅。即号曰黒田駅。今郡家属東、今猶。追旧黒田号耳・叫ぶ声が聞こえる。

　宍道駅。郡家正西三十八里説名如郷。

　出雲神戸。郡家南西二里二十歩。伊奘奈枳・伊坐凪、乃麻奈古・<ruby>愛子、愛しい子、坐熊野加武呂乃命、与五百津鋤々・鋤き返す、<rt>まなこ　いと　　　　　　　　　　　　　すき</rt></ruby>猶…と同じ、所取々・獲得する、而所造天下大穴持命。二所大神等依奉。故、云神戸。

　<ruby>且如之<rt>他郡等　神戸</rt></ruby>。

　伊坐凪の御子は熊野姓です。これで出雲の意宇郷の神は熊野と記載されています古事記、日本書記の内容と少し違っている話と理解することができます。出雲国風土記では坐を使っていますが、坐は動くものに座るという意味ですが鎮座の代わりに使うのか座が使われていないのも気に為ります。

　賀茂神戸。郡家東南卅十四里。所造天下大神命之御子　阿遅須枳高日子命、坐葛城賀茂社。此神之神戸。故、云鴨（京都に鎮座する鴨賀茂神社と関連が有るのでしょうか？）。<ruby>改字賀茂。<rt>神亀三年。</rt></ruby>即有正倉。

忌部神戸。郡家正西廿十一里二百六十歩。国造神吉詞望・吉祥詞語、縁起の良い言葉、参向・おおよその方向に近づく、朝廷時。御汴之忌<ruby>忌<rt>いまわしい</rt></ruby>　玉作り。故、云忌部。即。川辺出湯。出湯所在。兼海陸。仍・しきりに、男女老少・老いも若きも、或道路駱駅・道路も駱駝の駅は北方民族の言葉で駱駝の変わりに日本は馬。或海中沿洲。日集成市。日には市が立つ。繽紛・粉のように色々なものが入り乱れている、燕楽・燕（Yàn）は楽しんでいる。一濯則形容端正、再汴則万病悉除、再び全ての病が無くなり、自古・古代から、至今、無不得・得るものはない、験。故、俗人。曰神湯也。

　この文章はとても重要です。"燕"・（周朝諸侯國）燕國（紀元前1044～紀元前222年）"華夏"の多くの人々が、既に出雲の国に来て暮らしていることを証明しています。

　教昊寺。在舍人郷中。郡家正東廿五里一百廿歩。建立五層之塔也。有僧。五重塔と僧が居ます。教昊・広々として果てしがない。僧之所造也散位大初位下上腹首押猪之祖父也、新造院一所。在山代郷中。郡家西北四里二百歩。建立厳堂也。僧。日置君目烈・視力、之所造。也。<ruby>無<rt></rt></ruby>猪麻呂<ruby>戸 日 置 君<rt></rt></ruby><ruby>之 祖 也<rt>出 雲 神</rt></ruby>

　新造院一所　在山代郷中。郡家西北二里。建立厳堂・隙間のない御堂。<ruby>在 僧<rt></rt></ruby>一躯。飯石郡少領出雲臣弟山之所造也。新造院一所。在山国郷中。郡家東南廿一里一百廿歩。建立三層之塔也。山国郷人、日置部根緒之所造也。

　（以下省略）

島根郷

　所以号島根者。国引坐八束水臣汴野命之詔而負給名。故、云、島根。
　朝酌郷。郡家正南一十里六十四歩。熊野大神命詔、朝御餼・（穀物）を贈る、勘養・調べ直す、夕御饌勘養、五贄緒・残り、之処定給。故、云朝酌。朝御餼勘養・餼は穀物　勘は1構成する、2実地調査をする。養は養う、育てる。御は1（車馬）を御す、2走らせる。3<ruby>防<rt>ふ</rt></ruby>さぐ、抵

抗する。

　朝に車馬を走らせ、穀物のでき具合を調べる。摂津の国の尼崎北部に少し変わった読み方をする食満（「けま」と読みます）があります。食満の名の由来が䬻です。穀物が満ちるが語源に為ります。本来は䬻を使いますが略したのでしょう、気が抜けています。出雲国風土記では余り（あま）を使っていますが古代の文章、本来は餘（あまる）を使います。これは食の方が無くなっています。この付近は出雲の影響が色濃く残っています。それは神社の形式です。奥に神殿が、次に祭壇が、手前は拝殿で横長で無く縦長の神社です。この様なことには普通に毎日見ているので、他の神社との違いに気が付きませんが出雲大社と良く似ています。この一帯（川西から豊中まで）の神社は春日系が4社にスサノウ系が7社です。これらは地元の考古学の先生の調査です。春日系は古代一部春日神社の壮園でしたから、その影響を否定しません。書籍だけの話でなく意外と身近に歴史はあります。

　山口郷　郡家正南四里二百九十八歩　須佐能烏命御子　都留支日
　子命詔　吾敷坐山口処在詔而　故山口負給・責任を以って伝える、
　手染郷。郡家正東一十里二百六十歩。所造天下大神命詔、此国者丁寧所造国在詔而、故。丁寧負給。而、今人猶誤謂手染郷之耳。即有正倉。
　美保郷。郡家正東二十七里一百六十四歩。所造天下大神命、娶（めとる）高志国坐神・平定した越国の神。意支都久辰為命子。俾都久辰為命子、奴奈宜波比売命而。令産神、御穂須須美命。是神坐矣。故云美保。
　方結郷。郡家正東二十里八十歩。須佐能烏命御子。国忍別命詔、吾敷坐地者、国形宜者。故、云方結。
　加賀郷。郡家北西二十四里一百六十歩。佐太大神所生也。御祖神魂命御子支佐加比売命、闇岩屋哉詔・暗岩の集落、金弓・弩級、以射給時。光加加明也。故、云加加。
　生馬郷。郡家西北一十六里二百九歩。神魂命御子、八尋鉾長依日子命詔、吾御子。平明不憤詔・夜明け憤しらず、詔。故、云生馬。

法吉郷。郡家正西一十四里二百卅歩、神魂命御子、宇武加比売命。法吉鳥化而飛度^{とぶたび}、静坐此処。故、云法吉。

　余戸里。宇郡^{説名。如意}。

　千酌駅家。郡家東北一十七里一百八十歩。伊佐奈枳命御子、都久豆美命。此処坐。然者則可謂都久豆美而、今人猶千酌号耳。

　この後は神社名、動植物の各種の名前が終わり、島根の紹介の中に燕国末の燕王喜が島根の中海に位置する蜈蚣島に渡来している重要な話が含まれています。

　燕喜（？～？）、姫姓燕氏、燕孝王の子、戦国時代の燕國の最後の君主です。燕王喜二十八年（紀元前227年）、秦国に攻められた燕は、兵臨易水(河北易県)。燕太子丹派荊軻[（？～紀元前227年)戦国時代の有名な刺客]秦舞陽［（紀元前239年、紀元前227年或の後）、戦国末期の燕国の武士、燕国の賢将秦開の孫]燕王喜二十九年（紀元前226年）、秦王派王翦（王翦[（？～紀元前208年）、字維張、頻陽東郷（今陝西富平県）の人、戦国時代秦国名将]が率いる軍が燕を討伐します。同年十月燕の都、薊城を破り、燕王は徒歩で遼東に、燕王喜三十三年（紀元前222年）、王を破棄し遼東に活路を見出し、燕国滅亡。……一族は遼東から島根の中海^{なかうみ}、踞蜈島^{たこ}（八束）に来ています。斉の方士徐福（Xúfú）が童男、童女、3000人連れて不老長寿の薬を求めて渡来する、よく知られた話ですが、真相は違うようです。元々、燕の方士卢生（Lú shēng）が外国に不老長寿の薬が有ると始皇帝に持ち込んだ話だそうです。そのことの実行役が斉の方士徐福です。

　大井浜。則有海鼠、海松。又、造陶器也。

　邑美冷水。東西北山。並嵯峨。南海潭漫、中央鹵。（氵覧）磷々。男女老少。時々叢集、常燕会地矣・常に燕が会う地だと強く云っています。前原埼。東西北並籠莪、下則有陂。周二百八十歩、深一丈五尺許。三辺草木、自生涯、鴛鴦鳬、鴨、随時常住。

　陂之南海也。即、陂与海之間浜。東西長一百歩。南北広六歩。肆松蓊鬱、

156

浜、歯淵澄。男女随時叢会・賑やかな会、或愉楽帰。或耽遊忘帰、常燕[つねに]
喜之地矣・矣は前語の文字を強く。

踞蜻島・通称たこ島。周一十八里一百歩。高三丈　古老伝云　出雲郡
杵築御埼有踞蜻。天羽々鷲掠持飛燕来、止于此島。故、云踞蜻島。今人、
猶誤栲島号耳・また誤栲島と聞こえる。土地豊沃。西辺松二株。以外。
茅、莎、薺頭蒿、蒋等之類生靡。牧。[即有]去陸三里。蜈蚣島。周五里一百卅
歩。高二丈。古老伝云。有踞蜻島踞蜻。

食来蜈蚣。止居此島。故、云蜈蚣島。東辺神社。以外。皆百姓（古代、
民衆も含む）之家。土体豊沃。草木扶疎、桑、麻、豊富。此則所。謂島里、
是矣。一百歩。[去汁二里]即。

自此島達伯耆国郡内　夜見島。磐石二里許。広六十歩許　乗馬猶往来。
塩満時、深二尺五寸許、塩乾時者、已如陸地。和多々太島。周三里二百
卅歩。菜薺頭蒿・[な 有椎・ 海石榴・白 桐・松・芋菜・]蒋・都波・猪・鹿・　去陸渡一十歩。不知深浅。美
佐島。周二百六十歩、高四丈　有椎・橿・茅。葦・都波・薺頭蒿。

戸江崎。郡家正東二十里一百八十歩。伯耆郡内夜見島[非島。 陸地浜耳。将相向]之間也。
栗江埼。[相 向夜見島。促戸]渡二百一十六歩。

埼之西、入海堺也。凡南入海所在雑物。入鹿、和爾、鯔、須受枳、近
志呂、慎仁、白魚、海鼠、（魚高）鰒、海松等之類、至多、不可尽名。北
大海。埼之東、大海堺也。[猶自西]行東。鯉石島。[生海]藻。大島。

（以下省略）

秋鹿郡

所以号秋鹿者・秋（Qiū）姓の源は姫姓から始まり、祖先の言葉を氏
族とする黄帝の子孫である少昊の子孫と言われています。郡家正北、秋
鹿日女命坐。故云秋鹿矣。

恵曇郷。郡家東北九里卅歩。須作能乎命御子、磐坂日子命。国巡行坐時、
至坐此処而詔、此処者国稚美好・幼稚な、有。国形如画鞆哉。吾之宮
者是処造者。故、云恵伴。[神亀三 年]改字恵曇

多太郷。郡家西北五里一百卅歩。須作能乎命之御子、衝桙等乎与留比

157

古命。国巡行坐時。至坐此処詔、吾御心、照明正真成・証明は正しくきてる。吾者此処静将坐・静かにして坐る、詔而静坐。故、云多太。

　大野郷。郡家正西一十里廿歩。和加布都努志能命、御狩為坐時、即郷西山狩人立給・直に与える、而、追猪佛・閩南語諧音"佛"、北方上之。至阿内谷而、其猪之跡亡失。爾時詔、自然哉……かな。猪之跡亡失詔。故。云内野。然、今人猶誤大野号耳。

　伊農郷。郡家正西一十四里二百歩。出雲郡伊農郷坐、赤衾伊農意保須美比古佐和気能命之后、天（瓦長）津日女命。国巡行坐時。至坐此処而詔。伊（伊は書き言葉で彼：彼女）農波夜詔。故。云伊努。改字伊農。_{神亀三年。}神戸里。_{出雲之。}意宇郡。説明。如

楯縫部

　合郷、肆里一十二。余戸壱、神戸壱、

　佐香郷。今依前用。

　楯縫郷。今依前用。

　玖潭郷。本字総美。

　沼田郷。本字努多。以上肆郷別里参。

　余戸里。

　神戸里。

　所以号楯縫者、神魂命詔。五十足天日檜宮之縦黄御量・黄玉梁、千尋栲縄持・手綱、而。百結々八十結結下而、此天御量持而、所造天下大神之宮造奉詔而、御子天御鳥命楯部為而。天下給之。爾時、退下来坐而、大神宮御装束楯造始給所、是也。仍、至今、楯、桙、造而、奉於皇神等。故、云楯縫。

　佐香郷。郡家正東四里一百六十歩。佐香河内、百八十神等集坐。御厨立給而、令醸酒給・与える、之。即百八十日<u>喜燕</u>解散坐・燕喜が解散するために。故、云佐香。

　楯縫郷。即属郡家。如郡。_{説名。}即、北海浜　業利磯有窟裏方一丈半。

　戸高広各七尺。裏南壁在穴。口周六尺、径二尺。人不得入。不知遠近。

玖潭郷。郡家正西五里二百歩。所造天下大神命。天御飯田之御倉将造給処覓巡行給。爾時。波夜佐雨・雨音が良く聞こえる、久多美乃山詔給之。故、云総美。改字玖潭。

　沼田郷。郡家正西八里六十歩。宇乃治比古命。以爾多水而、御乾飯爾多爾食坐詔而、爾多負給之・御霊を与える。然則、可謂爾多郷。而。今人猶云努多耳。改字沼田。

　神戸里。如意宇郡　。

　新造院一所。在沼田郷中。建立厳堂也。郡家正西六里一百六十歩。大領出雲臣太田之所造也。

（以下神社省略）

　田田社以上一十九所　並不在神祇官

　神名樋山。郡家東北六里一百六十歩。高一百二十丈五尺、周二十一里一百八十歩、兎西在石神。高一丈、周一丈。往側在小石神百余許。古老伝云、阿遅須枳高日子命之后・阿知使主、漢霊帝の曾孫です。そして漢が魏に禅譲します。帯方には往来できました。

　天御梶日女命、来坐多久村・坐は居る。産給多伎都比古命。爾時。教詔、汝命之御祖之向壮欲生。此処宜也。所謂石神者。即是、多伎都比古命之御託。当旱乞雨時、必令零也。

　阿豆麻夜山。郡家正北五里卅歩。見椋山。郡家西北七里。

（以下省略）

出雲郡

　合郷捌。里卅二。神戸壱。里

　健部郷。今依前用。

　漆沼郷。本字志刀沼。

　河内郷。今依前用。

　出雲郷。今依前用。

　杵築郷。本字寸付。

　伊努郷。本字伊農。

美談郷。本字三太三。以上漆郷別里参。

宇賀郷。今依前用。里弐。

神戸郷。里二。

所以号出雲者、説名。如国也。

健部郷。郡家正東一十二里二百廿二四歩。先所以号宇夜里者。宇夜・は春秋申国国君の後の周の時代の姜姓国のから、故城は今河南南陽北卅里、都弁命。其山峯天降坐之。即、彼神之社主。今猶坐此処。故、云宇夜里。

而後。改所以号健部者。纏向檜代宮御宇天皇・景行天皇、勅、不忘朕御子倭健命之御名・私の子、倭健命の名前を忘れないで欲しい（最愛の我が子に自らの死を選べと伝えた無念の気持ちが表現されています）、健部定給。

爾時。神門臣古袮、健部定給。即、健部臣等、自古至今、猶居此処。故云健部。

漆沼郷。郡家正東五里二百七十歩。神魂命御子、天津枳比佐可美高日子命御名、又、云薦枕志都沼値之。此神郷中坐、故云志刀沼。改字漆沼。^{神亀三年。}即有正倉。

河内郷。郡家正南一十三里一百歩。斐伊大河。・出雲は西出雲と分かります。此郷中西流。故云河内。即有堤。長一百七十丈五尺。七十一丈之広七丈　九十五丈之広四丈五尺　出雲郷　即属郡家。^{説明}如国。

河内はかわちと読んでいますが、越南語でHénèi、英語でHanoi、支那は英語でChinna、河内をChochiと読めば"こし"になります。発音は時代と共に変化し、また日本語の発音は他の国と違います。越、古志、高志、交趾、文字が違うだけで別物扱いすると間違うときもあります。私達は聞き手の漢字の使い方をしていますから文字に拘りますが、文字本来の姿は発音記号です。文字に意味を含む漢字と発音記号のひらがな、カタカナを使う民族ですから、私達は稀有な部類に入る民族だと思います。

杵築神社、出雲大社ですが、丸太を繋いで作った神社、珍しい通常の

御名前で無い名前ですが未詳です。

故、云寸付。三年^{神亀} 杵築。^{改字}・寸付から木次から杵築に改めました。

伊努郷。郡家正北八里七十二歩。国引坐意美豆努命御子、赤衾伊努意保須美比古佐倭気能命之社、即坐郷中。故。云伊農。改字伊努、^{神亀}

美談郷。郡家正北九里二百四十歩。所造天下大神御子、和加布都努志命、天地初判之後、天御領田之長、供奉坐之。即、彼神坐郷中。故、云三太三。改字美談。^{神亀三年、}即有正倉。

宇賀郷。郡家正北一十七里二十五歩。所造天下大神命、誹坐神魂命御子、綾門日女命。爾時、女神不肯逃隠之時、大神伺求給所。是則此郷。也、故云宇賀。即、北海浜有礒。名脳礒。高一丈許。上生松、芸至礒。里人之朝夕如往来。又、木枝人之如攀・姫姓、黄帝から木の枝にたとえて末裔のこと、引。自礒西方有窟戸。高広各六尺許。窟内有穴。人不得入、不知深浅也。夢至此礒窟之辺者、必死・必ず死ぬ。故、俗人自古至今、号黄泉之坂、"黄泉"之穴也。

神戸郷。郡家西北二里一百二十歩。如意宇郡^{出雲也}。^{説明。}

新造院一所。有河内郷中。建立厳堂也。郡家正南一十三里一百歩。旧大領日置臣布弥之所造。麿之祖父。^{今大領佐宣}

杵築大社・出雲大社 御魂社 御向社 出雲社 御魂社 伊努社····百枝神社 不在神祇官 。^{已上 六十四 所、井}

神名火山・三瓶山。郡家東南三里一百五十歩。高一百七十五丈。周一十五里六十歩。曽支能夜社坐、伎比佐加美高日子命社、即在此山嶺。故、云神名火山。雲御埼山。郡家西北二十八里六十歩。高三百六十丈、周九十六里一百六十五歩。西下所謂所造天下大神之社坐也。凡諸山野所在草木、卑解、百部根、女委、夜干、商陸、独活、葛根、薇、藤、李、蜀椒、楡、赤桐、白桐、椎、椿、松、栢、禽獣、則有晨風、鳩、山雉、鵠、鶉、猪、鹿、狼、兎、狐、獼猴、飛鼠也。

出雲大川。源出伯耆与出雲二国堺鳥上山流。出仁多郡横田村。即経横

田、三処、三沢、布勢等四郷、出大原郡堺引沼村。即経来次、斐伊、屋代、神原等四郷、出雲郡堺・境界、多義村　経河内出、雲(云う)二郷、北流、更折西流。即経伊努、杵築二郷、入神門水海。此則所謂斐伊川下也。河之両辺、或土地豊沃。五穀、桑、麻、稔頗枝、百姓・百の姓と云うように其処に暮らしている人もいれる、之膏腴菌也。或土体洒倅・ばらまく、土を振りかける、草木叢生也。則有年魚鮭、麻須、伊具比、魴鱧等之類、潭湍双泳。自河口至河上横田村之間。五郡百姓、便河而居。仁多。大原郡。(飯石)　起孟春至季春、校材木船・選りすぐった木材の船、沿泝河中也。意保美小川。源出出雲御碕山、北流入大海。(出雲)(神門)(有年魚)少々。土負池。周二百冊歩。須須比池。周二百五十歩。西門江。周三里一百五十八歩。東流入々海。有鮒。大方江。周二百冊四歩。東流入々海。(有)鮒。二江源者、並田水所集矣。東入海。

三方並平原遼遠。多有山鶏、鳩、梟、鴨、鴛鴦等之族也。東入海所在雑物、如秋鹿郡説也。北大海。宮松埼。郡之堺。意保美浜。広二里一百冊歩。(有稲縫出雲)気多島。有鮑、螺、蕀甲蠃。井呑浜。広冊二歩。宇太保浜　広冊五歩。(生柴菜、海松)大前島。高一丈、周二百五十歩。藻。脳島。有松、栢。鷺浜。(生海)(生紫菜、海藻)広二百歩。黒島。藻。米結浜。広冊歩。爾比埼。長一里冊歩、広冊歩。埼之南本、東西通戸　船、猶往来。上則松叢生也。宇礼保浦。広七十八歩。可泊。(生海)(舟冊許)山埼。高冊九丈、周一里二百五十歩。椿、松。子負島。礒。大椅浜。(有椎、楠)広一百五十歩。

御前浜。広一百冊歩。家。御厳島。藻。御厨家島。高四丈、周冊歩。(有百姓)(生海)有松。

等々島。石花、径聞埼。長三十歩、広三十二歩。松。意能保浜。広(有蚌)(有)一十八歩。

栗島。藻。黒島。藻。這田浜。広一百歩。二俣浜。広九十八歩。門石島。(生海)(生海)高五十丈周四十二歩。之栖。菌。長三里一百歩、広一里二百歩。松繁多矣。(有鷺)

即、自神門水海、通大海潮、長三里、広一百二十歩。此則出雲与神門二郡堺也。凡北海所在雑物、如楯縫郡説。但、鮑出雲郡尤優。所捕者。

所謂御埼海子、是也。

　通路。通意宇郡堺佐雑村。一十三里六十四歩。通神門郡堺出雲大河辺。二里六十歩。通大原郡堺多義村、一十五里卅八歩。通楯縫郡堺宇加川、一十四里二百二十歩。郡司　主帳　无位　若倭部臣　（郡司省く）

　神門郡

　合捌郷。里廿二。余戸壱。駅家弐、神戸壱。

　朝山郷。今依前用。里弐。

　日置郷。今依前用。里参。

　塩冶郷。本字止屋。里参。

　八野郷。今依前用。里参。

　高岸郷。本字高崖。里参。

　古志郷。今依前用。里参。

　滑狭郷。今依前用。里弐。

　多伎郷。本字多吉。里参。

　余戸里。

　狭結駅。本字最邑。

　多伎駅。本字多吉。

　神戸里。

　所以号神門者。神門臣伊加曽然之時。神門貢之。故、云神門。即神門臣等。

　自古至今常居此処。故、云神門。

　朝山郷。郡家東南五里五十六歩。神魂命御子、真玉著玉之邑日女命坐之。爾時、所造天下大神大穴持命、娶給而毎朝通坐。故云朝山。

　日置郷。郡家正東四里。志紀島宮御宇天皇之御世・欽明天皇、日置伴部等。所遣来、宿停而為政之所・ちょうど折よく宿にとまる。故、云日置。

　塩冶郷。郡家東北六里。阿遅須枳高日子命御子、塩冶毘古能命坐之。故、云止屋。改字塩冶。神亀三年

　八野郷。郡家正北三里二百一十歩・須佐能袁命御子、八野若日女命坐之。爾時、所造天下大神大穴持命。将娶給為而、令造屋給。故云八野。

高岸郷。郡家東北二里。所造天下大神御子、阿遅須枳高日子命、甚画
夜哭坐。仍、其処高屋造可坐之・高層。即建高椅可登降養奉。故、云高崖。
改字高岸。^{神亀三年}

古志郷。即属郡家。伊弉奈弥命之時。伊坐波。以日淵川築造池之。爾
時。古志国人等・越国国。到来而為堤。即宿居之所也。故、云古志。

滑狭郷。郡家南西八里。須佐能袁命御子。和加須世理比売命坐之。爾時。
所造天下大神命、娶而通坐時。彼社之前有磐石・大きな石。其上甚滑
之。即詔。滑磐石哉詔。故、云南佐。改字滑狭。^{神亀三年。}

多伎郷。郡家南西廿里。所造天下大神之御子、阿陀加夜努志多伎吉比
売命坐之。故、云多吉。改字滑狭。^{神亀三年。}

余戸里。郡家南西卅六里。意宇郡。^{説明。如}

狭結駅。郡家同処。古志国佐与布云人、来居之。故、云最邑。改字^{神亀}
滑狭。説如古志郷也。^{三年。改字狭結也。其所}

多伎駅。郡家西南一十九里。如郷也。^{説明。}

神戸里。郡家東南一十里。新造院一所。有朝山郷中。郡家正東二里
六十歩。建立厳堂也。神門臣等之所造也。新造院一所。有古志郷中。郡
家東南一里。本立厳堂刑部臣等之所造也。厳堂。神社、草木名省略^{不立}

神門川。源出飯石郡琴引山。北流、即経来島、波多、須佐三郷、出神
門郡

余戸里門立村。即経神戸、朝山、古志等郷西流、入水海也。則有年魚、
鮭、麻須、伊具比。多岐小川。源出郡家西南三十三里多岐岐山。北西流
入大海。魚。^{有年}

宇加池。周三里六十歩。来食池。周一里一百四十歩有菜。笠柄池。周
一里六十歩有菜。刺屋池。周一里。

神門水海。郡家正西四里五十歩。周三十五里七十四歩。裏則、有鯔
魚、鎮仁、須受枳、鮒、玄蛎也。即、水海与大海之間有山。長一十二里
二百三十四歩。広三里。此者意美豆努命之国引坐時之綱矣。今。俗人号
云薗松山。地之形体、壌石並無也・土壌の石、白沙耳積上・白い沙ら沙^{どじょう}

らの砂、即松林茂繁。四風吹時、沙飛流掩、埋松林、今年埋半遺、恐遂
被埋巴与。起松山南端美久我林、尽石見与出雲二国堺中島埼之間。或平
浜、或陵礒、凡北海所在雑物、如楯縫郡説、但無紫菜。通出雲郡堺出雲
大川辺。七里二十五歩。通飯石郡堺堀坂山。一十九里。通同郡堺与曽紀
村。廿五里一百七十四歩。通石見国安濃郡堺多伎伎山。卅三里。路、常
有刻。通同安濃郡川相郷、卅六里。径常剗、不有。但当有政時、噛置耳・
耳を立てる。前件伍郡、並大海之南也。

郡司　主帳　无位　刑部臣

大領　外従七位上　勲十二等　神門臣

擬少領　外大初位下　勲十二等　刑部臣

主政　外従八位下　勲十二等　吉備部臣

飯石郡

合郷漆。里一十九。

熊谷郷。今依前用。

三屋郷。本字三刀矢。

飯石郷。本字伊鼻志。

多祢郷。本字種。

須佐郷。今依前用。以上伍。郷別里参。

波多郷。今依前用。

来島郷。本字。支自真。以上弐。郷別里弐。

所以号飯石者。飯石郷中伊毘志都幣命坐。故、云飯石之。

熊谷郷。郡家東北廿六里。古老伝云、久志伊奈太美等与麻奴良比売命、

任身及将産時、求処生之。爾時、到来此処詔、甚久々麻々志枳谷在。故、
云熊谷也。

三屋郷。郡家東北廿四里。所造天下大神之御門、即在此処。故、云三
刀矢、改字三屋。^{神亀三年、改}即有正倉。

飯石郷。郡家正東一十二里。伊毘志都幣命、天降坐処也。故、云伊鼻
志。改字飯石。^{神亀三年、改}

多祢郷。属郡家。所造天下大神大穴持命与須久奈比古命、巡行天下時、

稲種堕此処。故云種。改字多祢。^{神亀三年、}

須佐郷。郡家正西一十九里。神須佐能袁命詔、此国者雖小国、国処在。
故、我御名者、非者木石、詔而、即己命之御魂鎮置給之。然即。大須佐
田小須佐田定給。故云須佐。即有正倉。

波多郷。郡家西南一十九里。波多都美命、天降坐処在。故、云波多。
来島郷。郡家正南卅六里。伎自麻都美命坐。故、云支自真。改字来^{神亀三}^{年、}
島。

即有正倉。

須佐社　河辺社　御門屋社　多倍社　飯石社在神祇官。^{以上五所}　^{、並}　狭長社

飯石社　田中社　多加社　毛利社　兎比社　日倉社　井草社

深野社　託和社　上社　葦鹿社　粟谷社　穴見社

神代社　志志乃村社　不在神祇官。^{以上十六所}

焼村山。郡家正東一里。穴見山。郡家正南一里。笑村山。郡家正西一里。

広瀬山。郡家正北一里。琴引山。郡家正南卅五里二百歩。高三百丈、
周一十一里。古老伝云、此山峯有窟。裏所造天下大神之御琴。^{みこと}長七尺、
広三尺、厚一尺五寸。又在石神。高二丈、周四丈。故、云琴引山。有塩
味葛、石穴山、郡家正南五十八里。高五十丈、幡咋山。郡家正南五十二
里。有紫草。

野見。木見、石次三野。並郡家南西卅里。^{在紫}草。佐比売山。郡家正西
五十一里一百卅歩。石見与出雲二国堺。堀坂山。郡家正西二十一里。有
杉松。^{有杉}

城垣山。郡家正西一十二里。^{在紫}草。伊我山。郡家正北一十九里二百歩。

奈倍山。郡家東北卅里二百歩。凡諸山野所在草木、^{およそ}

卑解、升麻、当帰、独活、大薊、黄精、前胡、薯蕷、白頭公、白芨、赤箭、
桔梗、葛根、秦皮、杜仲、石斛、藤、李、楺、赤桐、椎、楠、杜梅、槻、
柘、楡、松、榧、蘗、楮。禽獣、則有。鷹、隼、山、・鳩、規、熊、狼、
猪、鹿、兎、猴、飛鼯。

三屋川。源出郡家正南二十五里多加山、北流入斐伊川。有年魚。須佐川。^{有年}
源出郡家正南六十八里琴引山、北流、経来島、波多、須佐等三郷、入神

門郡門立村。此所謂神門川上也。魚。磐鋤川、源出郡家西南七十里箭山。 <small>有年</small>
北流入須佐川。魚。波多小川。源出郡家西南二十四里志許斐山。北流 <small>有年</small>
入須佐川。有鉄。飯石小川。源出郡家正東一十二里佐久礼山、北流入三
屋川。鉄。 <small>有鉄</small>

　通大原郡堺斐伊川辺、廿九里一百八十歩。通仁多郡堺温泉川辺。廿二里。

　通神門郡堺与曽紀村。廿八里六十歩。通同郡堺堀坂山。廿一里。通
備後国恵宗郡堺荒鹿坂。卅九里二百歩。有剗。通三次郡堺三坂、八十里。 <small>径</small>
有剗。波多、須佐径、志都美径、以上三径、常无剗。但、当有政時。権 <small>径、</small>
置耳。並通備後国也。

　郡司　主帳　无位　日置首

　大領　外正八位下　勲十二等　大私造

　少領　外従八位上　出雲臣

　仁多郡

　合郷肆。里一十二。

　三処郷。今依前用。

　布勢郷。今依前用。

　三沢郷。今依前用。

　横田郷。今依前用。以上肆郷別里参。

　所以号仁多者、所造天下大神大穴持命詔、此国者、非大非小。川上者
木穂刺加布。川下者阿志婆布這度之。是者爾多志枳小国在詔。故、云仁多。

　三処郷。即属郡家。大穴持命詔。此地田好。故、吾御地占詔。故、云三処。

　布勢郷。郡家正西一十里　古老伝云　大神命之　宿坐処　故云布

　世神亀三年改字布勢

　三沢郷　郡家西南廿五里。大神大穴持命御子。阿遅須枳高日子命。御
須髪八握于生画夜哭坐之。辞不通。爾時、御祖命。御子乗船而、率巡
八十島、宇良加志給鞆、猶不止哭之。大神、夢願給、告御子之哭由夢爾
願坐、則夜夢見坐之。御子辞通、則寤問給。爾時、御沢申。爾時。何処
然云問給。即。

　御祖前立去出坐而、石川度、坂上至留。申是処也。爾時、其沢水活出而、

167

御身沐浴坐。故、国造神吉事奏参向朝廷時。其水活出而用初也。依此今、産婦、彼村稲不食。若有食者、所生子已不云也。故、云三沢。即有正倉。

横田郷。郡家東南廿一里。古老伝云、郷中有田。四段許。形聊長。遂依田而、故、云横田、即有正倉。以上諸郷所出鉄堅尤堪造雑具。三沢社　伊我多気社　<small>以上二所、並</small>在神祇官。玉作社　須我非乃社　湯野社　比太社　漆仁社　大原社　髪期里社　石壷社　<small>以上八所、並</small>在神祇官。鳥上山。郡家東南卅五里。<small>伯耆与出雲之</small>堺。有塩味葛。室原山。郡家東南卅六里。灰火山。郡家東南卅里。遊記山。郡家正南卅七里。<small>有塩</small>味葛。御坂山。郡家西南五十三里。即、此山有神御門。<small>備後与出雲之</small>故、云御坂。有。<small>有紫</small>塩味葛。志努坂野。郡家西南卅一里。少少。玉峯山。

郡家東南一十里。古老伝云、山嶺有玉工神。故、云玉峯。城紲野。郡家正南一十里。<small>有紫</small>少少。大内野。郡家正南二里。<small>有紫</small>少少。菅火野。郡家正西<small>峯有</small>四里。高一百廿五丈、周一十里。神社。恋山。郡家正南一十三里。古老伝云、和爾恋阿伊村坐神、玉日女命而上到。爾時、玉日女命、以石塞川、不得会所恋。故云恋山。凡諸山野所在草木、白頭公、藍漆、藁本、玄参、百合、王不留行、薺泥、百部根、瞿麦、升麻、抜葜、黄精、地楡、附子、狼牙、離留、石斛、貫衆、続断、女委、藤、李、檜、椙、樫、松、柏、栗、柘、槻、蘗、楮、禽獣、則有、鷹、晨風、鳩、山鶏、雉、熊、狼、猪、鹿、狐、兎、獼猴　飛（㹳）。

横田川。源出郡家東南卅五里鳥上山。北流。所謂斐伊河上。少少。<small>有年魚</small>

室原川　源出郡家東南卅六里室原山。北流。此則所謂斐伊大河上。<small>有年須、鮠、鱧、</small>魚。麻等類。灰火小川。源出灰火山入、斐伊河上。<small>有年</small>魚。阿伊川。源出郡家正南卅七里遊記山。北流、入斐伊河上。<small>有年魚</small>麻須。阿位川。源出郡家西南五十三里御坂山。入斐伊河上。。<small>有年魚</small>麻須。比太川。源出郡家東南一十里玉峯山。北流。意宇郡野城河上、是也。<small>有年</small>魚。湯野小川。源出玉峯山、西流入斐伊河上。通飯石郡堺漆仁川辺、廿八里。即、川辺有薬湯。一浴則身体穆平。

再濯則万病消除。男女老少、画夜不息。駱駅往来。無不得験、故、俗人号云薬湯也。正倉。<small>即有</small>通大原郡堺辛谷村。一十六里二百卅六歩。通伯耆国日野郡堺阿志毘縁山、卅五里一百五十歩。剗。<small>常年有</small>通備後国恵宗郡

堺遊記山、卅七里。劃。 通同惠宗郡堺比市山、五十三里。有政時、
権置耳。

<small>常年有</small>
<small>但当</small>
<small>常无劃。</small>

郡司　主帳　外大初位下　品治部

大領　外従八位下　蝮部臣

少領　外従八位下　出雲臣

大原郡。

合郷捌。里卅四。

神原郷。今依前用。

屋代郷。本字矢代。

屋裏郷。本字矢内。

佐世郷。今依前用。

阿用郷。本字阿欲。

海潮郷。本字得塩。

来次郷。今依前用。

斐伊郷。本字樋。以上捌、郷別里参。

所以号大原者、郡家東北一十里一百一十六歩、一十町許。平原也。故
号曰大原。往古之時、此処郡家。今猶追旧号大原。有郡家処号云斐伊
村。

<small>今有郡家処。</small>

神原郷。郡家正北九里。古老伝云。所造天下大神之御財積置給処也、
則可謂神財郷。而今人猶誤。云神原郷耳。

屋代郷。"郡家正北一十里一百一十六歩。所造天下大神之◼立射処。故、
云矢代神亀三年改字屋代　即有正倉。"

<small>猞</small>

屋裏郷。郡家東北一十里一百一十六歩。古老伝云、所造天下大神。故、
云矢内。改字屋裏。

<small>神亀三年、</small>

佐世郷。郡家正東九里二百歩。古老伝云、須佐能袁命、佐世乃木葉頭
刺而、踊躍為時、所刺佐世木葉墮地。故、云佐世。

阿用郷。郡家東南一十三里八十歩。古老伝云、昔或人、此処山田佃而
守之。爾時、目一鬼来而、食佃人之男。爾時、男之父母、竹原中隠而居

之時、竹葉動之。爾時、所食男云、動動。故云阿欲。改字阿用。^{神亀三年、}

海潮郷。郡家正東一十六里卅六歩。古老伝云、宇能治比古命、恨御祖須義祢命而、北方出雲海潮押上、漂御祖神、此海潮至。故、云得塩。改字海潮。^{神亀三年、}即、東北、須我小川之湯淵村川中温泉。号。^{不用}同川上毛間村川中温泉出。号。^不

来次郷。郡家正南八里。所造天下大神命詔、八十神者、不置青垣山裏詔而。追廃時、“此処□次坐”。故云来次。^{義廻}

斐伊郷。属郡家。樋速日子命。坐此処。故、云樋。改字斐伊。^{神亀三年、}

新造院一所。在斐伊郷中。郡家正南一里。建立巌堂也。有僧五躯。^{有僧}大領勝部臣虫麻呂之所造也。新造院一所。在屋裏郷中。郡家東北一十一里一百卅歩。

建立□□層塔也。有僧一躯、前少領額田部臣押島之所造也。今少領伊去美之従父兄也。新造院一所。在斐伊郷中。郡家東北一里。建立巌堂也。有僧二躯。^{有僧}

斐伊郷人、樋伊支知麻呂之所造也。

矢口社　宇乃遅社　支須支社　布須社　御代社　宇乃遅社　神原社樋社　樋社　佐世社　世裡陀社　得塩社　加多社　以上一十三所並在神祇官

赤秦社　等等呂吉社　矢代社　比和社　日原社　幡屋社　春殖社　船林社　宮津日社　阿用社　置谷社　伊佐山社　須我社　川原社　除川社屋代社　以上一十六所並不在神祇官

兎原野。郡家正東。即属郡家。城名樋山。郡家正北一里一百歩。所造天下大神大穴持命、為伐八十神造城。故、云城名樋也。高麻山。郡家正北一十里二百歩。高一百丈、周五里。北方有樫、椿等類。東南西三方並野也。古老伝云、神須佐能袁命御子。青幡佐草日子命、是山上麻蒔殖。故、云高麻山。即此山峯坐、其御魂也。須我山。郡家東北一十九里一百八十歩。枌。^{有檜、}

船岡山。郡家東北一十九里一百八十歩。阿波枳閇委奈佐比古命曳来居船、　則此山是矣。故、云船岡也。御室山。郡家東北一十九里一百八十歩。

神須佐乃乎命。御室令、造給、所宿。故云御室。凡諸山野所在草木、苦参、桔梗、□茄、白□^芷、前胡、独活、□□^{卑斛}、葛根、細辛、茵芋、白前、決明、白□^斂、女委、薯蕷、麦門冬、藤、李、檜、杉、栢、樫、櫟、椿、楮、楊梅、槻、蘗、禽獣、則有、鷹、晨風、鳩、山雉、熊、狼、猪、鹿、兎、□猴^獼、飛□（獼）……□は欠字、振り仮名は日本の出雲国風土記から。

斐伊川。郡家正西五十七歩。西流入出雲郡多義村。麻須。^{有年 魚、}海潮川。源出意宇与大原二郡界末村山北流。自海潮西流。有年魚少少、須我小川。源出須我山西流。^{有魚}年魚少少。佐世小川。源出阿用山北流。入海潮川無魚。幡屋

小川。源出郡家東北幡箭山南流無魚。右四、水合正流、入出雲大河。

屋代小川。源出郡家正北除田野西流、入斐伊大河。無魚、通意宇郡堺林垣坂。廿三里八十五歩。通仁多郡堺辛谷村。廿三里一百八十二歩。通飯石郡堺斐伊河辺。五十七歩。通出雲郡堺多義村。一十一里二百二十歩。前件参郡。並山野之中也。

郡司　主帳　无位　勝部臣

大領　正六位上　勲十二等　勝部臣

少領　外従八位上　額田部臣

主政　无位　日置臣

自国東堺去西廿里一百八十歩。至野城橋。長卅丈七尺。広二丈六尺飯梨川

又、西廿一里。至国聴意宇郡家北十字街。即分為二道。一正西道一、枉北道。去北四里二百六十歩。至郡北堺朝酌・簡単な食事を摂って向かう、渡渡。八十歩渡船一。又、北一十里一百四十歩。至島根郡家。自郡家去北一十七里一百八十歩。至隠岐渡千酌駅家浜。渡船　又、自郡家西一十五里八十歩。至郡西堺佐太橋。長三丈　広一丈佐太川。又、西八里二百歩。至秋鹿郡家。又、自郡家西一十五里一百歩。至郡西堺。又、西八里二百六十四歩。至楯縫郡家。又、自郡家西七里一百六十歩。至郡西堺。又、西一十四里二百二十歩。出雲郡家東辺。即、入正西道也。総枉北道程。一百三里一百四歩之中。隠岐道一十七里一百八十歩。正西道自十字街西

171

一十二里。至野代橋。長六丈、広一丈五尺、又、西七里、至玉作街、即
分為二道。一正西道一正南道正南道。一十四里二百一十歩。至郡南西堺。
又、南二十三里八十五歩。至大原郡家。即分為二道。一南西道一東南
道。南西道。五十七歩。至斐伊川。渡二十五歩渡船一。又、南西二十九
里一百八十歩。至飯石郡家。又、自郡家南八十里。至国南西堺通備後国
三次郡。総去国程。一百六十六里二百五十七歩也。東南道。自郡家去
二十三里一百八十二歩。至郡東南堺。又、去東南一十六里二百三十六歩。
至仁多郡家（比比理村） 即分為二道。一道。東卅五里一百五十歩。至仁
多郡堺。一道。南三十八里一百二十一歩。至備後国堺遊記山。正西道
自玉作街西九里。至来待橋。長八丈　広一丈三尺又　西一十四里三十歩。
至郡西堺。又、西一十三里六十四歩。至、出雲郡家。自郡家西二里六十
歩。至郡西堺出雲河渡五十歩。

　渡船一。又、西七里卅五歩。至神門郡家。即有河渡卅五歩。渡船一。
自郡家西卅三里。至国西堺通石見国安濃郡。総去国程。九十七里二百卅
九歩。

　自東堺去西卅里一百八十歩　至野城駅。又、西卅一里。至、黒田駅。
即分為二道一正西道。一渡、隠岐国道也。隠岐国道。去北卅三里六十歩。
至隠岐渡千酌駅。又、正西道卅八里、至宍道駅、又、西卅六里二百卅九歩、
　至狭結駅。又、西一十九里、至多伎駅。又、西一十四里。至国西堺。
　意宇軍團。即属郡家。
　熊谷軍團。飯石郡家東北卅九里一百八十歩。
　神門軍團。郡家正東七里。
　馬見烽。出雲郡家西北卅二里二百四十歩。
　土椋烽。神門郡家東南一十四里。
　多夫志烽。出雲郡家正北一十三里三十歩。
　布自枳美烽。島根郡家正南七里二百一十歩。
　暑垣烽。意宇郡家正東卅里八十歩。
　宅枳戌。神門郡家西南卅一里。
　瀬埼戌。島根郡家東北一十七里一百八十歩。

天平五年二月卅日勘造。秋鹿郡人。神宅臣全太理
国造帯意宇郡大領外正六位上勲十二等出雲臣広島
底本・無奥書。巻首記の内・出雲国風土記に関する記事
今適・全部出雲一国而已。雖有流布本不免伝写誤。今所書写本者・伝
聞出雲国造之文庫所有。因以全為篇首。

　途中、神門郡から国外で読まれている出雲国風土記を模写し、スタイ
ルは国内の出雲国風土記に合わせています。幾つかの気になる箇所があ
りますが、今後の研究で解明されるでしょう。国内、国外とも欠字、欠
文があります。定本から写本の違いだろうと思いますが河と川の文字が
違っていたり、一番気になるのが、"餘"（あまる）が古代史本で使われていますが
出雲国風土記では"余"（あまり）を使っています。紀元前 200 年〜 200 年位前の
出来事です。人の名を整理しなければ難解な物語に為りますが、何とな
くこの時代が分かれば少しは前に進めたでしょう。同時に燕喜が東出雲
に来ているのは驚きました。これはとても重要なことです。文字を振る
に使った周、燕の時代ですから、当然、文字も人と共に来ているでしょう。
　出雲国風土記は国内より海外でも読まれています。そして国内の読者
より多くの人が出雲国風土記を知っています。なにより国内古代史の内
容は漢字で書かれていて私達が訓読み、音読みをしたとして意味は中国
の漢字のもつ意味だと理解しなければなりません。今の状況を考えれば
日常的に使用する漢字の国が有利なのは当然の話です。中にはこんな簡
単で日常的に使っている漢字でも訳すれば全く違うことに驚きを受けま
す。烏は「う」と読み、からすは「烏鵜」と書き鵜は「魚鷹」です。い
くら面倒でも一文字、一文書ずつ、訳していけなければ為らない面倒さ
はやむを得ません。

第八章

播磨国風土記

事の始めは島根の出雲国風土記を近所の方に頂いたところから始まります。私は関心、興味など全く論外で考えもしなっかたので頂いたものの読みもしませんが裏表紙を見ると袋があり、その中に地図が入っていました。地図を広げて、まず見るのは出雲大社が何処に在るか、位置位ですが、其処には出雲大社ではなく杵築神社と書いています。何これ、と思い目を下げると今度は意宇郡に熊野神社がありました。

熊野神社は和歌山の話です。如何なっているのかと読み始めたら地図を片手に読む風土記の楽しいこと、当時の人が地図上で暮らしているではありませんか、そんな風に見えてきました。これに味をしめ播磨国風土記を購入しましたが気にいった地図が手に入りません。仕方なく近くの本屋さんで加古川・高砂市の地図を購入しました。役に立つのかなと思ってもみない結果でした、広げた途端、地図に目をやると昔のままに殆どの地名が残っていて加古川が賀古川と島の名前が違う位に変わっていません。地図を見ながら読みますと出来ごとが身近に感じられて夢中になり気が付いたら播磨国風土記を題材に息長帯姫を主人公に播磨物語を出版し、それも播磨国風土記編纂、1300年の記念すべき節目の年とおまけ迄付いてきました。では、始めます播磨国風土は景行天皇と印南別嬢の恋愛物語から始まります。それも提灯持ちの伊志冶も参加し、行き成り主役が揃いました。

賀古郡

　望覧四方勅云・皇帝の命令。此土丘原野甚広大。而見此丘如鹿児。故、
名曰賀古郡。狩之時、一鹿走登於此丘鳴。其声比々。故、号日岡坐神。
大御津歯命子。伊波都比古命。此岡有比礼墓。所以号褶墓者。昔、大帯
日子命・景行天皇、誂・誘惑、印南別嬢之時、御佩刀之八咫剣之上結爾
八咫勾玉。下結爾麻布都鏡繋。賀毛郡山直等始祖、息長命一名伊志治為
媒。而、誂下行之時。到摂津国高瀬之済、請欲度此河。度子、紀伊国人
小玉、申曰・説明を言う、我為天皇贄人否・贄は初めて会う人の贈りも
の、贄人は偉い人に仕える人。爾時、勅云、朕公、雖然猶度・それでも。
度子対曰。遂欲度者、宜賜度賃。於是、即取為道行儲之弟縵。投入舟中、
則縵光明、惟然満舟。度子・学識のある人と推測する、得賃、乃度之。故、
云朕君済。遂到赤石郡廝御井、供進御食。故。曰廝御井。爾時。印南別
嬢聞而驚畏之。即遁度於南毘都麻島。於是。天皇、乃到賀古松原而覓訪
之。於是、白犬、向海長吠。天皇問云、是誰犬乎。須受武良首対曰、是
別嬢所養之犬也。天皇勅云、好告哉。故、号告首。乃、天皇知在於此少
島、即欲度、即到阿閇津、供進御食。故号阿閇村。又、捕江魚、為御坏
物。故、号御坏江。又、乗舟之処、以梶作柞、故号柞津、遂度相遇。勅
云。此島隠愛妻。仍号・やはり叫ぶ、南毘都麻。於是、御舟与別嬢舟同
編。合而度筊杪・書かれている、木簡、位、伊志治。爾名号大中伊志治。
還到印南六継村。始成密事。故曰六継村。勅云、此処、浪響鳥声甚譁。
而遷於高宮。故曰高宮村。是時、造酒殿之処、即号酒屋村、造贄殿之処。
即号贄田村。造室之処、即号館村。又。遷於城宮。仍始成昏也。以後、
別嬢掃床仕奉出雲臣比須良比売。給於息長命。墓有賀古駅西。有年、別
嬢薨於此宮。即、作墓於日岡而葬之。挙其尸度印南川之時。大飄自川下
来。纏入其尸於川中。求而不得。但、得匣与褶。即、以此二物。葬於其墓。
故号褶墓。於是、天皇戀悲。誓云、不食此川之物。由此。其川年魚、不
進御贄。後、得御病。勅云薬者也。即、造宮於賀古松原而遷。或人。於
此堀出冷水。故、曰松原御井。望理里。土中上。大帯日子天皇、巡行之
時。見此村川曲、勅云。此川之曲、甚美哉。

176

故、曰望理。鴨波里。土中々。昔。大部造等始祖古理売。耕此之野。多種粟。故、曰粟々里。此里有舟引原。昔。神前村有荒神、毎半留行人之舟、於是、往来之舟。悉留印南之大津江、上於川頭。自賀意理多之谷」引出而。通出於赤石郡林潮。故、曰舟引原。又事与上解同。長田里。土中々。昔。大帯日子命。幸行別嬢之処。道辺有長田。勅云、長田哉。故曰長田里。駅家里。土中々。由駅家為名。

　大帯日子天皇・景行天皇と印南別嬢が伊志冶に依って結ばれる、后に為ります。

印南郡
　一家云、所以号印南者。穴門豊浦宮御宇天皇・仲哀天皇、与皇后倶欲平筑紫久麻曽国・熊襲、熊姓を襲名する、下行之時、御舟、宿於印南浦。此時、滄海甚平、風波和静。故、名曰入浪郡。大国里。土中々。所以号大国者、百姓之家、多居此。故曰"大国"。此里有山。名曰伊保山。帯中日子命乎坐於神而、息長帯日女命・神宮皇后、率石作連大来而、求讃伎国"羽若石"也。自彼度賜未定御廬之時。大来、見顕、故、曰美保山。々西有原。名曰池之原。々中有池。故、曰池之原。々南有作石。形如屋。長二丈、広一丈五尺、高亦如之。名号曰大石。伝云、聖徳王御世。弓削大連。所造之石也。六継里。土中々。所以号六継里者。已見於上、此里有松原。
　（以下省略）

　様々なことが短い文書にぎっしりと詰まっています。穴門の天皇と言えば、仲哀天皇のことです。皇后は倭姫（若い卑弥呼）と景行天皇の御子の壹興・豊受姫・息長帯姫のことです。壹興の兄は倭武で、倭武は印南別姫に仲哀天皇・大碓の双子の弟の小碓として育てられます。穴門の天皇と息長帯姫の父は同じです。"大国"の話が出てきます。古代史の播磨国と摂津国の扱いは余り見かけませんが、資料として残ってないのか

大国播磨国の姿は正しく書き残されているのか疑問を感じます。これだけの人が播磨国で暮らしているから大国であったと解釈したいです。羽若石は徳島で通称あじ石と言います。近くの高砂の宝殿からも石が採れますが、高砂の宝殿で求めた石ならば大和に仲哀天皇の御遺体の石棺が分かります。そこでわざわざ羽若石を取り寄せます。かなり大型の船があったことを表しています。最初はヤップのように石貨を竹のいかだでも運ぶのかと思っていましたが宮浦から数隻の大型船で大和に貨物を送っていますから石棺を運ぶのはたやすいことでしょう。既に懐妊している息長帯姫が播磨で指揮しながら麛坂皇子・忍熊皇子兄弟を迎撃するための戦闘の準備をしなければなりません。誰かがサポートしなければ無理な話です。倭では三韓征伐をする男衣装の卑弥と呼と言われた文夫人がいます。連係プレーがなければできない話です。

飾磨郡

飾磨郡。所以号飾磨者。大三間津日子命。於此処造屋形・家屋、而座時。有大鹿而鳴之。爾時。"王"。勅云、壮鹿鳴哉。故、号飾磨郡。漢部里。土中上。右、称漢部者。讃芸国漢人等。到来居於此処。故号漢部。菅生里。
土中上。右、称菅生者・春秋時代宋國大夫、貴族達官の人の末裔、此処有菅原。故。号菅生麻跡里。土中上。右、号麻跡者。"品太天皇"、巡行之時。勅云、見此二山者。能似人眼割下。故。号目割。英賀里（屋号：師禮，鳩巣、滄浪、英賀）。土中上。右、称英賀者。"伊和大神"之子。阿賀比古阿賀比売二神。在於此処。故、因神名以為里名。

　　伊和大神は出雲国の人か？　英賀（春秋時代、楚、滅英の子孫）が王では？讃岐の漢人が現れます。漢（紀元前202年 - 紀元8年，紀元25年 -220年）は漢末に漢、蜀漢の皇族の渡来歴があります。品太天皇（応神天皇）が紀元289年五月初め、劉阿知率と其子の劉都賀、舅趙興德及一族、劉國鼎、劉濤子、劉鶴明、劉信子等、男女共2000人以上を呼び寄せていま

す。この人たちが四国の讃岐に来ていることを証明できるかもしれません。紀元前後に渡来している皇族は華夏の末裔だということが、このことでも分かります。私達の祖は華夏なのです。劉阿知：東漢王朝の漢獻帝、劉協の玄孫，歴史上最も有名な劉氏が開拓した倭奴國人物です。是は初めの日本姓、原田、高橋、大藏、江上、秋月、波多江等の家族の同じ祖先です。阿知王、又は稱阿知使主と言います。

伊和里。船丘波丘琴丘筥丘匣丘箕丘甕丘稲丘冑丘沈石丘藤丘鹿丘犬丘日女道丘。 土中上。 右。号伊和部者、積幡郡伊和君等族。到来居於此。故号。伊和部。所以号手苅丘者、近国之神、到於此処、以手苅草以為食薦。故号手苅、一云、韓人等、始来之時、不識用鎌。但、以手苅稲。

故、云手苅村右十四丘者已詳於下。昔、大汝命之子。火明命、心行甚強。是以。父神患之。欲遁棄之。乃、到因達神山、遣其子汲水、未還以前、即発船遁去。於是、火明命汲水還来、見船発去、即大瞋怨。仍起風波、追迫其船。於是、父神之船、不能進行、遂被打破。所以。其処号船丘、号波丘、琴落処者、即号琴神丘。箱落処者、即号箱丘、梳匣落処者、即号匣丘、箕落処者、仍号箕形丘、甕落処者。仍曰甕丘。稲落処者、即号稲牟礼丘。冑落処者、即号冑丘。沈石落処者、即号沈石丘。綱落処者、即号藤丘、鹿落処者。即号鹿丘。犬落処者、即号犬丘。蚕子落処者、即号日女道丘。爾時。大汝神、謂妻弩都比売、曰為遁悪子、返遇風波、被太辛苦哉。所以、号曰瞋塩、曰苦斉。

伊和里は重要なことが書かれています。日女路は姫路です。大汝命の御子火明命（大汝命の公主の夫に為ります）は斉の国の方士徐福と云われています。徐福が全てを捨てる強い心に父神患之、父が困っている、そして徐福は脱出に成功し播磨の国を離れます。帰る先は自らの国の斉です。斉が華夏族として初めて秦と同盟関係を築いていましたが、秦に斉は滅ぼされます。帰る地を失った徐福は台湾に渡ります。台湾の西は福州で、長江の入り口、ここが倭に渡る出発点です。徐福が台湾に渡った話は後

漢書に記載されています。この話を後漢書から見つけた時は奇異な感じを受けました。扱う時代が4〜500年前の話です。後漢書の内容としては違います。当時から考えれば古い話です。再度、倭に渡来した時期は秦に滅ぼされた長江北沿いの楚（熊姓）の人達と倭に渡来しています。楚は造船、木工、織物の技術が優れた人達です。故国を捨て倭に来た人達の中に物部一族がいますが、この人たちではないかと考えています。私が播磨国風土記を信じるのは地名が現代と大きく変わらないなら其処に書かれていることも話されていることも間違いではないと思うからです。

　楚國：（？〜前223年）是は先の秦時代に長江流域に於ける諸侯国、国君は芈姓、熊氏。周成王時期（一説に紀元前1042年〜1021年）、楚人の首領は熊繹です子爵で楚國を建立します。倭では熊襲（襲名）です。

　　賀野里。幣丘土中上。右、称加野者、品太天皇、巡行之時、此処造殿、
　　仍張蚊屋。故、号加野。山川之名亦与里同。所以称幣丘者、品太天皇、
到於此処、奉幣地祇。故、号幣丘。韓室里。右、称韓室者、韓室首宝等
上祖、家大富饒、造韓室。故、号韓室。巨智里。^{草上村、}大立丘。土上下右、巨
智等始屋居此村。故、因為名。所以云草上者。韓人山村等上祖、柞巨智
賀那。請此地而墾田之時、有一聚草、其根尤臭。故、号草上。所以称大
立丘者、品太天皇、立於此丘、見之地形。故、号大立丘。

　韓室は韓風の立派な屋敷、応神天皇の巡行に仮の御殿を造った話に韓人の話、伊志冶も同じグループではないかと疑わせます。

　　安相里。長畝川。土中々。右、称安相里者、品太天皇、従但馬巡行之
時、縁道不微御冠。故、号陰山前。仍、国造豊忍別命。被剥名。爾時、
但馬国造阿胡尼命、申給。^{もうしたまふ}依此赦罪、即奉塩代田二十千代。有名塩代
田。佃但馬国朝来人。到来居於此処。故、号安相里。字二字注、^{本名沙部云。後}為安
相里。^{里名、依改}　所以号長畝川者、卒於此村　遂造墓葬　以後　正骨運持去

之 云爾。所以号長畝川者、昔、此川生蒋。于時、賀毛郡長畝村人、到来苅蒋。爾時、此処石作連等、為奪相闘、仍殺其人、即投棄於此川。故、号長畝川。本又。阿胡尼命、娶英保村女、卒於此村。遂造墓葬、以後、正骨運持去此云来。

枚野里。新羅訓村笘岡。右、称枚野者。昔為少野。故、号枚野。　所以号新良訓者、昔、新羅国人来朝之時、宿於此村。故、号新羅訓。山名亦同。所以称笘丘者、大汝少日子根命与日女道丘神、期会之時。日女道丘神。於此丘　備食物及笘器等具。故、号笘丘。

但馬国の朝来人に新羅国の人と播磨国は人の往来が多いのが賑やかな都会という風情です。それに安相の２字の姓に拘りも見えます。遺骨の奪い合いが記されています。塩の話も出てきます。高砂塩田で採れた塩の話も良く知られています。

大野里。研堀。土中々、大野者、本為荒野。故、志貴島宮御宇天皇之御世。村上足島等上祖恵多、請此野而居之、乃為里名。所以称砥堀者、品太天皇之世、神前郡与飾磨郡之堺、造大川岸道。是時、砥堀出元之、故、号砥堀。于今猶在。少川里。高瀬村。豊国村。英馬野。射目前檀坂。御立丘。伊刀島。土中々。私里。右、号私里者、志貴島宮御宇天皇世、私部弓束等祖、田又利君鼻留、請此処而居之、故、号私里。以後、庚寅年、上野大夫為宰之時、改為小川里。一云。小川自大野流来此処。故、曰小川。所以称高瀬者、品太天皇、登於夢前丘而望見者、北方有白色物。勅云彼何物乎。即、遣舎人上野国麻奈毘古、令察之。申云、自高処流落水。是也。即、号高瀬村。所以号豊国者、筑紫豊国之神、在於此処。故、号豊国村。所以号英馬野者、品太天皇此野狩時、一馬走逸。勅云、誰馬乎。侍従等対云、朕君御馬也。即、号我馬野。是時、立射目之処、即号射目前。弓折之処、即号檀丘。御立之処、即号御立丘。是時、大牝鹿。泳海就島。故、伊刀島。英保里。土中上。右、称英保者、伊予国英保村人、到来居於此処。故、号英保村。

砥は書き言葉で砥石です。英は花びらです。筑紫豊国之神が高瀬村にあります。この地で祀られている神は誰でしょうか？　品太天皇の御世に祀られる神なら壹興、豊受姫、神宮皇后に為りますが。四国の讃岐に伊予国英保村人が出てきます。これで四国とはかなり往き来していることが分かります。四国の漢人と言われる人は劉一族でしょうか？

　美濃里。継潮。土下中。右、号美濃者、讃伎国弥濃郡人、到来居之。故、号美濃。所以称継潮者、昔、此国有一死女、爾時、筑紫国火君等祖不知名、到来、復生。仍取之。故。号継潮。因達里。土中々。右、称因達者、息長帯比売命、欲平韓国渡坐之時、御々船前伊太代之神、在於此処。故、因神名以為里名。安師里。土中々。右、称安師者、倭穴无神々戸託仕奉。故、号穴師。

　漢部里。多志野。阿比野。手沼川。里名詳於上。右、称多志野者、品太天皇（応神天皇）巡行之時、以鞭指此野、勅云、彼野者宜造宅及墾田。故、号佐志野。今、改号多志野。所以称阿比野者、品太天皇、従山方幸行之時、従臣等。自海方参会。故、号会野。所以称手沼川者、品太天皇、於此川洗御手。故号手沼川。生年魚有味。貽和里船丘北辺、有馬墓池。昔、大長谷天皇（雄略天皇）御世、尾治連等上祖長日子、有善婢与馬。並合之意。於是、長日子将死之時、謂其子曰。吾死以後、皆葬準吾。即為之作墓。第一為長日子墓、第二為婢墓、第三為馬墓。併有三。後、至生石大夫為国司有之時、築墓辺池。故、因名為馬墓池。所以称飾磨御宅者、大雀天皇（仁徳天皇）御世、遣人喚意伎、出雲、伯耆、因幡、但馬五国造等。是時、五国造、即以召使為水手而、向京之。以此為罪。即退於播磨国、令作田也。

　此時所作之田、即号意伎田、出雲田、伯耆田、因幡田、但馬田、即、彼田稲収納之御宅、即号飾磨御宅、又、云賀和良久三宅。

　「出雲国風土記」と「播磨国風土記」が作られたのは同じ時期と云われていますが書かれている内容はかなり違います。播磨国風土記では仲哀

天皇から応神天皇、仁徳天皇、それから雄略天皇まで記載されています。系図では仁徳天皇の後は履中天皇ですが、仁徳天皇から履中天皇と雄略天皇迄は允恭天皇を挟みます。何が有ったのでしょうか？　話のほとんどが卑弥呼の時代の後の話です。出雲国風土記は素盞鳴、素佐能袁で分かるように出雲国風土記の書かれた時代より、以前の話で作製されています。筑紫国火君等祖不知等は熊本の不知の火、若しくは阿蘇山の火、阿蘇山は馬の産地、群馬も馬の産地、ここで同じ郡上八幡、灯篭を頭に飾る踊りは何を語っているのでしょうか？　筑紫国と播磨国の関係は？息長帯比売命、神宮皇后、韓国渡る、三韓征伐ですが、身重の息長帯比売では当然無理な話です。息長帯比売命が播磨では麛坂皇子、忍能皇子を迎え打ちして仲天皇の御遺体を守ります。この一連の出来ごとの司令塔は倭の卑弥呼（倭姫）です。倭に渡来する時に財宝を小島に隠します。須佐能袁もこのことを知っています。これからの大事を為すことには戦費等が要りますから、費用の捻出の為、それをあたかも男装の麗人卑弥呼が三韓征伐と言って隠されていた宝物を持ち出し、そのお宝の費用を三韓征伐と称し、この戦費で以って息長帯比売が挙兵し麛坂皇子兄弟を迎え撃ち、追撃までして、最後は滅ぼす図式が見えてきます。息長帯比売に初めての戦ができる訳はありません。時の権力者、軍師が補佐したでしょう。五国造は出雲国風土記では五国を平定する、五国は越を含む北陸の国ですが播磨国風土記では違う使い方をしています。これで現代の９号線沿いが大和に入る陸上ルートと思っていました。その途上には亀岡に杵築神社、出雲神社があります。この道の途中にはなく、奈良の三宅等にあります。出雲族が奈良に進出した証？　又は大倭と出雲の戦いで朝廷に組した出雲族？

　揖保郡。事明下。伊刀島。諸島之総名也。右。品太天皇、立射目人於飾磨射目前、為狩之。於是、自我馬野出牝鹿、過此皐入於海、泳渡於伊刀島。爾時、翼人等望見、相語云、鹿者既到就於彼島。故、名伊刀島。

　香山里。鹿来、本名墓土下上。所以号鹿来墓者、伊和大神、占国之時、

鹿来立於山岑、山岑、是亦似墓。故、号鹿来墓。後、至道守臣為宰之時。乃改名為香山。家内谷。即是香山之谷。形如垣廻。故、号家内谷、佐々村。品太天皇、巡行之時、猨噛竹葉而遇之、故、曰佐々村。阿豆村。

伊和大神、巡行之時、苦其心中熱而、控絶衣槽。故、号阿豆。一云、昔、天有二星。落於地、化為石。於此、人衆集来談論。故、名阿豆。飯盛山。讃伎国宇達郡飯神之妾、名曰飯盛大刀自、此神度来、占此山而居之。故、名飯盛山。

大鳥山。鵝栖此山。故、名大鳥山。栗栖里。土中々。所以名栗栖者、難波高津宮天皇勅、賜刊　栗子若倭部連池子。即、将退来殖生此村。故、号栗栖。此栗子、由本刊後无渋。□廻川□金箭川。品太天皇、巡行之時、御苅金箭、落於此川。故、号金箭。阿為山。品太天皇之世、紅草、生於此山。故、号阿為山。住不知名之鳥、起正月至四月見、五月以後不見。形似鳩。色如紺。

立射目人は立ち討ち、目は見る、人（軍の言語）、翼人は助ける人、補佐する人。立射目人は猟師で翼人は勢子。相語はお互いの掛け言葉。

伊和の大神も応神天皇も巡行しています。伊和の大神はこの地域の権力者でしょうか？　山岑は山の崖ぷち、岑が一文字なら小高い山。猨噛竹葉は榛の木の葉（竹の葉に似ている）。控絶衣槽は汚れた、着変え、衣料を入れる箱は絶対に必要だ。

（以下省略）

狹野村。別君玉手等遠祖、本居川内国泉郡。因地不便、遷到此土。仍云、此野雖狹猶可居也。故、号狹野。上岡里本林田里。土中下、出雲国阿菩大神、聞大倭国畝火、香山、耳梨三山相闘、此欲諌止、上来之時、到於此処、乃聞闘止、覆其所乗之船而坐之。故、号神阜。々形、似覆。□菅、生山□部。菅生山辺故、曰菅生。一云、品太天皇、巡行之時、闢井此岡。水甚清寒。於是、勅曰、由水清寒、吾意宗々我々志。故、曰宗我富。殿岡。

造殿此岡。故、曰殿岡。々生柏。日下部里。因人姓為名。土中々。立野。

所以号立野者、昔、土師弩美宿祢（のみすくね）、往来於出雲国、宿於日下部野、乃得病死。爾時、出雲国人来到、連立人衆、運伝上川礫、作墓山。故、号立野。即、号其墓屋為出雲墓屋。

別君玉手は西周（紀元前1046〜771年）王朝の子供達、起源の地は古代長安です。阿菩大神の阿菩は山海経の神話の世界の不周山の水神？

大倭国畝火、香山、耳梨三山が載っています。大倭国は"やまとの国"と読むでしょうか？覆其所乗之船而坐之はこの船に乗り腰をおろして坐（すわ）る、覆が書き言葉で腰を下ろすです。土師弩美宿祢は野見の宿襧です。この狭野村から始まる項は出雲国や播磨国の往来があり大和（やまと）にも通じているのが良く分かります。

大田里。土中上。所以称大田者、昔、呉勝従韓国度来、始到於紀伊国名草郡大田村。其後、分来移到於摂津国三島賀美郡大田村。其又、遷来於揖保郡大田村。是、本紀伊国大田以為名也。言挙阜。右、所以称言挙阜者、大帯日売命、韓国還上之時、行軍之日、御於此阜、而教令軍中曰、此御軍者、愨懃勿為言挙。故、号曰言挙前。鼓山。昔、額田部連伊勢与神人腹太文相闘之時、打鳴鼓而相闘之。故、号曰鼓山。々谷生檀。石海里。土惟上中右、所以称石海者、難波長柄豊前天皇之世、是里中有百便之野、生百枝之稲。即阿曇連百足、仍取其稲献之。爾時、天皇勅曰。宜墾此野作田。乃。

遣阿曇連太牟、召石海人夫令墾之。故野名曰百便、村号石海也。酒井野右　所以称酒井者、品太天皇之世、造宮於大宅里、闘井此野、造立酒殿。故、号酒井野。宇須伎津。右、所以名宇須伎者、大帯日売命、将平韓国度行之時、御船宿於宇頭川之泊、自此泊度行於伊都之時、忽遭逆風不得進行　而従船越々御船。御船、猶亦不得進。乃、追発百姓、令引御船。於是、有一女人為資。上己之真子、而墮於江。故、号宇須伎。新辞伊須須久。宇頭川。

所以称宇頭川者、宇須伎津西方有絞水之淵。故、号宇頭川。即、是大帯日売命、宿御船之泊、伊都村。所以称伊都者、御船水手等云、何時将到於此所見之乎、故、曰伊都。雀島。所以号雀島者、雀多聚於此島、故、曰雀島。不坐草木浦上里。土上中。右、所以号浦上者、昔、阿曇連百足等。

　先居難波浦上。後、遷来於此浦上。故、因本居為名。御津。息長帯日売命。

　宿御船之泊。故、号御津。室原泊。所以号室者、此泊、防風如室。故、因為名。白貝浦。昔、在白貝。故、因為名。家島。人民。作家而居之。故、号家島。生竹黒葛等。神島、伊刀島東、所以称神島者、此島西辺在石

　神。形似仏像。故、因為名。此神顔、有五色之玉。又、胸有流涙。是亦五色。所以泣者、品太天皇之世、新羅之客来朝。仍、見此神之奇偉、以為非常之珍玉、屠其面色堀其一瞳。神由泣之。於是、大怒、即起暴風、打破客船。漂没於高島之南浜、人悉死亡。乃、埋其浜。故、号曰韓浜。于今、過其処者。慎心固戒、不言韓人。不拘盲事。韓荷島。韓人破船所漂之物、漂就於此島。故、号韓荷島。高島。高勝於当処島等。故、号高島。

　アジア大陸から日本国（倭、出雲）に渡ると、多くは二文字の姓に変えます。頭の一文字を残し後ろに川や田、森とか身近な自然を多く使っていますから、"大"に田を付けて大田という名前を調べます。一つ目の意見です大姓は古くから続いている、姓の出る所、広がりも多いがその内から王姓に使われています。その中で黄帝の後の代に姫姓の王に至り、王の姓から広まりその一部の民族が大を使った。二つ目は彼等の名前の由来は広範囲にわたり王姓を名乗る例もあります。"馬太効應（Matthew Effect）"は簡単に言えば富的更富、穷的更穷、富める者は富が増え貧しきものは依り貧しくなる、その効果ということです。以って秦朝為嬴姓、漢朝為劉姓、晉朝為司馬、隋朝為楊姓、唐朝為李姓、宋朝為趙姓、元朝為孛兒只斤、明朝為朱姓、清朝為愛新覺羅等。嬴姓は秦の始皇帝、嬴政。劉姓は劉邦、西漢初代皇帝、清朝最後の皇帝愛新覺羅。私達の馴染人の名が見られます。太田はこれらの民族の末裔ではないで

しょうか？　呉勝従韓国度来の呉勝は東漢呉漢の曾孫で呉肝の御子です。この事項は正史後漢書に記載されています。三国志の呉からも渡来しています。挙皁は全て小高い丘。還上はさらに上。ですが韓国還上之時は韓国の上（爰）に還る時と訳した方が適切かもしれません。愙懃勿は勤勉（真面目）である。愙懃勿為言挙で勝手に（自由に）自分で話すな。

　新羅之客来朝は新羅（韓語：신라，英語：Silla，紀元前57～935年）朝鮮半島の国、品太天皇之世（270～312年）の年代なら味鄒尼師今（262年～284年）、新羅第13代君主ですが、卑弥呼の渡来歴から計算すると沾解尼師今（247年～261年）新羅第12代君主で、伐休尼師今之孫ではないかと思います。在位期間は高句麗の建国の後に高句麗と講和し、その後に百済と戦い、250年に大将軍の老（奈解尼師今の子、訖解尼師今之父）は倭人に殺されます。この話からも卑弥呼が倭に205年に渡来したのは大きくは違っていないと思います。石海の石姓の源は姫姓です。春秋時代の康叔の六世孫衛靖伯の孫公、石碏が祖に為ります。その石に海を足して二文字にして石海と名乗っています。闘井は桟橋。大帯日売命は息長帯媛、神宮皇后。有一女人為資は資、（物や金銭を与え）助ける、一人の女性を援助する。絞水は水。水手は水夫。阿曇連百足はおばあさん。生竹黒葛は蔦。

　阿曇連太牟は誰でしょうか？　阿牟は印度から来たという伝説があります。安曇野でしょうか？　阿曇は神道では海運の神様、別名あり矶武良、安曇の祖です。この大田郷は呉勝が播磨の国に渡来している証しが載っていますからとても重要な話です。惹いては三国志の蜀（蜀漢）呉（呉漢）魏の終焉に日本に渡来していることを証明しています。

　萩原里。土中々。右、所以名萩原者、息長帯日売命、韓国還上之時、御船宿於此村。一夜之間、生萩、一根高一丈許。仍、名萩原。即、闘御井。故、云針間井。其処不墾。又、墫水溢成井。故、号韓清水。其水朝汲不出朝。
　爾。造酒殿。故、云酒田。舟傾乾。故、云傾田。春米女等陰、陪従婚断。

故、云陰絶田。仍、萩多栄。故、云萩原也。爾、祭神。少足命坐。鈴喫岡。

所以号鈴喫者。品太天皇之世、田於此岡。鷹鈴墮落、求而不得。故、号鈴喫岡。少宅里。本名漢部里。土下中。所以号漢部者、漢人居之此村。

故、以為名。所以後改曰少宅者。川原若狭祖父。娶少宅秦公之女、即号其家少宅。後、若狭之孫智麻呂、任為里長。由此。庚寅年為、少宅里。細螺川。所以称細螺川者。百姓為田闢溝。細螺多在此溝。後、終成川。故、曰細螺川。揖保里。土中中、所以称粒者、此里依於粒山。故、因山為名粒丘。所以号粒丘者。天日槍命、従韓国度来、到於宇頭川底而、乞宿処於葦原志挙乎命曰、汝為国主。欲得吾所宿之処。志挙、即許海中。爾時。客神。

以剣攪海水而宿之。主神、即畏客神之盛行而、先欲占国巡上、到於粒丘而□之、於此、自口落粒。故、号粒丘。其丘小石、皆能似粒。又、以杖刺地。即、従杖処寒泉涌出、遂通南北。々寒南温生白朮。神山。此山在石神。

故。号神山。生椎子八月熟。出水里。土中々。此村出寒泉。故、因泉為名美奈志川、所以号美奈志川者。伊和大神子石竜比古命与妹石竜比売命二神。相競川水。□神欲流於北方越部村。妹神欲流於南方泉村。爾時。□神踰於山岑而、流下之。妹神見之。以為非理、即、以指櫛塞其流水而、従岑辺闢溝。流於泉村相格。爾。妹神、復。到泉底之川流、奪而将流於西方桑原村。於是、妹神、遂不許之而、作密樋、流出於泉村之田頭。由此。川水絶而不流。故、号无水川。桑原里。旧名倉見里。土中上。品太天皇、御立於欟折山望覧之時、森然所見倉。故、名倉見村。今、改名為桑原。一云、桑原村主等盗讃容郡□。見□将来、其主認来、見於此村。故、曰□見琴坂。

所以号琴坂者。大帯比古天皇之世。出雲国人。息於此坂。有一老父。与女子倶、作坂本之田。於是。出雲人。欲使感其女。乃弾琴令聞。故、号琴坂。

此処有銅牙石。形似双六之綵。

讃容郡。所以云讃容者。大神妹妋二柱。各競占国之時。妹玉津日女命。

捕臥生鹿。割其腹而。種稲其血。仍一夜之間生苗、即令取殖。爾、大神勅云。汝妹者五月夜殖哉。去他処、故号五月夜郡。神名賛用都比売命。今有讃容町田也。即、鹿放山。号鹿庭山。々四面有十二谷。皆生鉄也難波豊前於朝庭始進也。見顕人別部犬。其孫等奉発之初。

讃容里　事与郡同、土上中。吉川。本名玉落川。大神之玉、落於此川。
故、曰玉落。今、云吉川者、稲狭部大吉川。居於此村。故、曰吉川。其山。生黄蓮。桉見。佐用都比売命。於此山得金桉。故、曰山名金肆、川名桉見。伊師。即是桉見之河上。川底。如床。故、曰伊師。其山生精鹿升麻。速瀰里。土上中。依川瀰速。々瀰社坐神、広比売命、散用都比　売命弟。凍野。広比売命、占此土之時、凍冰。故。曰凍野、凍谷。邑宝里。土中上。弥麻都比古命、治井飡糧、即云、吾占多国。故、曰大村。治井処、号御井村。鍬柄川。神日子命之鍬柄令採此山。故、其山之川号曰鍬柄川。室原山。屏風如室。故、曰室原。山生人参、独活、藍漆、升麻、白朮、石灰、久都野。弥麻都比古命、告云、此山踐者可崩。故、曰久都野。後、改而云宇努。其辺為山、中央為野。柏原里。由柏多生、号為柏原。筌戸。大神。従出雲国来時、以島村岡為呉床坐而、筌置於此川。故、号筌戸也。不入魚而入鹿。此取作鱠。食不入口而落於地。故、去此処遷他。

（以下省略）

萩原里に韓国から息長帯媛が帰還する所から始まりますが、朝鮮半島では無く韓国を使っています。この年代は百済、高句麗、伽耶で百済、伽耶、は倭人です。朝鮮と云わずに韓国と云っていますから、筆者の出身地が気に為ります。三国志の東夷の中でも韓国を使っています。"萩"の字は日本語の日本漢字です。中国に無い漢字で周、燕の漢字かもしれません。ひらがなで、はぎ、ローマ字で Hagi です。闢御井は姫姓の系統で闢、周文王をサポートした、武王の母の弟、康叔の後の有闢氏が遠祖です。御井は井戸、泉の美称。其処不墾、其処は開墾しない。舂米女、女性が脱穀をする。揖保里。に天日槍命（アメノヒボコメイ）が韓国より渡来しています。大帯比古天皇之世、景行天皇。

宍禾郡。高家里。土下中。所以名曰高家者。天日槍命告云。此村、高勝於他村。故、曰高家。都太川。衆人不能得称。塩村。処々出鹹水。故、曰塩村。牛、馬等、嗜而飲之。柏野里。土中上。所以名柏野者。柏生此野。故、曰柏野。伊奈加川。葦原志許乎命与天日槍命占国之時。有嘶馬遇於此川。故、曰伊奈加川。土間村。神衣附土上。故、曰土間。敷草村。敷草為神座。故、曰敷草。此村有山。南方去十里許有沢。二町許。此沢生菅。

作笠最好。生柁、杉。栗、黄蓮、黒葛等。生鉄。住狼、羆。飯戸阜。占国之神、炊於此処。故、曰飯戸阜。々形亦似桧箕竃等。安師里。本名酒加里。土中上。大神、飡於此処。故、曰須加。後、号山守里。所以然者山部三馬任為里長。故。曰山守。今、改名為安師者、因安師川為名。其川者、因安師比売神為名。伊和大神。将娶誂之。爾時、此神固辞不聴。於是、大神大瞋、以石塞川源、流下於三形之方。故、此川少水。此村之山、生柁杉黒葛等。住狼、羆。石作里。本名伊和。土下中。所以名石作者、石作首等居於此村。故庚午年為石作里。阿和賀山。伊和大神之妹、阿和加比売命。在於此山。故、曰阿和加山。伊加麻川。大神占国之時、烏賊（イカ）在於此川。故、曰烏賊間川。

鹹水は塩水です。葦原志許乎命は大国主の命です。有嘶馬遇於此川。は嘶が（馬が）いなくなる、遇は１、（偶然）会う、２、巡り合うでこの川に於いていなくなった馬が偶然会ったことが有る。亦似桧箕竃等は而以って"似"は姓です。①志氏族の略：高麗族にあります似先氏、後み改めます似氏。②魏書官氏志：姒氏改め似氏。⑤千家姓：遼西族。問題は⑤千家姓です。鮮卑の２文字の姓の中に千は１文字です。千姓は姫姓から始まります。春秋時代の魯国の一部に先祖の名字を改めました。羆の文字が出てきます。北の民族は羆ヒグマ、南の民族は熊クマを使います。筆者の祖は燕、周時代の文字を使っていますから、燕が祖の東出雲から来た人？

雲箇里。土下々。大神之妻、許乃波奈佐久夜比売命、其形美麗、故、曰宇留加。波加村。占国之時、天日槍命先到此処、伊和大神後到。於是、大神大恠之云、非度先到之乎。故、曰波加村。到此処者。不洗手足、必雨。其山、生柁、杉、檀、黒葛、山薑等。住狼熊。

以下省略

許乃波奈佐久夜比売命はこの花、咲くや姫、日本語の当て字です。美麗、の表現より美貌を良く使います。非度先到之乎は先着順を呼ぶ、乎は出雲国風土記では須佐能袁を須佐乎と使っています。変えたという意味です。住狼熊の熊は南の文字なので筆者は複数の人が居たか、深読み過ぎか？

神前郡。省略、高岡里。神前山。奈具佐山。土中々。右、云高岡者、此里有高岡。故、号高岡。神前山。与上同。奈具佐山生檜。不知其由。多駝里。邑曰野八千軍野。粳岡。土中下。所以号多駝者、品太天皇巡行之時、大御伴人佐伯部等始祖阿我乃古、申欲請此土、爾時、天皇勅云、直請哉。故。曰多駝。所以云邑曰野者、阿遅須伎高日古尼命神在於新次社、造神宮於此野之時、意保和知苅廻為院。故、名邑曰野。粳岡者、伊和大神与天日桙命二神、各発軍相戦。爾時、大神之軍集而舂稲之。其粳聚為丘。又、其簸置粳云墓、又云城牟礼山。一云、掘城処者、品太天皇御俗、参度来百済人等、随有俗造城居之。其孫等、川辺里三家人夜代等。所以云八千軍者、天日桙命軍在八千。故、曰八千軍野。蔭山里。蔭岡冑岡。土中下。云蔭山者、品太天皇御蔭、堕於此山。故、曰蔭山。又、号蔭岡。爾、除道刃鈍。仍。勅云磨布理許。故、云磨布理村。云冑岡者、伊与都比古神与宇知賀久牟豊富命、相闘之時、冑堕此岡。故曰冑岡。

（以下省略）

神前郡の高岡里では伊和大神と百済の天日桙の軍勢八千が戦う話が出てきますが、軍勢の数を疑う人もいます。しかし八千軍勢が渡来したの

ではなく、渡来して一つの集団として播磨国で挙兵したという考え方も
あります。古爾王即位（234〜286年）の時代の以前に渡来したのでしょ
うか？　伊和の大神の時代のことなら年代が合うのでしょうか？　天日
桙と言えば天干地支のこと、古代の天象を観測し季節を等分する宇宙を
模した円形の表のことです。奈具佐山も気にかかります。名草戸畔は神
武東征で戦った女王ですが、単為、菜草でしょうか。直請哉はストレー
トに進む。簸置粳は三国時代の東呉（呉）航海家の康秦が居ますからそ
の筋かも知れません。冑堕は季節の秋です。磨布理許はまぶりでとても、
凄く、許す。

　　託賀郡。右、所以名託加者、昔、在大人、常勾行也。自南海到北海、
　自東巡行之時、到来此土云、他土卑者、常勾伏而行之。此土高者、申
而行之。高哉。故、而託賀郡。其蹤跡処、数々成沼。賀眉里。大海山荒
田村。
　　土下上、右、由居川上為名。所以号大海者。昔。明石郡大海里人到来、
居於此山底。故、曰大海山。生松。所以号荒田者、此処在神、名道主日
女命、无父而生児、為之醸盟酒、作田七町、七日七夜之間、稲成熟竟。乃、
醸酒集諸神、遣其子、捧酒而令養之。於是。其子向天目一命而奉之。乃、
知其父。後、荒其田。故、号荒田村。黒田里。袁布山支閇岡大羅野。土
下上。
　　右、以土黒為名。云袁布山者。昔、宗形大神奥津島比売命、任伊和大
神之子、到来此山云。我可産之時訖。故、曰袁布山。云支閇丘者。宗形
大神云、我可産之月尽。故、曰支閇丘。云大羅野者。昔、老父与老女、
張羅於袁布山中以捕禽鳥、衆鳥多来、負羅飛去、落於件野。故、曰大羅野。

　在大人は大人、大人、地位の高い高官に呼びかける敬称で、高貴な人
が居る。常勾行也は良く行く。大海里人は海上の游牧民族、海の近くの
人、新羅の人ではないかと思います。荒田者は息長帯媛に仕えた人物名
に荒田別と載っています。袁布山支閇岡大羅野は袁が布告(宣告)する山、

192

それをサポートする岡、招請の野です。ここで袁家が登場します。須佐能袁でしょうか？　宗形大神も出てきます。張羅於袁布山中以捕禽鳥は網を貼り袁布山中の鳥を捕らえるです。ここで袁の文字が見られます品太天皇の御世は倭（北九州）の袁は播磨国に移動している？　応神天皇は卑弥呼の御子、壹興（息長帯媛）の御子に為ります。

賀毛郡

　所以号賀毛者、品太天皇之世、於鴨村双鴨作栖生卵。故、曰賀毛郡。上鴨里。上中上。下鴨里。土中中。右二里所以号鴨里者。已詳於上。但、後分為二里。故、曰上鴨、下鴨、品太天皇巡行之時、此鴨発飛、居於修布井樹。此時、天皇問云、何鳥哉。侍従当麻品遅部君前玉、答曰、住於川鴨。勅令射時。発一矢中二鳥。即負矢、従山岑飛越之処者、号鴨坂、落斃之処者、仍号鴨谷。煮羹之処者号煮坂。下鴨里有碓居谷、箕谷、酒屋谷、昔、大汝命、造碓稲舂之処者、号碓居谷。箕置之処者、号箕谷。造酒屋之処者、号酒屋谷。

　修布里。土中々。所以号修布者。此村在井。一女、汲水即、被吸暖。故、袁号修布（曰号条布）。鹿咋山、右、所以号鹿咋者、品太天皇、狩行之時、白鹿（猫）咋己舌（者）、遇於此山。故、袁鹿咋山（遇於此山）。品遅部村。右、号然者、品太天皇之世。品遅部等遠祖前玉、所賜此地。故、号品遅部村。

　賀毛郡。上鴨里。下鴨里。と出てきます。京都の上鴨神社。下鴨神社。と何等繋がりが有るのでしょうか？　（・・・）に記載しているのは日本の風土記定本の翻訳本の内容の違いを載せてみました。

　三重里。土中々。所以云三重者。昔、在一女。抜筍。以布裏食、三重居、不能起立。故、袁三重。

　楢原里。土中々。所以号楢原者、柞生此村。故、袁柞原。伎須美野。右、号伎須美野者。品太天皇之世、大伴連等、請此処之時、喚国造黒田別而問地状。爾時、対袁、縫衣如蔵櫃底。故、袁伎須美野。飯盛嵩。右、号

然者、大汝命之御飯、盛於此嵩。故、袁飯盛嵩。粳岡右、号粳岡者、大
汝命、令舂稲於下鴨村、地粳、飛到於此岡。故、袁粳岡。有玉野村。所
以者、意奚袁奚二皇子等、坐於美嚢郡志深里高野宮、遣山部小楯、誂国
造許麻之女根日女命。於是、根日女、已依命訖。爾時、二皇子、相辞不娶。
至于日間、根日女、老長逝。于時、皇子等大哀、即遣小立、耶云、朝日
夕日不隠之地、造墓蔵其骨、以玉飾墓。故、縁此墓、号玉丘、其村号玉野。

　起勢里。土下中。臭江黒川。右、号起勢者、巨勢部等、居於此村。
仍為里名。臭江。右、号臭江者、品太天皇之世、播磨国之田村君、在
百八十村君而、己村別相闘之時、天皇耶、追娶於此村、悉皆斬死。

　故、袁臭江。其血黒流。故、号黒流。故、号黒川。山田里。土中下。
猪飼野。右、号山田者、人居山際。遂由為里名。猪養野。右。号猪飼者、
難波高津宮御宇天皇之世、日向肥人、朝戸君。天照大神坐舟於、猪持参
来進之。可飼所求申仰、仍所賜此処而、放飼猪、故、袁猪飼野。

　抜筍はたけのこ。袁 Yuán は姓に使う、爰 Yuán はどこ、いずこ、そこで、
烏丸の地（三国志記載）。柞生は品種。縫衣如蔵櫃底は、蔵は隠れる、ひそむ、
櫃は箱、たんす。貴重品を入れる箱の底のように衣を丈夫に縫う。

　端鹿里。土下上。右、号端鹿者、昔、神於諸村班菓子、至此村不足。故、
仍云、間有哉。故、号端鹿、今在其神、此村、至于有今山木無菓子。生
真木柞杉。

　穂積里。本名塩野小目野。土下上。所以号塩野者、鹹水出於此村。故、
袁塩野。今、号穂積者。穂積臣等族、居於此村。故、号穂積。小目野。右、
号小目野者、品太天皇巡行之時、宿於此野。仍望覧四方耶云、彼観者、
海哉河哉。従臣対袁、此霧也。爾時、宣云、大体雖見、無小目哉故、袁
号小目野。又、因此野詠歌。宇都久志伎侯米乃佐々波爾阿良礼布理　志
毛布留等毛奈加礼曽祢袁米乃佐々波於是、従臣開井、故、云佐々御井雲
潤里。土中々。右、号雲潤者、丹津日子神、法太之川底欲越雲潤之方、
云爾之時。

在於彼村太水神、辞云、吾以宍血佃。故、不欲河水。爾時、丹津日子云、此神倦堀河事、云爾而已。故、号雲彌。今人号雲潤。

河内里。土中下。右、由川為名。此里之田、不敷草下苗子、所以然者、住吉大神、上坐之時、食於此村。爾従神等、人苅置草解散為坐。爾時、草主大患、訴於大神。判云。汝田苗者、必雖不敷草、如敷草生。故、其村田。于今不敷草作苗代。

川合里。土中上。腹辟沼。右、号川合者、端鹿川底与鴨川、会此村。故、号川合里。腹辟沼。右、号腹辟者、花浪神之妻、淡海神、為追己夫、到於此処、遂怨瞋、妾以刀辟腹暖於此沼。故、号腹辟沼。其沼鮒等。今无五蔵。

班菓子は、班は行列、組。菓子は果実、鈴なりの果実。此野詠歌（このえいか）、宇都久志伎侯米乃佐々波爾阿良礼布理志毛布留等毛奈加礼曽祢袁米乃佐々波の詠歌は"美しき夢のさざ波、霰（あられ）降り時化（じけ）振るともなかれその恵まのさざ波"と訳しました。雲潤は、雲は言う、話す、ですが素直に雲です。潤はきめが細かく（つやつやしてる）。辞云は綺麗な言葉を云う。宍血佃は佃は小作する、田畑を耕す。宍は日本で使う姓、人名？　それとも阿知王に関係が有る？　倦堀河事は河を掘ることに疲れた。瞋はにらむ、目をむく。この項では日本語が出てきますから訳すのが楽しい仕事です。

美嚢郡。所以号美嚢者、昔、大兄伊射報和気命、堺国之時。到志深里許曽社耶云、此土、水流甚美哉。故、号美嚢郡。志深里。土中々。所以号志深者、伊射報和気命、御食於此井之時、信深貝、遊上於御飯筥縁。爾時、耶云、此貝者、於阿波国和那散我所食之貝哉。故、号志深里。於奚、袁奚。天皇等、所以坐於此土者、汝父市辺　天皇命。所殺於近江国摧綿野之時。率□部連意美而。逃来隠於惟村石室。然後、意美、自知重罪、乗馬等切断其靭逐放之。亦持物、桉等尽焼廃之。即経死之。爾、二人子等、隠於彼此、迷於東西。仍。志深村首伊等尾之家所役也。因伊等尾新室之宴而、二子等令燭。仍令挙詠辞。爾、兄弟各相譲、乃弟立詠。其辞

袁多良知志吉備鉄狭鍬持如田打手柏子等吾将為舞。又詠、其辞袁淡海者水淳国、倭者青垣之山投坐市辺之天皇御足末、奴僕良麻者。即、諸人等皆畏走出、爾、針間国之山門領所遣山部連少楯、相聞相見語云、為此子。汝母、手白髪命、画者不食、夜者不寝、有生有死、泣恋子等。仍、参上啓、如右件。即、歓哀泣、還遣少楯、召上。仍、相見相語恋。自此以後、更還下、造宮於此土而坐之。

　故、有高野宮、少野宮、川村宮、池野宮。又、造屯倉之処、即号御宅村、造倉之処、号御倉尾。高野里坐於祝田社神、玉帯志比古大稲男（女）、玉帯志比売豊稲女。志深里坐三坂神、八戸挂須御諸命。大物主葦原志許。国堅以後、自天下於三坂岑。吉川里。所以号吉川者、吉川大刀自神、在於此。故、云吉川里。枚野里。因体為名。高野里。因体為名

　水流甚美哉は水の流れが美しい。此井之時は、井は井戸、井戸の様なもの、人が集まっている地域や村。耶云は疑問を云う。市辺は市場。令燭は燭台を注文する、要求する。奴僕良麻者は奴僕は召使、良麻は大変、非常に表面がざらざらしている。倭者ははっきりと播磨国（針間国）の人と区別している。

　播磨風土記を読むと、人の往来が多く賑わう現代の大都会風に見えてきます。

第九章

豊後国風土記・肥前国風土記

「**風**土記」はスタイルが似ていると思っていましたが文字の使い方、構成等共通する点が少ないことに慌てます。勿論一つの風土記の中でも地域、筆者の違いも見られます。読むことに慣れてくると筆者の性格まで分かりそうになります。いよいよ卑弥呼の活躍が見られる地域に来ましたが、卑弥呼は登場するでしょうか？　新しいことも有るのでしょうか？

豊後国

　郡捌所、郷四十里一百一十。駅玖所、並小路。烽伍所、並下国。寺弐所僧寺尼寺。豊後国者、本与豊前国合為一国。昔者、纏向日代宮御宇大足彦天皇、詔豊国直等祖兎名手、遣治豊国、往到豊前国仲津郡中臣村。于時、日晩僑宿。明日昧爽、忽有白鳥。従北飛来、翔集此村。兎名手、即靭僕者、遣看其鳥、々化為餅。片時之間、更化芋草数千許株、花葉冬栄。兎名手、見之為異、歓喜云、化生之芋、未曽有見。実、至徳之感、乾坤之瑞、既而、参上朝庭、挙状奏聞、天皇、於茲、歓喜之有。即、耶兎名手云。天之瑞物、地之豊草。汝之治国、可謂豊国。重賜姓、袁豊国直、因袁豊国。後分両国、以豊後国為名。

　日田郡。郷伍所里一十四。駅壱所。昔者、纏向日代宮御宇大足彦天皇、征伐球磨贈於。凱旋之時発筑後国生葉行宮。幸於此郡、有神。名袁久津媛。化而為人参迎、弁辰国消息。因斯、袁久津媛之郡。今謂日田、郡者、訛也。

駅玖所は駅には当時の馬は小型で伝達用に数頭います。馬を乗り継ぎ伝達を行います。九箇所あります。烽伍所は、烽火(のろし)は五箇所です。伍は軍隊の単位、5人を1とします。五の大文字。烽火がこれだけあるのは大きな地域です。兎名手の兎の姓は稀有な姓と云われて現在は台湾、江蘇興化、四川等地、に残っています。この地から倭に来たのではないでしょうか？　台湾の西は福健省です。四川は旧白水県に近い。看其鳥は海燕。々化為餅はモチに変わる、しかし、鳥から餅に、更化芋草数千許株、数千の芋の蔓になるのは？　私は分からない、日田郡に名袁久津媛の神が鎮座しています。袁でなく日本の定本では日という文字です。景行天皇の時代ならこの地域で神と祀るなら卑弥呼、劉夫人ではないかと思っています。倭に来てから外の仕事はできず宮殿に籠り指図のみでは、倭では体調を崩したと考える要素はあります。球磨贈は熊襲です。楚が秦の侵略を受け滅ぼされますが、楚の王名は熊です。熊を襲名する。祖は有熊で有は有明海です。弁辰国消息は韓三国、辰韓、弁辰（弁韓）、馬韓の中で、辰韓と交流がある、また馬漢は百済に変わります。

　石井郷。在郡南。昔者、此村有土蜘蛛之堡。不用石。築以土。因斯、名袁無石堡。後人謂石井郷、誤也。郷中有河。名袁阿蘇川。其源出肥後国阿蘇郡少国之峯、流到此郷。即、通球珠川、会為一川。名袁日田川。年魚多在。遂、過筑前、筑後等国、入於西海。鏡坂。在郡西。昔者、纒向日代宮御宇天皇、登此坂上、御覧国形。即勅袁、此国地形、似鏡面哉。因袁鏡坂。斯其縁也。

　靫編郷。在郡東南。昔者、磯城島宮御宇、日下部君等祖邑阿自、仕奉靫部。其邑阿自就於此村、造宅居之、因斯、名曰靫負村。後人、改袁靫編。郷々中有川。名袁球珠川。其源従球珠郡東南山出。

　流到石井郷。通阿蘇川、会為一川。今謂日田川。訛是也。

　五馬山。在郡南。昔者、此山有土蜘蛛。名袁五馬媛。因袁五馬山。飛鳥浄御原宮御宇天皇御世、戊寅年、大有地震、山崗裂崩。此山一峡崩落、慍湯泉、処々而出。湯気熾熱、炊飯早熟。但、一処之湯、其穴似井。口

径丈余、無知深浅。水色如紺、常不流。聞人之声、驚慍騰渥、一丈余許、今謂慍湯、是也。

　球珠郡。郷参所、里九。駅壱所。昔者、此村有洪樟樹。因袁球珠郡。

　直入郡。郷津所、里一十。駅壱所。昔者、郡東桑木村。有桑生之。其高極陵、枝幹直美、俗曰直桑村。後人、改曰直入郡。是也。

　蜘蛛之堡は女真族等の北山岳民族が半地下式の住居で暮らしています。このことは倭に向かった渡来者は女真族、夫餘等多様な民族が少数ですが居たことに為ります。しかし、此村有土蜘蛛之堡。不用石。築以土。の文章では山肌に洞窟を造るのではなく、石の囲いなしに土で造られています。北の民族を調べれば確定できるかもしれません。五馬媛は五馬並馳、繁華之象で馬が五頭並んで走る。漢でも歯が立たない匈奴を鮮卑、烏丸の連合軍が倒していますが、匈奴は羅馬と接触があり、その後も詳しく分かっていない羅馬に似た国と接触があります。紅顔青眼の言葉も出てきますので、この人たちも来たかも知れません。纏向日代宮御宇天皇は景行天皇です。飛鳥浄御原宮御宇天皇御世は飛鳥の仏像は北魏形式です。北魏（386～534年）は鮮卑族が建国し、孝文帝が拓跋珪を建立して統治します。北魏滅亡後は皇族でしょうか、大倭に来ています。天国排開広庭天皇之世は欽明天皇です。驚慍騰渥は驚いた、吃驚した。

　柏原郷。在郡南。昔者、此郷柏樹多生。因曰柏原郷。祢疑野　在柏原郷之南。昔者、纏向日代宮御宇天皇。行幸之時、此野有土蜘蛛。名曰打猿、八田、国摩侶等三人。天皇　親欲伐此賊、在茲野。勅、歴労兵衆。因謂祢疑野、是也。

　蹶石野。在柏原郷之中。同天皇、欲伐土蜘蛛之賊、幸於柏峡大野。々中有石。長六尺、広三尺、厚一尺五寸。天皇祈曰、朕、将滅此賊、当蹶茲石、譬如柏葉、而騰即蹶之。騰如柏葉。因曰蹶石野。

　球覃郷。在郡北。此村有泉。同天皇、行幸之時、奉膳之人、擬於御飲。令汲泉水、即有蛇蝨。謂於箇美。於茲、天皇勅云、必将有臭。莫令汲用。

199

因斯、名曰臭泉。因為村名、今謂球覃郷者、訛也。

　宮処野。朽網郷所在之野。同天皇、為征伐土蜘蛛之時、起行宮於此野。是以、名曰宮処野。救覃峯。在郡北。此峯頂、火恆燎之。基有数川。名曰神河。亦、有二湯河。流会神河。

　打猿は姒姓が祖、春秋時代の繪子國君主繪子の末裔で猿は通称。八田と国摩侶等と打猿は卑弥呼の時代より先住民。奉膳は古代の官史名。擬は意図する。蛇靇は蛇の頭。救覃峯は峯（峰）から救う。火恆燎は恆（恒）永久、根気、いつもの、普段。燎はこがす、火で根気よく焦がす。

　大野郡。郷肆所。里一十一。駅弐所。烽壱所。此郡所部、悉皆原野。因斯、名曰大野郡、海石榴市。血田。並在郡南。昔者、纒向日代宮御宇

　天皇、在球覃行宮。仍、欲誅鼠石窟土蜘蛛、而詔群臣、伐採海石榴樹、作椎為兵、即簡猛卒、授兵椎以、穿山靡草、襲土蜘蛛、而悉誅殺。流血没踝。其作椎之処、曰海石榴市。亦流血之処、曰血田也。

　網磯野。在郡西南。同天皇、行幸之時、此間有土蜘蛛。名曰小竹鹿奥謂志努汗意枳、小竹鹿臣。此土蜘蛛二人。擬為御膳、作田猟、其猟人声甚□、天皇勅云、大囂。謂阿那美須。因斯、曰大囂野。今、謂網磯野者、訛也。

　鼠石窟は奥の深い石窟。作椎は、椎は槌と同じばち、（砧に使う）きね。御膳は上の人に食事を出す。大囂は古代指太白星の別名（金星）です。

　海部郡　郷肆所里一十二　駅壱所　烽弐所此郡百姓　並海辺白水郎也因曰海部郡　丹生郷在郡西　昔時之人　取此山沙　該朱沙　因曰丹生郷

　佐尉郷在郡東　此郷旧名酒井　今謂佐尉郷者　訛也

　穂門郷在郡南　昔者　纒向日代宮御宇天皇　御船泊於此門　海底多生海藻　而長美　即勅曰　取最勝海藻謂保都米　便令以進御　因曰最勝海藻門　今謂穂門者　訛也

大分郡　郷玖所里二十五　駅壱所　烽壱所　寺弐所一僧寺一尼寺

昔者　纏向日代宮御宇天皇　従豊前国京都行宮　幸於此郡　遊覧地形
嘆曰　広大哉　此郡也　宜名碩田国碩田謂大分　今謂　大分

斯其縁也　大分河在郡南　此河之源　出直入郡朽網之峯　指東下流
経過此郡　遂入東海　因曰大分川　年魚多在　酒水在郡西　此水之源
出郡西柏野之磐中　指南下流　其色如水　味小　酸焉　用療痂癬謂胖太
気

烽弐所此郡百姓　並海辺白水郎也はのろし弐箇所、この郡の百姓は並
びに海辺の白水路なり、白水路が倭では百姓をしている。この地は平地
ではありません。棚田でお米を作り、海の仕事もしていたかも知れませ
ん。

年魚多在は鯰魚又の名は鬍子魚が多数いる。私見ですが年魚は、はぜ
ではないかと思います。ナマズは数が少ないというのが理由です。

速見郡。郷伍所、里一十三、駅弐所、烽壱所。昔者、纏向日代宮御宇
天皇、欲誅球磨贈、於幸於筑紫。従周防国佐婆津、発船而渡、泊於海部
郡宮浦。時、於此村、有女人。名曰速津媛。為其処之長。即、聞天皇行
幸、親自奉迎奏言、此山有大磐窟。名曰鼠磐窟、土蜘蛛二人住之。其名
曰青、白。又。於直入郡祢疑野、有土蜘蛛三人。其名曰打猿、八田、国
摩侶。是五人、並為人強暴、衆類亦多在。悉皆謡云、不従皇命。若強喚
者。興兵矩焉。於茲、天皇遣兵、遮其要害、悉誅滅。因斯、名曰速津媛
国。後人改曰速見郡。

（以下省略）

筑紫は筑紫平野です。誅球磨贈は熊襲です。名曰速津媛。為其処之長
は記紀にも出てきます。女人有、名曰神華磯姫と同じ若い卑弥呼（倭姫）
文夫人です。宮浦は博多湾のこと、この港から大倭（邪馬壹国）にお米、
織物を運びます。卑弥呼達は松浦に入り、その後、有明海から早津江に

入り上流に向かい吉野里で暮らします。始めは早津江近くで暮らしたか
もしれません。

悉皆謡云は包囲して皆が云うです。

肥前国

郡壱拾壱所。郷七十里一百八十七。駅壱拾捌所、小路。烽弐拾所、下国。
城壱所。寺弐所。僧寺。肥前国者、本、与肥後国合為一国。昔者、磯
城瑞籬宮御宇御間城天皇之世、肥後国益城郡朝来名峯、有土蜘蛛打猴頚
猴二人。帥徒衆一百八十余人。拒捍皇命。不肯降服。朝庭、勅遣肥君等
祖健緒組伐之。於茲、健緒組奉勅。悉誅滅之、兼巡国裏、観察消息。到
於八代郡白髪山、日晩止宿。其夜、虚空有火。自然而燎、稍々降下、就
此山燎之。

時、健緒組見而驚恠、参上朝庭、奏言、巨辱被聖命。遠誅西戎、不霑
刀刃、梟鏡自滅。自非威霊、何得然之。更、挙燎火之状、奏聞。天皇勅
曰、所奏之事。未曽所聞。火下之国、可謂火国。即、挙健緒組之勲、賜
姓名曰火君健緒純。便、遣治此国。因曰火国。後分両国、而為前後、又、
纏向日代宮御宇大足彦天皇、誅球磨贈於而、巡狩筑紫国之時、従葦北火
流浦発船、幸於火国。度海之間、日没夜冥、不知所著。忽有火光。遥視
行。天皇勅棹人曰、直指火処。応勅而往、果得著崖。天皇下詔曰、火燎
之処、此号何界。所燎之火。亦為何火、土人、奏言、此是火国八代郡火
邑也。但不知火主。于時、天皇詔群臣曰、今此燎火、非是人火、所以号
火国、知其爾由。

烽弐拾所、下国。城壱所。いきなり城が出てきました。下国となれば
卑弥呼の城、吉野里の城が浮かびますが、時代がいつでしょうか？　弐
拾個所の烽火があり、ここは重要な郡だと証明しています。磯城瑞籬宮
御宇御間城天皇は崇神天皇。名峯は朝の峰。帥徒衆は良い男衆。拒捍は
言われたことを拒否する。健緒組は倭健の残党、既にこの地域には倭健
が居ないことを表しています。虚空有火はいさり火。不霑刀刃は、霑は

202

ぬれる、くっつく、ちょっと触れる。梟鏡は、梟はふくろう、書き言葉で勇猛果敢である。鏡は鏡姓があります。浙江紹興の會稽山北麓の鏡湖付近に居住していた人の姓。勅棹人は天皇の命令を伝える人。

　基肆郡。郷陸所、里一十七、駅壱所。小路。城壱所。昔者、纏向日代宮御宇天皇、巡狩之時、御筑紫国御井郡高羅之行宮。遊覧国内、霧覆基肆之山。天皇勅曰、彼国可謂霧之国。後人改号基肆国。今以為郡名。長岡神社・郡東。同天皇、自高羅行宮還幸而、在酒殿泉之辺。於茲、薦膳之時、御具甲鎧。光明異常。仍令占問、卜部殖坂奏云、此地有神、甚願御鎧。天皇宣、実有然者、奉納神社。可為永世之財。因号永世社、後人改曰長岡社。
　其鎧貫緒、悉爛絶。但、冑并甲板。今猶在也。酒殿泉。在郡東。此泉之、季秋九月始変白色、味酸気臭、不能喫飲。孟春正月、反而清冷。人始飲喫。因曰酒井泉。後人改曰酒殿泉。

　基肆郡は佐賀県の郡、1896 年 3 月 26 日に三根郡と養父郡と合併します。基山村（基山町）田代村（鳥栖市）基里村（鳥栖市）（養父郡→三養基郡）
　三養基郡は佐賀県東部の郡。城壱所は卑弥呼の吉野里？　筑紫国御井郡は、山本郡 、禦井郡 、三潴郡、上妻郡 、下妻郡、山門郡、三池郡でしょうか？
　高羅は注目度が高い。卜部姓は室町時代に吉田神道が初めて名乗ったと云われていますが、時代が違います。卜姓はその起源を特定することは困難ですが、漢民族の 67% を占めています。冑并甲板は古代日本の鎧、小さな板を並べて組んでいる鎧です。

　姫社郷。此郷之中、有川、名曰山道川。其源出郡北山、南流而会御井大川、昔者、此川之西、有荒神。行路之人、多被殺害、半凌半殺。于時、卜求崇由、兆云、令筑前国宗像郡人珂是古、祭吾社。若合願者、不起荒心、覓珂是古、令祭神社。珂是古、即捧幡祈祷云、誠有欲吾祀者、此幡

順風飛往、堕願吾之神辺。便即挙幡、順風放遣。于時、其幡飛往、堕於御原郡姫社之社、更還飛来、落此山道川辺之因此。珂是古、自知神之在処。其夜、夢見臥機。久都毘枳、絡縒、謂多々利。儛遊出来、壓驚珂是古、於是、亦識女神。即、立社祭之。自爾已来、行路之人、不被殺害。因曰姫社。今以為郷名。

　姫社は誰をお祭りしているのでしょうか？　令祭は古代では儒経の祀り、若しくは例祭。珂是古は、珂は玉に似た石、硬玉。捧幡は亡くなった人の名を記した御札。挙幡は幟（のぼり）を揚げる。夢見臥機は、夢を見る為に（きっかけ）臥せる（寝る）。機（机）机は卓子、きっかけ。

養父郡。郷肆所里、一十二。烽壱所。昔者。纏向日代宮御宇天皇、巡狩之時、此郡佰姓、挙部参集、御狗出而哭之。於此、有、一産婦。臨見御狗即、哭止、因曰犬声止国。今、訛謂養父郡也。

鳥樔郷。在郡東。昔者、軽島明宮御宇誉田天皇之世、造鳥屋於此郷、取聚雑鳥養馴、貢上朝庭。因曰鳥屋郷。後人。改曰鳥樔郷。
曰理郷。在郡南。昔者、筑後国御井川、渡瀬甚広、人畜難渡。於茲。纏向日代宮御宇天皇。巡狩之時、就生葉山。為船山。就高羅山、為梶山、造備船、漕渡人、物。因曰曰理郷。
狭山郷。在郡南。同天皇、行幸之時、在此山行宮、俳徊四、望四方分明。因曰分明村、分明謂佐夜気悉、今訛謂狭山郷。

　此郡佰姓、百姓も一般人も同じ扱い。臨見御狗即は、狗は犬、犬に会う。
　軽島明宮御宇誉田天皇は誉田天皇、応神天皇。於茲は、於茲はこれ、この書き言葉です。

　三根郡。郷陸所、里一十七。駅壱所。小路昔者、此郡与神埼郡、合為一郡。然、海部直鳥、請分三根郡、即縁神埼郡三根村之名、以為郡名。

物部郷。在郡南。此郷之中、有神社。名曰物部経津主之神。曩者、小墾田宮御宇豊御食炊屋姫天皇。令来目天子為将軍。遣征伐新羅。于時、皇子奉勅、到於筑紫。乃、遣物部若宮部。立社此村、鎮祭其神。因曰。物部郷。

海部直鳥は海部の千鳥。小墾田宮御宇豊御食炊屋姫天皇は推古天皇。曩者は前の者、以前の人。

漢部郷。在郡北。昔者、来目皇子、為征伐新羅、勒忍海漢人将来、居此村、令造兵器。因曰漢部郷。

米多郷。在郡南。此郷之中。有井。名曰米多井。水味鹹。曩者、海藻生於此井之底。纏向日代宮御宇天皇、巡狩之時、御覧井底之海藻、即勅賜名、海藻生井。今訛謂米多井、以為郷名。

勒忍は強いられることを耐える。曩者は先の者、以前の、昔の。

神埼郡。郷玖所、里二十六。駅壱所、烽壱所　寺壱所僧寺。昔者、此郡有荒神。往来之人。多被殺害。纏向日代宮御宇天皇、巡狩之時、此神和平。自爾以来。無更有殃。因曰神埼郡。

三根郷。郡西、此郷有川。其源出郡北山、南流入海。有年魚。同天皇、行幸之時、御船従其川湖来、御宿此村。天皇勅曰、夜裏御寐。甚有安穏。此村可謂天皇御寐安村。因名御寐。今改寐字為根。

船帆郷。有郡西。同天皇、巡行之時、諸氏人等、挙落乗船、挙帆参集於三根川之津、供奉天皇。因曰船帆郷。又。御船沈石四顆、存其津辺。此中一顆、高六尺径五尺。一顆、高八尺径五尺。無子婦女、就此二石、恭祷祈者、必得任産。一顆、高四尺径五尺。一顆、高三尺径四尺。亢旱之時、就此二石、雩并祈者、必為雨落。

殃は災い、災難。無更有殃は更に災いにあわない。有年魚は鯰、鮎は

205

口が弱く針では釣れない。夜裏御寐は、寐は眠る、夜裏でお休みになっている。一顆は一粒。亢旱之時は亢（夯）たこ、胴付き、固め得る、旱は雨が降らない、干ばつ、雨が降らず地面が固まっている時に。雩并は雨乞い。

蒲田郷。在郡西。同天皇、行幸之時、御宿此郷。薦御膳之時、蝿甚多鳴、其声大囂。天皇勅云、蝿声甚囂。因曰囂郷。今謂蒲田郷、訛也。
琴木岡。高二丈　周五十丈在郡南、此地平原、元来無岡。大足彦天皇勅曰、此地之形、必可有岡。即令群下、起造此岡。造畢之時、登岡宴賞。興闌之後、竪其御琴。々化為樟高五丈周三丈。因曰琴木岡。

囂は、そしる、けなす、（伝説上）大亀。造畢は造る、完全に、すべての、ことごとく。宴賞は褒美を与え宴なす（客を）酒と食事でもてなす。

宮処郷。在郡西南。同天皇、行幸之時、於此村奉造行宮。因曰宮処郷。
佐嘉郡。郷陸所、里一十九。駅壱所、寺壱所、昔者、樟樹一株、生於此村、幹枝秀高、茎葉繁茂朝日之影、蔽杵島郡蒲川山、暮日之影、蔽養父郡草横山也。日本武尊、巡幸之時、御覧樟茂栄、勅曰、此国可謂栄国、因曰栄郡。後改号佐嘉郡。一云、郡西有川、名曰佐嘉川。年魚有之。其源出郡北山、南流入海、此川上有荒神。往来之人生半、殺半。於茲、県主等祖大荒田占問。于時、有土蜘蛛大山田女狭山田女、二女子云、取下田村之土、作人形、馬形、祭祀此神、必有応和。大荒田、即随其辞祭此神、々歆此祭、　遂応和之、於茲、大荒田云、此婦、如是。実賢女。故以賢女、欲為国名、因、曰賢女郡、今謂佐嘉郡。訛也。
又　此川上有石神　名曰世田姫　海神年常謂鰐魚　逆流潜上、到此神所　海底小魚　多相従之　或人　畏其魚者無殃、　或人　捕食者有死凡此魚等　住二三日　還而入海

佐賀の里は卑弥呼の本拠地で何か出てくるかと思いましたが、少し期

待にそわずです。樟樹一株は楠一株。蔽杵島は蔽はさえずる、覆う、杵はきね、つつく。日本武尊が出てきます。日本を使っています。ここの敵対されない土蜘蛛はこの地に来てから半地下式の住居を造ったので遠祖の影響はないと思いますが、女子が埴輪を造っています。中国蘇州の泥人形を連想します。後の土でできた博多人形とか。鰐魚は、わにですが日本には居ません。逆流潜上の言葉を借りればサンショウオではないかと思いますが、還而入海なら海には還りません。再度、見ることができなかったので海に帰ったというところでしょうか。

小城郡。

郷漆所、里二十、駅壱所、烽壱所。昔者、此村有土蜘蛛。造堡隠之、不従皇命。日本武尊、巡幸之日、皆悉誅之。因号小城郡。

松浦郡。郷壱拾壱所、里二十六。駅伍所、烽捌所。昔者、気長足姫尊、欲征伐新羅、行於此郡而、進食於玉島小河之側。於茲、皇后、勾針為鈎、飯粒為餌、裳糸為緡、登河中之、石、捧鈎祝曰、朕欲征伐新羅、求彼財宝。

其事成功凱旋者、細鱗之魚、呑朕鈎緡。既而投鈎。片時、果得其魚。皇后曰、甚希見物。希見謂梅豆羅志。因曰希見国。今訛謂松浦郡。所以、此国婦女、孟夏四月、常以針釣之年魚。男夫雖釣、不能獲之。鏡渡。在郡北。

昔者、檜隈盧入野宮御宇武少広国押楯天皇之世、遣大伴狭手彦連、鎮任那之国。兼、救百済之国。奉命到来。至於此村即、娉篠原村。篠謂志弩。弟日姫子成婚。日下部君等祖也。容貌美麗、特絶人間。分別之日、取鏡与婦。々含悲啼。渡栗川、所与之鏡、緒絶沈川。因名鏡渡。褶振峯。在郡東 烽処名曰褶振烽。大伴狭手彦連、発船渡任那之時、弟日姫子登此、用褶振招。因名褶振峯。然、弟日姫子、与狭手彦連相分、経五日之後、有人、毎夜来、与婦共寝。至暁早帰。容止形貌、似狭手彦。婦抱其恠。不得忍黙。

窃用続麻、繋其人襴、随麻尋往。到此峯頭之沼辺、有寝蛇。身人而沈沼底、 頭蛇而臥沼脣、忽化為人、即語云、志怒波羅能意登比売能古素

佐比登由母為祢弓牟志太夜伊幣爾久太佐牟也。于時。弟日姫子之従女、走告親族、々々発衆、昇而看之。蛇并弟日姫子、並亡不存。於茲、見其沼底、但有人屍。

　各謂弟日女子之骨、即就此峯南、造墓治置。其墓見在。

　郷漆所は漆採集所の郷。松浦（マツゥラ Sōngpǔ）郡は三国志記載の末盧 Mò lú 國。卑弥呼一行の船団が松浦に停泊します。マツゥラと云ったのが Mò lú と聞こえたのでしょうか？　希見謂梅豆羅志は、希は珍しい、まれである。謂は、〜という、言う。梅豆羅志は Méi dòu luó zhì、めずらしい。檜隈盧入野宮御宇武少広国押楯天皇は宣化天皇です。娉篠原村の娉は（女性の姿が）すらりとして美しい。褶振峯は、襲はひだ、ひだが振れるような峰。容止形貌はうわべの形は、見た目はただ姿だけ。臥沼脣は臥せる、沼、唇、魚、沼に魚が臥せている。志怒波羅能意登比売能古素佐比登由母為祢弓牟志太夜伊幣爾久太佐牟也。しのはらの、いとひめのこぞ、さひとなすみて、むしたよい、へじくたさむなり。土地言葉でしょうか？　分かりません。

　賀周里。在郡西北。昔者、此里有土蜘蛛。名曰海松橿媛。纏向日代宮御宇天皇、巡国之時、遣陪従大屋田子、日下部君等祖也、誅滅。時霞四含。不見物色。因曰霞里。今謂賀周里、訛之也。

　逢鹿駅。在部西北。曩者、気長足姫尊、欲征伐新羅、行幸之時、於此道路有鹿遇之、因名遇鹿駅。々東海。有蚫、螺、鯛、海藻、海松等。登望駅。在郡西北。

　昔者、気長足姫尊、到於此処、留為雄装、御負之鞆、落於、此村　因号鞆駅　々東西之海、有蚫、螺、鯛、雑魚、海藻、海松等。

　大家島。在郡西。昔者、纏向日代宮御宇天皇、巡幸之時、此村有土蜘蛛。

　名曰大身。恆拒皇命、不肯降服。天皇、勅命誅滅、自爾以来。白水郎等、就於此島、造宅居之。因曰大家郷。々南有窟。有鐘乳及木蘭。廻縁之海。

　蚫、螺、鯛、雑魚及海藻、海松多之。

誅滅は討つ、殺す、滅は消える、なくす、滅ぼす。時霞四含は霞が四方含む（存在）する時。留為雄装は留まり男装を為す。負は負う、引き受ける、受ける。鞆は地名。白水郎が大家島にも来ています。鐘乳及木蘭は鍾乳洞と木蓮の別名です。

値嘉郷。在郡西南之海中。有烽処三所。昔者、同天皇、巡幸之時、在志式島之行宮、御覧西海、々中有島。煙気多覆。勅陪従阿曇連百足。遣令察之。爰。有八十余。就中二島。々別有人。第一島名小近、土蜘蛛大耳居之。第二島名大近、土蜘蛛垂耳居之。自余之島、並人不在。於茲、百足獲大耳等奏聞。天皇勅。且令誅殺。時大耳等、叩頭陳聞曰、大耳等之罪、実当極刑。萬被戮殺、不足塞罪、若降恩情、得再生者、奉造御贄、恆貢御膳、即取木皮、作長蚫、鞭蚫、短蚫、陰蚫、羽割蚫等之様。献於御所。於茲、天皇、垂恩赦放、更、勅云、此島雖遠、猶見如近。可謂近島。因曰値嘉。島則有檳榔、木蘭、枝子、木蓮子、黒葛、□、篠、木綿。荷、□。海則有蚫、螺、鯛、鯖、雑魚、海藻、海松、雑海菜。彼白水郎、富於馬牛。或有一百余近島、或有八十余近島。西有泊船之停二処。一処、名曰相子田停。応泊二十余船一処名曰川原浦。応泊一十余船。遣唐之使、従此停発、到美彌良久之埼、即川原浦之西埼是也。従此発船、指西度之。此島白水郎、容貌似隼人、恆好騎射、其言語、異俗人也。

烽火が三箇所、厳しい環境です。爰。有八十余。は卑弥呼一族以外も爰から八十余名来ています。二つの島に別々の土蜘蛛が住み烏丸の爰から来た島民を脅かしていますから、天皇が誅殺します。奏聞は訴えを聞く。叩頭陳聞曰は両手を地面付けて、頭を下げた相手の陳情を聞く。萬被戮殺は忘れられた殺戮。垂恩赦放は恩情けで許し放免して下さる。

杵島郡。郷肆所里、一十三。駅壱所。昔者、纏向日代宮御宇天皇、巡幸之時、御船泊此郡盤田杵之村。于時、従船牀杙之穴、冷水自出。一云、

船泊之処、自成一島。天皇御覧、詔群臣等曰、此郡可謂牂牁島郡。今謂
杵島郡。訛之也。郡西有湯泉出之。巖岸峻極。人跡罕及也。

　巖岸峻極は高くて厳しい岩礁の海岸、牂牁（Zāng yì）は地名、船が入
れる空洞、その他あり。罕は滅多に見られない。

嬢子山。在郡東北。同天皇、行幸之時、土蜘蛛八十女、又有此山頂、常
捍皇命、不肯降服。於茲、遣兵掩滅。因曰嬢子山。
藤津郡。郷肆所、里九。駅壱所、烽壱所。昔者、日本武尊、行幸之時、
到於此津。日没西山、御船泊之。明旦遊覧、繋船纜於大藤。因曰藤津
郡。
能美郡。在郡東。昔者、纏向日代宮御宇天皇、行幸之時、此里有土蜘蛛
三人。兄名大白　次名中白　弟名少白　此人等。造堡隠居、不肯降服。
爾時、遣陪従紀直等祖穉日子、以旦誅滅、於茲、大白等三人、但叩頭、
陳己罪過、共乞更生。因曰能美郷。

　紀直等祖穉日子の祖、穉は、古越国は今、浙江中南部一帯にあります
がここの出身者で文字は日本人の姓です。常捍皇命は常に皇命を守る。
掩滅は（人の隙）に乗じて襲撃し滅亡する。

　託羅郷。在郡南臨海、同天皇、行幸之時、到於此郷御覧、海物豊多、勅曰、
地勢雖少、食物豊足。可謂豊足村。今謂託羅郷、訛之也。
　塩田川。在郡北。此川之源、出郡西南託羅之峯、東流入海。潮満之時、
逆流泝洄、流勢太高。因曰潮高満川。今訛謂塩田川。川源有淵、深二許
丈。石壁嶬峻、周匝如垣、年魚、多在。東辺有湯泉。能愈人病。

　船を繋ぐ大きな藤の艫綱（纜）。穉姓は周王朝から稀有な姓。

　彼杵郡。郷肆所、里七。駅弐所、烽参所。昔者、纏向日代宮御宇天皇、

誅滅球麿噌唹、凱旋之時。天皇在豊前国宇佐海浜行宮、勒陪従神代直、遣此郡速来村。捕土蜘蛛。於茲、有人、名、曰速来津姫。此婦女申云。妾弟名曰健津三間、住健村之里。此人有美玉。名曰石上神之木蓮子玉。愛而固蔵、不肯示他。神代直　尋覓之　超山而逃　走落石岑。郡以北之山。逐及捕獲、推問虚実。健津三間云、実有二色之玉。一者曰石上神木蓮子玉。一者曰白珠。雖比（石肅）砄、願以献之。亦申云、有人、名曰篦築。住川岸之村。此人有美玉。愛之罔極、定無服命。於茲。神代直、迫而捕獲、問之。

篦築云、実有之。以貢於御。不敢愛惜。神代直、捧此三色之玉、還献於御。

于時、天皇勅曰、此国可謂具足玉国、今謂彼杵郡、訛之也。

尋覓は、探し尋ねる。推問虚実は虚実の問いを推し進める。健津三間云は健津は健康、三間は手のつぼのこと。（石肅）砄は像玉の石。篦築は篦姓は玉の取引に関連している人の名。愛之罔極は、罔は隠す、ごまかす、極はごく、きわめて。不敢愛惜は愛していない。

浮穴郷。在郡北。同天皇、在宇佐浜行宮。詔神代直曰、朕、歴巡諸国、既至平治。未被朕治有異徒乎。神代直奏云、彼煙之起村、未猶被治。即勒直遣此村　有土蜘蛛名曰浮穴沫媛　捍皇命　甚無礼　即誅之　因曰浮穴郷周賀郷。在郡西南。昔者、気長足姫尊、欲征伐新羅、行幸之時、御船繋此郷東北之海、艫舳之舺玭（可弋）、化而為磯。高二十余丈、周十余丈、相去十余町。充而嵯峨。草木不生。加以、陪従之船、遭風漂没。於茲、有土蜘蛛名欝比表麻呂、拯済其船。因名曰救郷。今謂周賀郷、訛之也。

速来門、在郡西北。

此門之、潮之来者、東潮落者、西涌登、涌響同雷音。因曰速来門。又、有（木发）木。本者著地、末者沈海。々藻早生、以擬貢上。

高来郡。郷玖所、里二十一。駅肆所、烽伍所。昔者、纏向日代宮御宇天皇、在肥後国玉名郡長渚浜之行宮、覧此郡山曰、彼山之形、似於別島。

属陸之山暾。別居之島暾。朕欲知之。仍、勒神大野宿祢、遣看之。往到此郡。爰、有人、迎来曰。僕者此山神、名高来津座。聞天皇使之来、奉迎而已。因曰高来郡。

島暾は島か？　烽火の数が多く不安定な国が多いのでは、と感じさせます。

勒神大野宿祢は統卒する神、大野は代表的な名前、景行天皇に仕えていました。爰、有人、迎来曰から、これは烏丸、鮮卑の人が渡来している証です。

土歯池。俗言岸為比遅波在郡西北。此池東之海辺。有岸。高百余丈、長三百余丈、西海波涛、常以濯潾、縁土人辞。号曰土歯池。々堤。長六百余丈。広五十余丈、高二丈余、池裏、縦横二十余町許。潮来之、常突入之。荷、菱多生。秋七八月、荷根甚甘、季秋九月、香味共変。不中用也。

峯湯泉。在郡南。此湯泉之源、出郡南高来峯西南之峯、流於東。流勢甚多、熱異余湯。但和冷水、乃得沐浴。其味酸。有流黄、白土及和松、其葉細、有子。大如小豆、令得喫。

濯潾は洗濯。縁土人は先住民。風土記は身近な付き合いができそうです。

結構、重要なことが書かれていますが、この言葉の中には方言もあり、文字を探しても現代では見かけない文字が多く、中国の文章より難しいが、何となくは分かりそうです。崇人天皇から応仁天皇の在位の話ですが、特に景行天皇の話が多く何となく繋がりました。

第十章

日本に来た人

　日本列島の始めの住人は縄文人（毛人）です。別の呼び方をすれば原住民です。普通は原住民の居住国に新しい民族が渡来するとそこは渡来人に征服され、渡来人の国に為ります。日本の国も同じような運命を辿たでしょうか？　少し違うようです。縄文期は非常に長いのは日本列島は外部からの侵略者が無かったことを表しています。平原国の侵略者と島国に来る侵略者の違いは舟がなければ島に来ることはできません。やはり稀有な出来事です船に依って島に侵略者が来て原住民を追い払うのには必ず原住民と戦います。戦闘に参加するのは男達です。渡来人から受ける原住民の被害は男達です。その後は婦人と子供がその後、残ります。平原なら女子、子供でも逃亡はできますが、島国で逃亡したところで生き抜くのは大変なことです。推測ですが、婦人と子供は残りますが、渡来人に同化するのは様々な形を考えればこの形が適応しやすいのではないかと思います。具体的に誰が来たのでしょうか。

　始めの渡来者が、北は北海道にオホーツクから、本州島は九州、四国と一体です。琉球列島はどの様な姿をしていたのでしょうか？　その後本州は分かれ内海が誕生しますと住民は移動することはできないと思います。

　蓋國是一個先秦著作中記載的國度。中國大陸曾出土銘文［王伐蓋侯周公謀禽祝禽又脤祝王易金百孚禽用乍寶彝］，周初成王［前 1042-1021］時、蓋國多次起兵反抗周朝、蓋國貴族被周成王平定。《山海經・海內北經》：

"蓋國在鉅燕南、倭北、倭屬燕。"春秋或戰國時期，蓋國與後來史書中的辰國謂之大體相當、是朝鮮半島南部的部落通稱。辰國被認為是三韓的前身、其都城可能在漢江之南。

　この文章は紀元前 1000 年には既に倭国は存在したということです。新羅本記によると倭人が度々攻めに来た。新羅の歴史は紀元前 57 〜 935 年ですから倭人が朝鮮半島の蓋國に渡ることは考えられない？　九州の倭人はどうでしょうか？

　しかし、その後、風土記では度々新羅に攻め込んだ話が出てきます。

　中国大陸の出来事は無関心では居られません。中国大陸の建国、年代を表示してみます。

　五帝：①黄帝、伏羲、炎帝、少皞（少昊）、顓頊。②少皞（昊）、顓頊、高辛（帝嚳）、堯、舜。③靈威仰、赤熛怒、含樞紐、白招拒、汁先紀。神代、黄帝、赤帝（炎帝）青帝、白帝、黒帝。

　国名、建国年代、創建人、都 城。

　夏：紀元前 2070 年 - 記元前 1600 年：禹、洛陽、鄭州、開封、商丘。

　商：記元前 1600 年 - 記元前 1046 年：湯、商丘、洛陽、鄭州、安陽。

　西周：記元前 1046 年 - 記元前 771 年：武王、西安。

　東周（春秋戰國）：記元前 770 年 - 記元前 221 年：周平王、洛陽。

　秦朝：記元前 221 年 - 記元前 206 年：秦始皇 嬴政、咸陽（西安）

　西漢：記元前 202 年 - 記元 8 年（公元 9 年滅亡）：漢高祖 劉邦、長安。

　新朝：記元 9 年 - 記元 23 年：王莽、長安。

　東漢：記元 25 年 - 記元 195 年：漢光武帝 劉秀、洛陽、長安。

　東漢（三國）：記元 196 年 - 記元 220 年：漢獻帝 劉協、曹操、洛陽→許昌。

　魏國：記元 220 年 - 記元 265 年：魏文帝 曹丕、洛陽。

　蜀國：記元 221 年 - 記元 263 年：漢昭烈帝 劉備、成都。

　吳國：記元 229 年 - 記元 280 年：吳大帝 孫權、南京。

時代を追うと東周が記元前221年に滅びます。この時代に渡来して東出雲の蜆蚣島に燕喜の名が出雲国風土記に載っています。播磨国風土記には似桧の姓が見られますが紀元後の話です。東周の時代も渡来人はいますが、多くは末裔と名乗り、本人の履歴が分からないので正確さをかきます。秦朝になれば始皇帝が私は華夏族だと名乗り、旧華夏族排斥の戦いで華夏族を滅ぼし、秦こそ華夏族と宣言しました。大地灣文明和裴李崗文明——仰韶文明——龍山文明——二里頭文明、その後に出現したのが夏王朝の華夏族で、秦は蛮族と云われていました。現代でも一部の年配中国の人は、嬴政はならず者と云っています。しかし、時代を考えれば我が民を守るには義狭心が無ければできないことです。華夏族は平原の黄河流域の最古の住人です。孔子は「夏」と「華」を同義語と見なしました。現在中国は華夏族と漢族で主に構成されていると云われています。日本に渡来している多くの人は華夏族です。

　燕国の王、燕喜、楚の熊王（渡来した最後の代は未詳）、秦に敗れ追われた華夏民族、別称は夏族、華人、中原人、炎黄子孫等、始祖は華胥伏義黄帝炎帝唐堯虞舜夏禹です。ここに正解が示されています。五帝の黄帝、炎帝です。神姓の源は自から姜姓です。これは少なく姓氏。古典文集《丹徒縣志》の中に記載されていて中に：“神農氏裔榆岡失帝位，子孫遂以神為氏。”と載っています。根據《帝王世紀》記載されています。これは中国氏族連盟の時代の神農氏の政権の最後に任された君主で後に軒轅の部落の黄帝を打破します＞神农氏の後に子孫が神姓を名乗ります。神姓は炎帝からです。

　秦時代の長江流域の先秦諸候國の楚国［（？～紀元前223年）は華姓、国王は熊氏、周成王の時代紀元前1042～1021年）］封建時代の首領は子爵の熊経で楚国を建国しました。歴代、王は熊姓です。楚懐王の時代に越国を攻撃し、領域を得たまま越国を呉地にします。越国は分離し離れていきます。西から秦の侵攻を受け、楚の都壽春を打破されて紀元前223年に楚国は滅亡します。

楚人出自於顓頊（黃帝之孫），這在中國“荊楚長歌—九連墩楚墓出土文物展”“荊楚長歌——九連墩楚墓出土文物展”古代重要文獻中都有明確的記載。　據《世本》《古今姓氏書辯證》及《元和姓纂》等所載，

　黄帝の孫と古文書に記載されていることを証明できます。たとえ他国に渡っても熊は忘れない、楚の民族は熊姓を名乗ります。熊襲です。

　後漢書では倭国から離れた斉の方士徐福が来たことが記載されていますが、帰る斉は初めに同盟を結んだ秦に滅ぼされています。徐福は帰る斉国がありませんから、再度、倭に戻ります。秦に敗れた楚（熊姓）の人達も倭に向かいます。楚の人は織物、造船、木工の製作技術が優れていると云われていますから、物部氏ではないかと思います。楚の東に呉があり、当然呉も共に行動しています。紀元前200年頃の出来事です。紀元200年三国志の時代が終わります。この頃に渡来したのが卑弥呼、漢末の劉一族、呉国は周朝の周王族の諸侯國で、始祖は周文王の伯父太伯です。源は姫姓、長江下游地区で（約紀元前12世紀〜紀元前473年）、別の呼び方は勾呉、工呉、攻吾、大呉、天呉、皇呉です。呉國には季節に依る例祭があります。孫は武、伍子胥等の名将が誕生《孫子兵法》、運河の開拓工事もします（京杭大運河）。出如火如荼、螳螂・蟬、黄雀あり、虫偏を使った漢字があります。紀元前473年に越王、勾踐が呉國に併合されます。紀元前525年（王僚二年）、公子光も率いる兵が楚国を征伐した。その後に楚が復活し権勢を誇ったり、近隣間の争いは続いていきます。その時代に滅亡した国の皇族の逃亡先が倭かも知れません。

第十一章

八道から鬼道に

鬼道は始めから鬼道ではありません。私達の祖の一つ、鮮卑と烏丸の胡が使っていたのが鬼道の前の八道です。これは一つの漢語成語（四文字熟語）の話です。拼音は是を hú shuō bā dào と発音します。

胡，中國古代對西、北部少數民族的稱呼，亦指胡僧。後來"胡人來說八道經"就指人沒根據的瞎吹亂侃。人們常把不負責任地亂說一氣，稱之為胡說八道。

胡は古代中国の西に対する、北部の少数民族の呼称、亦、指す胡の僧。後來"胡の人八道経説明に来る"すでに人は噂話に指し示す根拠はない、一つには人は無責任に話す、胡説八道はかなうと。

人はしばしば無責任に話し、それは適当な都合の好い話です。胡の人は二つの話、一つは八経道、二つ目は通称胡説八道と、これら八道を話す胡を中華の人はあまり理解していません。しかし道教に由来しているので道経が追及している不滅と達成を追及しなければなりません。この目的を達成するには八つの段階を経由しなければなりません。これが八道です。

哪八道呢？一為入道，進入道門；二為學道、習修道的理論和方法；三為訪道、對道的研修要請高道大德加以指點、四為修道、俗話說、師傅領進門、修行靠個人；五為得道、通過修行、參悟、自己的道行日益高深；六為傳道、有了道行、不僅要個人修持還要普渡眾生進行傳道；七為了道、通過上述修道的過程你終於得道脫胎換骨完成了修道的過程、八為成道、

也就是升入天界成為神仙了。

仏教八正道

　第一に、正義それは、人々が道から外れないことを意味し、存在や不在などのあらゆる種類の悪い意見を打ち破る四つの明確な道理を見る、正しい意見です。

　第二に、前向きな、考え方。人々が四つの道理のもとに、籌（計画する）考え、概念を発展させていきます。

　第三に、正統派とは、人々が常に知恵を漏らさず、すべての誤った不正確な言葉から離れることを意味します。

　第四に、まともな職業は、道からそれることなく人間の自己修養を指し、純粋で前向きな気持ちで生き、全ての邪悪な行為を打ち破ります。

　第五に、正義、僧（出家の人）である人は、五つの邪悪な行為から離れて、しばしば物常以乞食自活其命によって生きるべきです。原因が十分でない場合は、出家の心ではなく出家を辞めた身である方が良いでしょう。また、出家をする気持ちでこの世に加わり、人生の全てを果たし、正信の生きた信者になることも重要です。心のない在家居士になると、自分の道に立つことができなくなるだけでなく、我が身を破壊します。

　第六に、進歩的な「正」であることです。一つの心は清く云う、熱心に務めることを知っており、休みなく専門に集中します。

　第七に、正しく念じ、思いを戒め、正道に向かい、及び人を助ける。

　第八に、様々なことに正しく定め、心身心静かに、正しく暮らす真空の理です。決して移ろっては為りません。言葉の背後にある知識を解釈する。

　適当な話を信じる人はいません。もっと話せば、それは真実になります。この現象について心配しているかどうかは分かりませんが、未検証であっても真実に対する個人的洞察を公開するのが特に得意な人もいます。そのような状況では、「適当に話す心理学」を研究する必要がある

ようです。

　また、鬼道は仏教（六道）に似ているという意見もあります。今まで気にも留めないことにここで関心が出てきました。私は仏教徒ですから、天竺、安息国、涅槃、彼岸の言葉は唱えるお経にも載っています。安息国は常に信心を起たわなければ辿る架空仏の世界と思っていましたが、三国志、東夷の倭の項が終わり、その後に月氏国に天竺と安息国が載っています。ここでは三国志の卑弥呼以降に載せていますから参照していただき、その一部だけ表示します。月氏の項の抜粋で同じ文章です。

　敦煌西域之南山中，從婼羌西至蔥領數千里，有月氏餘種蔥茈羌、白馬、黃牛羌，各有酋豪，北與諸國接，不知其道裡廣狹。傳聞黃牛羌各有種類，孕身六月生，南與白馬羌鄰。西域諸國，漢初開其道，時有三十六，後分為五十餘。從建武以來，更相吞滅，於今有二十道。從敦煌玉門關入西域，前有二道，今有三道。從玉門關西出，經婼羌轉西，越蔥領，經縣度，入大月氏，為南道。
　天竺です。
　凡西域所出，有前史已具詳，今故略設。南道西行，且志國、小宛國、精絕國、樓蘭國皆并屬鄯善也。戎盧國、扜彌國、渠勒國、（穴山國）（皮山國）皆并屬千寘。罽賓國、大夏國、高附國、天竺國皆並屬大月氏。
　臨兒國，浮屠經云其國王生浮屠。浮屠，太子也。父曰屑頭邪，母雲莫邪。浮屠身服色黃，髮青如青絲，乳青毛，蛉赤如銅。始莫邪夢白象而孕，及生，從母左肋出，生而有結，墮地能行七步。此國在天竺城中。天竺又有神人、名沙律。
　安息国です。
　浮屠所載與中國老子經相出入，蓋以為老子西出關，過西域之天竺、教胡。
　大秦國一號犁靬，在安息、條支西大海之西，從安息界安谷城乘船，直截海西，遇風利二月到，風遲或一歲，無風或三歲。其國在海西，故俗謂

之海西。有河出其國，西又有大海。

　彼岸は西方浄土のことと思っていましたが、一つの話として聞いて下
さい。
　私達の祖は黄河流域で暮らしていました。それから長い旅で、辿りつ
いたのが日の本の国です。生涯が終わり黄泉国に参ります。黄泉から
天（海）を伝って黄河の源流に辿りつき黄河を流れて日本海に注ぎます。
ふと、気が付きました彼岸は遠祖の暮らした亜細亜大陸の私達の国の対
岸では無かったのか？　決しておかしな話ではありません。辿れば胡の
西の匈奴に隣接している国が月氏国です。匈奴の隣は羅馬、名がはっき
りしない国も接触しています。羅国も在ったかもしれません。匈奴の地
域も占領し鮮卑が強大な帝国を創りました。仏教に近い教えを会得した
かもしれません。

第十二章

源平合戦から

神戸で生れ神戸育った私は本を読んだわけではなくても源平合戦の話のさわりの部分は知っていますが、書物には目を通していません。馬も四つ足、鹿も四つ足で始まる、鵯越えの坂落し。しかし鵯越にはそんな坂はありません。

　神有電鉄の鵯越駅は、昔は無人駅で周りは直ぐ山中、メジロ籠を風呂敷で鳥モチの入った蛤の貝殻を包み山に入ります。適当な枝に仕掛けたら後はメジロが鳥かごの上の枝にかかるまで草むらで寝転んで青空の流れる雲を眺めて待ちます。

　それ程に緩やかな地形ですから急な坂などありません。作者が切り立った崖で飛び回るカモシカを見てフィクションで書いたのでしょうか。

　この時代の遠征軍の組織は先方（日本軍では陸戦隊、米国軍では海兵隊一人）が連れていくのは三匹の馬です。馬が小さい為いざという時に疲れさせては困ります。この戦法こそ胡等（鮮卑、烏丸、匈奴）の戦い方なのです。先方の後ろに歩兵が続きそのあとに作業用の雑兵が続きます。この構成された軍団が遥か離れた地から来ているのに、意表を衝くと言っても無理をする訳はありません。こんな古代の戦いのルールを知っているならこの話は可笑しいと直ぐに分かります。

　まず源氏は源の氏です。平家は平の家です。氏は一族、家は家族、福原の平家、壇の浦の平家、屋島の平家の話です。源氏の遠祖は戦法からみれば鮮卑に辿りつきます。源は Yuán と発音しますから燕、爰、

Yuán、はずーっと古代から同じ民族です。これから考えると燕の一族か卑弥呼の一族の末裔かもしれません。平、Píng は福州の白水郎の末裔でしょう。余り戦争は得意ではありません。時代が違いますが百済の白村江に応援の水軍を送って見事に敗れたのは南下した越の末裔の実力です。

　源氏軍の進軍コースは有馬街道の入り口が平野で合流点です。この東北に神戸の祇園さんがあります。ここまでに至る鵯越からの道ですが平野から南下する路の西に路があります。この道を南下すると今の兵庫区の福原です。遊郭で有名な福原、ここが福原京です。意外かもしれませんが地名は 1300 年前に書かれた風土記にある地名は今でもその殆どが残っています。大阪道か西国街道を経由してくると思っていた平家は不意を突かれ福原京で敗れ慌てふためき平家の軍勢は西に向かって主に船で逃亡をしますが次の戦場一の谷で義経が活躍します。これも良く知られた源義経の八船飛びです。船団の敵を相手に活躍する義経ですが馬に負担がかからぬ様に乗馬用の軽鎧を着装しているか、鎧を着けていない姿か、どちらにしてもかなり自由が利きますから自由に飛び回れるのです。那須与一の揺れる船の扇の的を射る話がありますが、これも北で戦った祖の戦法です。小形の馬上からお互いに馬上で使う弓同士で戦います。接近戦に為って初めて剣で戦いますが、相手を見つけると敵は鎧を身に着けています。離れている距離が長いほど矢の力は落ちてきます。そこで鎧や兜で覆われていない相手の額を弓矢で狙います。射手が馬に乗りながら動く小さな目標を狙うのは彼等にとって至難の業ではありません。

　この後は義経が奥州に逃れ安南に部下を連れて落ちていきますが、義経が活躍した時代より遥かに遠い昔から亜細亜大陸と日本国の往来があれば満更作り話では無いかもしれません。決して紀元前 200 年の燕の話、200 〜 300 年の卑弥呼の話と続いています。北の胡、南の越、これは同じ民族です。三国志に出てくる烏越の郷の話、同じ祖を持つ同族が争うのは特別なことではありません。それらの北と南の争いは近年まで

続いていたかもしれず長い歴史の中で他にもあっても不思議ではありま
せん。

第十三章

明治維新外伝

本州の末路の地の長州の国があります。九州の末路の地には薩摩の国があります。四国は北から末路の地の土佐の国があります。端っこの国はどこの国も外海に面しているのが共通しています。この共有する現象は偶然でしょうか？　江戸幕府より隠れて力を付けてきた長州から薩摩までの間には別の国もある中で、隠密行動をどのようにしたのか？　この末路の国が新しい国づくりをする？　そして、薩長連合軍が江戸に進軍しますが、何処をどのようにして江戸まで、数千、数万の軍隊が進軍したのでしょうか？　新撰組に桜田門の水戸藩士、池田屋の騒動、良く漫画で見ますが良く分かりません。私だけでしょうか？　昔の話に比べれば最近の話です。

　それよりも、卑弥呼と明治維新とどのような関係が有るのですか？と問われそうです。

　事の起こりは "American War of Independence" は 1775 年〜 1783 年に米国の東部沿岸で始まった独立戦争から始まります。英国が敗れたのは戦力の差だけではありません。地の利を考えれば直ぐに分かります。補給路が離れていて十分な物資の補給ができませんでした。長期戦になれば敗因はこれです。　この話は現代でも通用します。過去には三国志の世界で補給路を断つ戦略も記載されていますし、世界大戦でドイツ軍が米軍に敗れるかも知れないと思ったのは、欧州の戦場の米兵にクリスマスプレゼントが家族から届いた話を知り、米軍は補給路が継続して大量輸送ができていると察したドイツ軍は不安を感じたそうです。明治維

新は徳川幕府を助けたくても通商条約を結んだ米国は補給路が離れているので諦めなければなりませんでした。ペリー来航による徳川幕府と通商条約はアジアの覇者である英国を怒らせました。調子に乗るな米国よ、英国の縄張りのアジアに、進出の足掛かりに日本と通商条約を結んで、何を米国よと云わんばかりにすぐさま行動を起こします。

　英国は王さまの居られる国、かたや日本には天皇が居られます。英国は王の力を知っています。まず生麦事件ですが、内容は別の話です。英国の艦隊は直ぐに南下し先ず薩摩藩を攻撃しますと同時に講和を結び次の計画を知らせます。次は長州藩です。同じことをします。艦隊は七隻です。米国より三隻多くしています。行動は本州の末路長州藩と九州の末路薩摩藩です。それと目の前を艦隊が通過する、計画が分かるかもしれないからこれも四国の京都に解らない様に南、裏側を通過します。土佐藩も仲間に入れます。見え見えの隠密行動です。幾らなんでも全部が英国人ではいけません。取りあえず若者を集めて訓練をします。訓練や打ち合わせをしたのは上海か香港でしょうか。そこで準備が整いました。進軍です。ここからが卑弥呼の話です。

　南に行くこと20日、投馬につく10日で○○に着いて陸を行く1月の話です。○○は三重県の鳥羽のことです。投馬は徳島の土佐泊で吉野川の河口付近が舟着き場です。卑弥呼の大きな荷物を乗せた船は外海を通って三重の鳥羽に行き、そこから大和に荷を送っていますが徳島から魚を大和に送るの和歌山の紀の川を利用しています。魚を送る船はこれで小形だと分かります。卑弥呼の船は喫水も深く大きすぎるので紀の川を大型の船は航行できなかったのでしょう。

　京都には有名な伏見稲荷神社があります。その年にできた稲の荷物を守る神社です。狛犬さんの代わりに狐が米蔵の鍵を銜えていて見張りをしています。京都に各地のお米を運ぶために紀淡海峡を経由し淀川から北上し鳥羽伏見まで行きます。この時代は今よりも川底は深く大型の船（軍艦で喫水が浅かった？）が入り通過することができたはずです。軍艦は何隻だったのでしょうか？　ここで艦上の大砲をぶっ放せば、どうで

しょうか？　吃驚、仰天で直ちに二条城は開放です。御所も近くにあります。ここから直ちに艦隊は反転して江戸に向かいます。中国大陸で訓練した兵隊は笛鼓隊を先頭に江戸城に向かってパレードです。短期決戦は成功率が高く結果も出ています。戦いが長引けは上手くできないことは歴史が物語っています。この後は、英国は既に植民地政策はリスクが大きく中止し投資政策を取っていますから明治時代の日本に投資しました。初めて日本の地で走った機関車は英国のピーコック社製です。遅れて北海道の開発が始まってから米国製のボールドウィン社製の弁慶号と義経号が北海道の原野を走りました。日露戦争は日本海でロシアと戦いました。旗艦は戦艦三笠、英国製です。

　少し乱暴な話の明治維新外伝です。おおむね間違ってないと思います。当時の英国は蒸気機関車の国です。にっくき米国に対して英国は機関車の製造技術を教えていません。米国はやむをえず自国で蒸気機関車を開発しました。現代でも英国製のアニメ機関車トーマスでは米国製の機関車はカークランドの名で材木の切り出し作業を行うクライマックスという森林鉄道で使う機関車で、野暮な奴として扱われています。それに対して日本の蒸気機関車はD-51です。ソドー鉄道で大きくて優しく皆に尊敬されています。名前はヒロです。昭和天皇から名前を頂いています。もし航路の進軍を否定するなら東京に進む薩摩、長州の軍勢の進軍経路はどこでしょう？　余りにも簡単に幕府が手を挙げました。不思議なことで理解しにくい話です。その後英国製の多数の製品が日本に入ってきます。英国は今でも日本に好意を持っています。

第十四章

京都のお話、利休茶話

阪急電車の京都線の終点は河原町です。その手前に烏丸駅がありま
す。

　烏丸駅と卑弥呼の話は関係なさそうですが、利休茶話には私達の祖に
繋がる話が載っています。

　父親の代から私は焼き物が好きでした。それでも伊賀焼の雰囲気には
馴染め無かったのですが京都高台寺の鬼瓦の茶室に飾られた伊賀焼の花
入れに桜の花がとても似合っていて綺麗で、伊賀焼が好きになりました。
婦人の着物姿と茶会は華やかでした。また会社の近く御影に旧家を使っ
た食事を楽しめる名和さんがありました。茶室は南天の床柱、天井は網
代に似た厚みのあるノエでした。

　そんなことで数冊の御茶の本が手元にあります。1989 年に発行され
た「利休茶話」の第一章、39・烏丸卿の肩衛、その頁にスピン（栞紐）
迄お膳立て。こんな話をするとは夢にも思いませんでした。

　天正 15 年（1587 年）秀吉公が催した有名な北野大茶会の出来事が載っ
ています。利休が秀吉公をあちこちの茶亭を案内していて烏丸光宣卿の
茶席の前を通り過ぎられた、ときに「この中によい肩衛（官職の肩書）が
御座います」と申し上げ、お目に掛けた。烏丸光宣卿：1549 〜 1611 年。
秀吉の時代に親交があり、歌道、茶の湯を交歓している。

　ここで本題に入ります。烏丸卿は烏丸、愛の末裔です。千は代表的な
鮮卑の一文字の千姓です。二文字で千原、千田、千里、千葉といろいろ
あります。日本に渡来すると二文字の姓が主流ですがそのまま一文字の

姓も珍しくはありません。気持ちが通じるのも二人とも胡の末裔なのです。烏丸から北へ向かうと太秦の映画村です。適当に地名を付けたわけではありません。ここも秦の滅亡時に秦から渡来し、また、匈奴が滅亡し、羅馬が滅亡し、大秦の人、その末裔が何らかの事情でこの地に腰を下します。現在の太秦村の場所は中国の侯馬市北郊に為ります。古代の原名は大秦［澤散王屬大秦（古代ローマ一國の地に建国された国）］と言われ太秦に変化していきます。太秦から南へ向かいますと大山咋神と市杵島姫命を祀られた松尾大社があります。鳥井の横木につりさげられている榊も珍しいと云われています。古事記には「大山咋神、亦の名を山末之大神、この神は近淡海の日枝山に坐す。亦、葛野の松尾に坐す鳴鏑に為神也。」とあります。鳴鏑は、鳴る矢じりと言えば鏑です。鳴鏑は日本で発明されたのでしょうか？　漢も鮮卑も匈奴には勝てません。匈奴は鉄の二段に為った矢じりを使いました。鏑に良く似ています。大宝元年（701年）に秦忌寸都理が初めて神殿を営んだのが松尾神社です。知りたいのは太秦をなぜ"うずまさ"と読むのか？　です。太秦を禹豆満佐と読むのが定説ですが、禹は（三皇五帝の一人）禹、夏王朝の最初の王と云われています。豆は高杯(たかつき)。満は、満ちている、満ちる、全て。佐は助ける、補佐する。禹王は黄河の治水工事をしたのも有名です。豆は黄色を表します。当て字かも知れませんが、しかし、この様な高貴な文字の禹（姓しか使用しない）を筆者はなぜ、知っているのか？　簡単に見過ごすわけにはできません。秦と言えば秦の始皇帝・嬴政です。太秦の秦を"まさ"と呼ぶのは政の名前が影響しているのでしょうか？　朝鮮半島に秦の一族を見付けるのは難解ですが、資料は残っていますが信用をできるのかは分かりません。

　私には手に負えませんしできません。秦の国は華夏族では無く、西戎の国です。東の楚国、燕国、斉国を滅ぼし華夏族を名乗ります。秦に滅ぼされた国の人達も倭国に来ているのなら秦も同じです。しかし、太秦の秦は必ずしも始皇帝の秦では無いかもしれません。中原を追われ北と南に移動すれば移動を阻む地域があります。長江は南から来た人の故郷

で北は渤海湾流域が故郷です。倭に渡るのに危険な多民族が暮らしている流域の陸路は使いません。見えてくるのは多くの荷物を運べる船旅です。

　日本秦氏為日本一個古代的氏族，興東漢氏同為具影響力的氏族。自稱秦始皇的後代（新撰姓氏録説是三世孫孝武王）

　東漢氏は応神天皇が末漢から呼び寄せた阿知使主の遠祖。具影響は影響力がある。孝武王は秦始皇帝三世孫。

　続日本書紀記載、秦氏之先祖弓月君（《新撰姓氏録》作融通王）於応神天皇 14 年自朝鮮半島的百済領貊（樂浪郡）地区二十七県的人帰化於日本。根続新撰姓氏録記載、有人說秦氏乃五胡十六国時期前秦符堅的王室或貴族、因戦乱而巡朝鮮半島至日本避難，另一說法是秦始皇四世孫功滿王在仲哀天皇時來到。《隋書》卷四十六《倭国伝》載：“明年（大業四年公元 608 年），上遣文林郎裴清使於倭国。度百済、行至竹島、南望（身冉）羅國、經都斯麻国、乃在大海中。又東至一支国、又至竹斯国、又東至辰王国、其人同於華夏、以為夷洲、疑不能明也。又巡十餘国、達於海岸。自竹斯国以東、皆附庸於倭。倭王遣小德阿輩台，從数百人，設儀仗，鳴鼓角來迎。後十日，又遣大禮哥多毗，從二百餘騎郊労。既至彼都···”這裡所講的辰王国、可能就是秦氏的聚居地。

　秦一族が暮らしたこの地域に松尾大社があります。それに大黒様の青年像があります。大国（国の命）様と大黒様は読みが同じです。もう一つ同じなのは、大国主と大黒様の、お姿は大きな袋を背負うておられます。なぜ、大きな袋なのでしょうか？　なぜ、形が似ているのでしょうか？　中身は何でしょうか？　民をまとめ暮らしの安定を図り国を守ることでしょうか？　この地に辿りつくのは何処をどの様に来られたか？分からないことが多すぎてこれからの展開が楽しみです。

第十五章

古事記・日本書記と三国志

先代舊事本記卷第一。神代本記・陰陽本記　神代本記、二代化生天神、の旧事紀の本文に細字でしっかりと書かれている野・豊・"買"・尊を見つけ、「発見した、やっぱりな」と安堵しました。自分の考察は間違いが少ないだろうと確信しました。その対極は三国志のそれも原文ではなく注釈の兄語"買"未詳の文字です。たった旧事紀の一つの文字、もう一つは三国志の五つの文字に出会えた幸運を神様に感謝しました。それと同時にそういうことだったのかと過去の謎とされた卑弥呼の世界が飛び出してきました。しかし、私が知るなら随分前に先生は既に何もかもご存じでしたでしょう。より詳しくお分かりだったと思います。何もかも解った時は随分と困られたことでしょう。現代と違って当時の取り巻く情勢を考えれば新聞の壹面を飾ることは許されなかったと思います。その事例を考えると先生はどれだけ苦しまれたことでしょう。

　この仕事を始めたときから気になっていた邪馬台国の通説、何処にも記載されていない邪馬台国の女王卑弥呼、台を"たい"と読むならなぜ、台与を"とよ"と読むのか。台を"と"と読むなら邪馬台国はやま"と"の国と読まないのか？　この文章の形は邪馬台国をやまとの国と読んでもらう為に発信した先生の苦渋のメッセージではないのかと捉えています。

　三国志には、"邪馬壹国女王之所都"（Xié mǎ yī guó nǚwáng zhī suǒ dōu）と書いています。末路の地の山これが壹の国、女王は都に所属してい

る、場所は所でなく処を使います。後漢書では“伝統大王居邪馬臺国”（Yúntǒng dàwáng jū xié mǎ tái guó）と記載しています。伝統大王は景行天皇、日本大足彦忍代別尊、纏向檜代宮御宇天皇です。末路の地の山に見晴らしいのよい高殿に居している。臺（Tái）の字を間違って壹（Yī）と写すのは、漢語の発音が伝達記号の漢字ですからあり得ないことです。また台に変えると臺より台の意味範囲が広くなるので、これもあり得ないことです。トヨは三国志では壹興です。この一連の中の文章の流れで卑弥呼は倭国で壹を興すと始めから大和の朝廷を視野に入れています。時代の流れからも三国志の後から後漢書ができましたから、壹を臺に写し間違い等が有るわけがないでしょう。鬼道で惑わすからシャーマンだ、鬼道は利口なと子供に向けた言葉です。又、仏教用語で鮮卑の壇石塊が国を治めたことを中国の人は知っています。指導する彼等は鬼道教民と言われています。惑わすは人の心を変えると解釈して下さい。

　先生は知っていたから鬼道を怪しげなと解釈を入れ惑わす言葉を前面に立て多くの人の心を惑わしました。分かっていながら言えない心境のいらだちは大変なものだったでしょう。南行く 20 日、投馬がある。そこから 10 日往って陸上 1 月でヤマトです。先生はフィリピンか赤道に行くと仰る。三国志の寄港地、松浦は北の方向が東松浦で西に位置するのは北松浦半島になりますから、南と言えば出雲や越の国、そして遠くまで行けばヤマトです。日本の国の話です。投馬は土佐泊で次は三重の鳥羽です。波止場（はとば）の語源です。梅雨で陸路を使って大和に行くのは 1 月かかると言っています。日御碕は本州最南端です。

　ヤマトは、北は越後か佐渡が島、南は南海熊野路や〜、と浪曲の一節です。昔から日本の南海は熊野灘を指します。

　これら一連の話は決して難しい話ではありません。先生は全て当たり前のように御存じだったのです。そして、わざと意識的に変えたのです。理由は三国志に興味を持って貰ったら困る話です。その理由（わけ）は袁買が素盞嗚、素戔烏、須佐能袁、であると知っていたからです。それ以外も有るでしょう。これが事実と証明するならば、真っ向から否定しなければ

ならない書物が古事記と日本書記です。袁買は漢の高官の嫡子ですから、身分は高くて、その時代では何等、当然のように祀られても可笑しくはありませんが世の中全ての人に真実を知らしめたことに依る、その混乱を考えれば、当時の時代背景の世間が受け入れたでしょうか。

　中国の史記、漢書、三国志、後漢書の四代史記の中で三国志だけが古事記・日本書記にとっては迷惑な書物です。しかし古事記・日本書記にしろ著作者が記したのは当時から500年前以上の話です。現代でもどれだけ詳しく話等が書けるわけがありません。違うのは当たり前のことなのです。

　物事に拘るのも国民性、一つの方向が決まると素直に進むのも国民性です。私がこれでは困ることになるのではないかと感じるのは、いつまでもこのペースなら諸外国の人が日本の歴史を理解し、日本の人が日本の歴史を知らないというおかしな話になりかねないのではありませんか？

　日本人は華夏の末裔です。華夏という言葉さえ知らない人が大多数ですが、なぜこのようなことが起きたのか振り返らねばならない時期に来ているのではありませんか。日本の歴史を再度調べ直す必要が有るのではないでしょうか。資料が十分に手に入るこの時期ではないのかとか？過ぎ去った時代と現代は情報量が数万倍と違います。以前は手に入らない古代からの亜細亜大陸の時代勢力地図、遺跡に出土品の画像、壁画、文献とデータも高速回線によって簡単に手に入ります。現代は長く培われた研究が役に立つことより、かえって知るが故の弊害もあります。蓄積している知識が多いため当たり前のように知っているから調べ直すということはしません。何にでも初めて物事を為す、初心者は始めから説明書（資料）を読み、何も知らず、分からずですから少しでも多くの書籍を含むデータを集め丁寧に調べます。それら、考えれば何時でも先の人の調べたことを後から追従すること、楽な仕事をするのはやむを得ないことです。

今からの話は神話の世界の話です。新石器時代に十二人の天皇氏が黄河に現れました。天皇氏は、お顔もお姿も一人一人が良く似ておられる。全てがそっくりだと言われています。天皇から地皇にお姿を変えた後に人皇に御なりに為ります。そして黄帝、赤帝、青帝、黒帝、白帝の五帝をお創りになり、人皇は黄帝を中心に五帝を伴って祖の国、天照ノ国、日ノ本ノ国に遣って参ります。この国には黄泉ノ国があります。そうです黄河の源泉が日本には在るのです。この国の黄泉から湧きだす、命の水は日本海を飛び渡り黄河に悠々と流れ日本海にそそぎます。この地で過ごし終わりは黄泉の国を尋ね黄河から亦、尋ねくるのです。この国は、青い空から私達をお天とう様がいつも見守てくれています。所詮、私の話は知らず知らずに消えていきます。しかし、それは泉の堤に針穴をあければよいことです。滲み出た水がゆっくりと時をかけ急がずに大地に沁み込むでしょう、ゆっくりと。

　澄み切った晩秋の青空の下、小高い丘に登りました。秋の空気は何処までも透き通り遠望ができます。「あっ、地中海が見える、月氏国だ！　天竺だ！　安息国だ！　長江の源流白水だ、月氏の国も白水県に隣接している、白水の人が棚田のお米を刈り取り干している、傾斜の厳しい土地だ、それから下って行っても険しい山が連なっている、狭い棚田がぎっしりと連なっている、低いところで大きな舟を何隻か造っている、多くの人は真面目で働き者？　仕事一筋頑固かな、長江の下を斜めに南に下り舟を寄港した入り江に、沢山の大小の船、あっ、子供が舟の上に、ここで生活しているのだ。ここから南に舟が行く、北にも渤海湾を目指し大きな船が行く、渤海湾の北の方向に青垣山が見える、青垣山も紅葉で赤垣山になっている、もうすぐ白垣山になるだろうな、ここの人は手先が器用で勇敢な人らしい、黄河だ！　祖だ華夏の人だ。寛容で誇り高く礼節を重んじるとか。目の前に広がる亜細亜大陸は大きいな！」

　人の気配がしたので振り返ると先生が居られました。此方を見て頷いておられる。秋の透き通る光はお顔を神々しく写しだされる。お声を掛

けました。「先生降りましょか」。
　少し冷たく感じる風が肌をなぞる、快いそよ風が全てを流して吹き去りました。

主要参考文献

　三国志（繁体文字）5冊組、中華書局。三国志（簡体文字）中華書局。三国演義（簡体文字）2冊組、北京聯合出版公司。史記（繁体文字）10冊組、中華書局。漢書（繁体文字）12冊組、中華書局。後漢書（繁体文字）12冊組、中華書局。北魏孝文帝、華夏出版社。鮮卑帝国伝記、中国国際廣播出版社。匈奴帝国伝記。女真帝国伝記。柔然帝国伝記。契丹帝国伝記、中国国際廣播出版社。新編仏教辞典、中国世界語出版社。現代漢語詞典6巻7巻、商務印書館。成語大詞典、商務印書館。古漢語常用字字典、第5版、商務印書館。古代漢語詞典、商務印書館。先代旧事本記、意富之舎。出雲国風土記（地図付き）、報光社、今井書店。利休茶話、学習研究社。出雲国風土記、山川出版社。播磨国風土記、山川出版社。豊後国風土記・肥前国風土記、山川出版社。常陸国風土記、講談社。日本古代史の謎・続、2冊組、朝日新聞社。魏志倭人伝、岩波文庫。「アイヌ風俗画」の研究、中西出版。日本史小百科・神社、平文社。日本の野草、山と渓谷社。The Cichlid Fishes of the Great Lakes of Afrca , Oliver G,Boyd, 中日辞典2、小学館。日中辞典、講談社。ベトナム常用漢越熟語辞典、Nhà xuât' bản Đại Học Ôm Gia Hà Nội。緬漢詞典（ミャンマー）中国漢字辞典、商務印書館。

　著者先生には敬意と感謝を申し上げます。